Mission in Dialogue

DIFFUSION MONDIALE

PEETERS
Bondgenotenlaan 153,
B-3000 LEUVEN

ISBN 978-90-429-2617-2
D/2012/0602/58

Pour les échanges et toute correspondance avec l'Institut,
prière de s'adresser au secrétariat de l'Institut Dominicain d'Études Orientales,
1 rue Maṣna' Al-Ṭarābīch, Abbassiah B.P. 18, 11381 Le Caire, Égypte,
Téléphone: (202) 24 82 55 09 –IDEO– ou (202) 24 83 43 69 –Bibliothèque de l'IDEO–
Fax: (202) 26 82 06 82.
Courriel: institut@ideo-cairo.org / Site: www.ideo-cairo.org
Site du catalogue en ligne de la bibliothèque: http://alkindi.ideo-cairo.org

LES CAHIERS DU MIDEO

– 5 –

# Mission in Dialogue

## Essays in Honour of Michael L. Fitzgerald

Catarina BELO and Jean-Jacques PÉRENNÈS (Eds.)

EDITIONS PEETERS

Louvain – Paris

2012

## PREFACE

*by*

Francis Cardinal ARINZE

It is a joy for me to be asked to contribute this Preface to the *Festschrift* which is a gesture of love and esteem by eminent scholars in honour of Archbishop Michael Louis Fitzgerald. Having known Archbishop Fitzgerald for twenty-five years and worked with him as colleague and friend for most of that period, I have had reason to appreciate him as professor, as Secretary and then President of the Pontifical Council for Interreligious Dialogue and finally as Apostolic Nuncio.

Archbishop Fitzgerald has lived his charism as a spiritual son of Cardinal Lavigerie in the Society of Missionaries of Africa. The apostolate of interreligious dialogue has been his special area of contribution to the mission of the Church. After sound preparation in Theology and in Arabic and Islamic Studies, he was for many years professor in the Pontifical Institute for Arabic and Islamic Studies before becoming Secretary of the Pontifical Council for Interreligious Dialogue and then its President. For most of his years in the last two assignments, he continued to live with his colleagues in the Pontifical Institute, to the advantage of both that Institute and the Roman Curia office. For me it was a blessing to work with him. And considering the eminent position of Egypt in the Arab and Islamic world, Egypt could not have received a better-prepared Apostolic Nuncio. The present 75th birthday gift from scholars has come to the right person at the right time.

Interreligious relations are a necessity of the world of today. They are no mere academic exercises. They are a requirement for harmony, progress, development and peace. Religious plurality is a fact. There are not only Catholics, Orthodox and other Christians who form about one third of humanity. There are also Muslims, Jews, Buddhists, Hindus, People of traditional religions, Sikhs, and many others. Religion is a very important dimension of human existence. Speaking of religions different from Christianity, Pope Paul VI says that the Church respects and esteems these religions 'because they are the living expression of the soul of vast groups of people. They carry within them the echo of thousands of years of searching for God, a quest which is incomplete but often made with great sincerity and righteousness of heart. They possess an impressive patrimony of deeply religious texts. They have taught generations of people how to pray. They are all impregnated with innumerable "seeds of the Word" and can constitute a true "preparation for the Gospel"' (*Evangelii Nuntiandi*, 53).

People of differing religious convictions need to meet, to listen to one another, to try to understand one another, and to study what they can do together to make this world a better place in which to live. This need is increased by modern means of travel which make it easier than in the past for people of differing religions to live and work side by side. If interreligious dialogue is ignored, communities may fall prey to those who, because of underlying religious sensitivities, refuse to open out to others, despise other people's religion and culture, or in some cases even resort to tension or violence. There are even extremists who kill people and blow down houses for what they consider religious motivations. More insidious still is the stand of those who think that humanity has to live in tension along fault lines arising from religious adherence. Wiser people, like Archbishop Fitzgerald, are needed to show the world that there is enough room in the firmament for all the stars and that people of varying religious convictions can live in harmony and peace. The contributions from the scholars who have written these essays can help.

The Catholic Church at the Second Vatican Council (1962-1965) urged the promotion of interreligious dialogue. She showed respect for whatever elements in other religions are true and holy, together with ways of acting which reflect a ray of that Truth which enlightens all men. Obviously the Church must proclaim Jesus Christ as the only-begotten Son of God, the one and only Saviour of all humanity, 'the way, the truth and the life, in whom men find the fullness of religious life, and in whom God has reconciled all things to himself' (*Nostra Aetate*, 2). The Church cannot for the sake of dialogue renounce her faith in the uniqueness of Jesus Christ and in the universal and absolute nature of his mission (cf. *Dominus Jesus*, 15). We as Christians do not meet the followers of other religions by denying our faith, or by putting it in brackets, or by camouflaging it. 'Equality, which is a presupposition of interreligious dialogue, refers to the equal personal dignity of the parties in dialogue, not to doctrinal content, nor even less to the position of Jesus Christ — who is God himself made man — in relation to the founders of other religions' (*Dominus Jesus*, 22).

When a Christian is clear and unambiguous in his faith, then he can safely meet people of other religious persuasions and follow the exhortation of the Second Vatican Council : 'Prudently and lovingly, through dialogue and collaboration with the followers of other religions, and in witness of Christian faith and life, acknowledge, preserve, and promote the spiritual and moral goods found among these men, as well as the values in their society and culture' (*Nostra Aetate*, 2).

Progress is being made in the difficult area of the theology of religions. One must hold firm to the article of faith that the universal salvific will of the One and Triune God is offered and accomplished once and for all in the mystery of the incarnation, death and resurrection of Jesus Christ, the Son of God made man. 'Bearing in mind this article of faith, theology today, in its reflection on the existence of other religious experiences and on their meaning in God's salvific plan, is invited to explore if and in what way the historical figures and positive elements of these religions may fall within the divine plan of salvation. In this undertaking, theological research has a vast field of work under the guidance of the Church's Magisterium" (*Dominus Jesus*, 14). Theologians are encouraged to work in this field.

Not less important than theological engagement is the witness of dialogue. In this the Church is grateful to those sons and daughters of hers who live and work among people of others religions. Examples are the Missionaries of Africa, the Little Sisters of Jesus, the Little Brothers of Jesus and the Missionaries of Charity. The guidelines produced by some Bishops' Conferences to situate dialogue in their national context are precious too.

The 75$^{th}$ birthday of Archbishop Fitzgerald is an occasion to express gratitude to him for all his efforts in promoting good relations among people of different religions, and in executing faithfully other assignments entrusted to him : as pastor in mission countries, university professor, secretary and then head of a Roman Curia dicastery, and diplomat of the Holy See.

There remains now for me the pleasant duty to thank the contributors to this *Festschrift*. These distinguished professors, teachers and witnesses of interreligious dialogue, and especially Christian-Muslim relations, have shared with us the riches of their studies, experience, expertise and lives. In some parts, they have touched on sensitive chords. They have made suggestions that can be found useful in more than one country. We thank these contributors. As we look at the religious map of the world today, we pray for better relations between the followers of various religions. One of the ways in which we can reflect on what we can do is to take this book and read. May God bless all who promote interreligious dialogue.

Easter 2011

# AVANT-PROPOS

« Un itinéraire vers le dialogue » : c'est sous ce thème que s'ouvre le livre d'entretiens avec Monseigneur Michael Fitzgerald publié en 2005 sous le titre *Dieu rêve d'unité. Les catholiques et les religions : les leçons du dialogue*[1]. *Mission in dialogue* : le titre du présent volume, paradoxal à première vue, nous paraît bien résumer le parcours d'un homme que ces pages veulent honorer : une vie pour le dialogue entre les cultures et les religions, dialogue vécu comme une forme de la mission, vécu dans le respect de la différence de l'autre, différence culturelle, différence religieuse : la mission et le dialogue, deux facettes d'un « itinéraire vers l'autre » qu'il faut parcourir, inlassablement, reprendre et reprendre encore. Mgr Fitzgerald le fait, de surcroît, avec le sourire. C'est la raison pour laquelle de nombreux amis d'horizons très divers — religieux, universitaires, culturels — ont voulu lui offrir ce recueil d'articles à l'occasion de ses soixante-quinze ans. En ces temps de polarisation interreligieuse, cette approche apaisée de la mission et de la rencontre de l'autre nous a paru être un message opportun et même urgent.

L'essentiel de la vie de Michael Fitzgerald s'inscrit dans un itinéraire vers l'autre, un itinéraire vers le dialogue : attiré très jeune par la vocation missionnaire chez les Missionnaires d'Afrique (Pères Blancs), Michael Fitzgerald a commencé par acquérir une solide formation à Carthage (Tunisie) et à Rome. Après un doctorat en théologie dogmatique à l'Université grégorienne, il suit une formation spécialisée en langue arabe et islamologie à Londres (School of Oriental and African Studies). Ces études le préparent à enseigner à Rome à l'Institut pontifical d'études arabes et islamiques (PISAI), dirigé par sa propre congrégation. Il y enseigne un an mais repart très vite sur le terrain en Ouganda, où il est appelé à seconder un professeur musulman avec qui une collaboration de confiance s'établit. Nommé ensuite directeur du PISAI et consulteur du Secrétariat pour les non-chrétiens, futur Conseil pontifical pour le dialogue interreligieux, Mgr Fitzgerald intensifie ce va-et-vient permanent entre écoute et enseignement, contacts humains et réflexion.

1. Mgr Michael FITZGERALD, *Dieu rêve d'unité. Les catholiques et les religions : les leçons du dialogue. Entretiens avec Annie Laurent*, Paris, Bayard, 2005, 214 p.

Il lance la revue *Encounter–Documents for Christian-Muslim Understanding* et anime les *Journées romaines* qui, tous les deux ans, rassemblaient à Rome les acteurs chrétiens du dialogue avec l'islam.

Comment vivre la mission en dialogue ? La question se pose à lui dans les diverses charges qu'il assume au fil des années : membre du conseil général des Pères Blancs puis secrétaire du Conseil pontifical pour le dialogue interreligieux, une charge qu'il accepte par souci de servir l'Église, alors que son rêve était de retourner sur le terrain en Afrique. Après avoir exercé cette fonction pendant quinze ans, il succède au cardinal Arinze comme Président du Conseil pontifical pour le dialogue interreligieux. Cette charge le met au cœur de la vie de l'Église catholique et lui permet de sillonner le monde, d'être en contact avec des hommes et des femmes de diverses cultures et religions : musulmans, bien sûr, car c'est autour de l'islam que s'est faite sa formation missionnaire, mais aussi bouddhistes, hindous, etc. L'ouvrage qu'il publie en 2006, en collaboration avec John Borelli (*Interfaith Dialogue : A Catholic View*[1]), donne une idée des contextes variés où il a eu à animer la réflexion de l'Église et soutenir l'action des chrétiens engagés dans le chantier du dialogue interreligieux : un jour, il s'adresse à une assemblée de prêtres aux États-Unis, un autre jour il est à Sarajevo puis au Japon. À Rome, il reçoit des évêques en visite ad limina : autant de contextes variés qui stimulent sa réflexion et l'amènent à exercer ses hautes responsabilités romaines avec un grand sens du respect de l'autre dans sa différence culturelle et religieuse. Il revient finalement sur le terrain en 2006 comme Nonce apostolique auprès de la République arabe d'Égypte et de la Ligue arabe : occasion pour lui de renouer le contact quotidien avec le monde musulman et les chrétiens qui y vivent immergés. Là encore, il donne sa place à la réflexion, n'hésitant pas, par exemple, à donner une conférence publique à l'Université américaine du Caire sur les noms de Dieu dans la tradition musulmane, devant un auditoire surpris de voir le nonce apostolique connaître si bien le sujet et citer le Coran avec aisance dans le texte arabe[2].

Ce riche parcours de Michael Fitzgerald, qui se définit lui-même comme « un évêque sans amarre » (*bishop at large*)[3], épouse des époques où la conception de la mission a beaucoup évolué. Vatican II a représenté une étape essentielle de cette évolution, avec, en particulier, la Constitution *Lumen Gentium* (n° 16) et la Déclaration *Nostra Aetate* de 1965 qui situent de manière nouvelle la place des religions non-chrétiennes dans la perspective chrétienne

1. Michael L. FITZGERALD & John BORELLI, *Interfaith Dialogue : A Catholic View*, SPCK, London & Maryknoll, Orbis books, 2006, 255 p.

2. Mgr Michael L. FITZGERALD, "The Most Beautiful Names of God : Their Meaning for a Christian", *Islamochristiana*, n° 35, 2009, p. 15-30.

3. Mgr Michael FITZGERALD, « Bishop at large », *Petit Écho*, n° 1018 (2011/2), p. 74-77.

du salut. Cette ouverture, sans diminuer pour un chrétien l'urgence de témoigner du Christ, a ouvert la voie à une réflexion théologique et à des pratiques pastorales nuancées que Mgr Fitzgerald a accompagnées dans les diverses fonctions qui ont été les siennes. Le pape Jean Paul II, avec lequel Mgr Fitzgerald a étroitement collaboré, a donné une impulsion nouvelle au dialogue interreligieux, à partir de la fameuse rencontre d'Assise du 27 octobre 1986. Ses nombreux voyages apostoliques à travers le monde ont permis de nouer un contact de qualité avec d'autres croyants, par exemple lors de la rencontre avec la jeunesse du Maroc à Casablanca le 19 août 1985, mais les textes magistériels publiés sous son pontificat montrent la difficulté de construire une doctrine cohérente du dialogue interreligieux et de la mission : *Dialogue et annonce* (juin 1991), *Le Christianisme et les religions* (1997), *Dominus Iesus* (2000) constituent autant de tentatives de bâtir une doctrine cohérente de la mission en dialogue[1].

Homme de terrain, Mgr Fitzgerald est aussi un homme de réflexion, qui n'hésite pas à affronter les questions de fond. Sa bibliographie, présentée dans cet ouvrage, témoigne de la richesse de son implication dans l'aventure du dialogue interreligieux : on y trouve des articles d'islamologie, des articles de théologie des religions et de théologie contextuelle, des textes pastoraux, une alternance de travaux de spécialistes et d'exhortations pastorales à l'intention des chrétiens qui vivent leur foi en contexte multiculturel et multi religieux. Mais tout cela est traversé par une certaine cordialité, une manière chaleureuse de vivre la rencontre de l'autre, une espérance aussi qu'il laisse entrevoir quand il commente lui-même sa devise épiscopale ; « Fructum dabit », tirée du psaume 1[2] : « This, for me, is a good expression of what dialogue means. One cannot expect immediate results. There is a need to prepare the ground, to build up confidence, to establish friendship, so that relationships can grow stronger. One has to be patient and persevere in hope. Fruit will certainly come in due time »[3].

Pour faire droit à la richesse de ce parcours, ce recueil d'articles s'articule autour de trois thématiques : la théologie des religions, l'expérience du dialogue et les relations islamo-chrétiennes.

La première partie nous offre quelques pistes de réflexion dans le domaine complexe mais essentiel de la théologie des religions. Jean-Marc Aveline

1. Cf. F. GIOIA, *Le dialogue interreligieux dans l'enseignement officiel de l'Église catholique du Concile de Vatican II à Jean-Paul II (1963-2005)*, Éditions de Solesmes, 2006, 1700 p.

2. Psaume 1 : « Il est comme un arbre planté près d'un ruisseau, qui donne du fruit en son temps ».

3. Michael L. FITZGERALD & John BORELLI, *Interfaith Dialogue : A Catholic View*, p. 12.

rappelle les grandes étapes de la manière dont elle s'est élaborée à la fin du 19e siècle avec des théologiens protestants comme Troeltsch puis avec certains théologiens catholiques. Il tente ensuite de dégager quelques perspectives de travail pour l'avenir, mettant l'accent sur la fécondité de l'expérience que l'on peut faire de l'altérité religieuse, quand elle est vécue à partir d'une identité chrétienne claire : « Mission et dialogue se qualifient l'un l'autre : pas d'élan missionnaire sans écoute de ce dont l'autre est porteur, de son désir de Dieu, quels que soient les symboles, religieux ou non, dans lesquels ce désir s'exprime ; mais pas de vrai dialogue non plus sans désir de témoigner du Christ, par la présence, par l'amitié, par la parole, par la vie ! ». John Borelli reprend la thématique « Mission et dialogue » en analysant comment a évolué l'approche catholique durant le concile Vatican II et depuis. Fin connaisseur des débats et travaux de Vatican II, J. Borelli fait observer le rôle important de Mgr Fitzgerald (avec qui il a cosigné un ouvrage) : M. Fitzgerald a, en effet, pris ses fonctions au Vatican au moment où se faisait le passage d'un Secrétariat pour les non-chrétiens à un Conseil pontifical pour le dialogue. Une tâche, souligne-t-il, qui requiert « des qualifications intellectuelles, spirituelles et humaines, mais qui constitue aussi un appel, une vocation, avec une dimension de Croix ». Cette première partie de l'ouvrage se clôt par une réflexion très méticuleuse de Gavin D'Costa sur les manières dont une théologie catholique peut aborder la lecture par un chrétien des Écritures des autres religions. Questionnant la théologie comparative et l'analyse rhétorique, D'Costa souligne l'intérêt de l'apport de Raimon Panikkar et souligne que quatre qualités sont requises si l'on veut lire avec fruit et dans la vérité les écrits des autres traditions religieuses : « être prêt à apprendre, à changer, être humble et continuer à prêcher la bonne nouvelle du Christ ressuscité dont l'Esprit-saint peut se laisser découvrir de manières surprenantes dans les Écritures des autres traditions religieuses ».

Une deuxième série de contributions présente diverses facettes du dialogue inter-religieux, décrites par des acteurs très divers de ce dialogue. Mgr Henri Teissier et Lucie Pruvost, à partir de leur expérience au Maghreb, présentent les intuitions du cardinal Lavigerie, pionnier de la mission en monde musulman, et les manières variées de leur mise en œuvre au cours des cent cinquante dernières années. Par delà certaines ambiguités de l'époque missionnaire, les Églises d'Afrique du Nord ont montré, surtout dans les crises récentes, la sincérité et la profondeur de leur engagement à vivre au milieu de peuples musulmans et leur souci de vivre la mission dans le respect de l'autre. Il reste que la rencontre interreligieuse est « un défi pour les croyants », comme l'écrit Lucie Pruvost. Hans Ucko, lui, s'exprimant depuis le Conseil Oecuménique des Églises, parle du dialogue interreligieux comme d'un voyage, avec ses avancées et ses chemins tortueux, mais, au bout du compte, une aventure qui vaut la peine, la foi authentique selon lui ne pouvant être qu'inquiétude, selon un mot d'André Néher qu'il cite. Sur un registre très différent, celui du pasteur, Mgr Joseph Doré réfléchit en théologien sur son expérience de rencontre avec le monde juif dans la ville de Strasbourg dont il a été l'archevêque. James Kroeger complète le tableau et en montre la complexité en abordant le dialogue du point de vue de l'Asie, un continent où, à de rares exceptions près, le christianisme est très minoritaire. Felix Machado et Maurice Borrmans, enfin, tentent un bilan de la manière dont l'Église catholique a mis en œuvre le dialogue interreligieux dans la ligne ouverte par Vatican II. On aurait pu élargir la palette, mais on a ici déjà assez d'éléments pour mesurer la richesse, la complexité, mais aussi la fécondité du dialogue interreligieux, quand il est vécu dans la vérité.

Une troisième série de contributions aborde un domaine particulièrement cher à Monseigneur Fitzgerald : l'islam et la relation islamo-chrétienne. Les auteurs sont des islamologues et/ou des théologiens reconnus pour leur compétence. André Ferré se penche sur l'« Histoire Sainte » selon Ya'qûbî, un auteur musulman du 3e siècle de l'hégire. Son ouvrage puise dans quatre sources : la Bible, le Coran, un livre apocryphe connu sous le nom de *Caverne du Trésor*, et des éléments empruntés probablement à la littérature des *isrâ'îliyyât*. André Ferré s'attarde sur les références qui sont faites à la Bible et la manière de les utiliser. Il en ressort que le souci de Ya'qûbî est de montrer comment l'histoire religieuse de l'humanité, depuis les origines et jusqu'à Muhammad, est fondamentalement une : « Dans cette perspective, le contenu de la foi des patriarches, celle des prophètes et des rois qui leur ont succédé, est la même que celle des musulmans, à savoir : adorer le Dieu unique et obéir à ses préceptes ». La contribution de Sandra Keating est une réflexion sur la contribution que les chrétiens, en particulier les catholiques, peuvent apporter pour promouvoir de la réconciliation dans une histoire commune marquée par la polémique et les conflits. *Nostra Aetate* (n° 3) souligne combien ces blessures pèsent lourd dans la rencontre islamo-chrétienne. S. Keating souligne que le drame des croisades, par exemple, ne pourra être dépassé que si les chrétiens prennent une part active dans une démarche de pardon et de réconciliation. Jane McAuliffe souligne que le texte du Coran, tout autant que celui de la Bible d'ailleurs, n'est pas un texte mort : il invite continuellement à entrer en dialogue avec lui ; et cela est particulièrement vrai dans son rapport à la tradition biblique. Ceci se confirme de plusieurs façons : par le caractère même du discours coranique (the Architecture of Qur'anic Discourse), par sa manière de faire allusion à des histoires bibliques (Shared Stories), en se positionnant par rapport au texte biblique en tant que tel (Muslim Biblical Scholars. Abrogation and Beyond). C'est ainsi que McAuliffe peut dire que la Bible et le Coran continuent d'être engagés dans une conversation qui dure depuis des siècles. Emilio Platti se penche sur la diversité dévotionnelle dans l'islam égyptien, à partir d'observations faites en parcourant la Qarafa du

Caire, cette *Cité des morts* qui abrite des milliers de tombeaux qui constituent aujourd'hui encore des lieux de dévotion où vient s'exprimer une piété musulmane fort peu connue de l'Occident, en dehors des cercles restreints de savants islamologues. Dévotion controversée au sein même de l'islam où certains courants cherchent à marginaliser voire éliminer de façon violente ces formes de piété populaire. Initié à cet univers par le Dr Ernst Bannerth (1895-1976), Emilio Platti en montre la richesse culturelle et religieuse : mouleds, processions, *dhikr*, multiples sont les manières pour le musulman de s'engager dans une spiritualité directement liée à la personne du Prophète de l'islam. « Cette dévotion est donc profondément musulmane, mais dans un autre sens que celui que représentent les docteurs de la Loi », conclut E. Platti. Mona Siddiqui apporte un point de vue musulman sur la manière dont l'amitié pour un fidèle d'une autre religion peut aider tout un chacun à grandir spirituellement. « Suivre la foi d'un ami » peut être une belle occasion de grandir et une belle incitation à la transformation mutuelle, quand cela est fait dans la vérité et le respect. David Thomas se penche sur la manière dont la théologie musulmane a abordé et traité le christianisme. Après un rappel de la position de plusieurs auteurs des premiers siècles de l'islam, il s'attarde sur les réfutations du christianisme par al-Juwayni (1028-85) et montre comment s'élabore entre le 9e et le 12e siècle une théologie musulmane en débat étroit avec les dogmes et la pratique du christianisme d'alors. Nombreux sont les lieux contemporains d'un débat islamo-chrétien, souligne Christian Troll dans la contribution qui clôt ce volume, et c'est là un motif d'encouragement, surtout dans les temps que nous vivons. Il s'attarde sur le cas du Forum théologique Christianisme-Islam, né en Allemagne en 2002, avec une finalité clairement théologique. Dix ans d'existence ont montré l'utilité aussi bien pour les chrétiens que pour les musulmans de pouvoir entrer dans une compréhension plus profonde de l'autre, non seulement par des rencontres amicales, mais par une étude de fond des religions.

*Bishop at large*, évêque sans amarre : Monseigneur Fitzgerald confesse combien cet itinéraire l'a transformé : « Le dialogue a contribué, me semble-t-il, à une purification de ma relation à Dieu et a suscité en moi un émerveillement grandissant devant le mystère de Jésus-Christ » dit-il en regardant son parcours[1]. « Le dialogue ne détruit pas, n'édulcore pas, mais fortifie quelque chose qui est déjà latent en nous » ; « Il pousse le chrétien à approfondir la connaissance de sa propre religion. Un dialogue authentique comporte aussi une invitation à discerner la présence du Seigneur dans les autres et à travers les évènements. De plus, à l'occasion des mésententes et des difficultés qui

1. Mgr Michael FITZGERALD, *Dieu rêve d'unité*, p. 19.

peuvent surgir dans le dialogue, il y a un appel à une conversion continuelle ». Ce recueil d'articles veut être une expression de notre gratitude. Puisse-t-il être un encouragement pour ceux et celles qui vivent la mission dans les défis quotidiens du dialogue.

Catarina Belo (Université américaine du Caire)
Jean-Jacques Pérennès, o.p. (IDEO, le Caire)

Remerciements : Nous remercions Emilio Platti et Jean-François Bour pour l'aide apportée dans la confection de ce volume et Johanna Baboukis pour son assistance dans la relecture des manuscrits.

N.B. : les éditeurs ont choisi de conserver la translittération de l'arabe utilisée par chaque auteur.

# MICHAEL LOUIS FITZGERALD : A BIOGRAPHICAL NOTE

*by*

Catarina BELO & Jean-Jacques PÉRENNÈS

Michael Louis Fitzgerald was born on 17 August 1937 in Walsall (West Midlands, United Kingdom), the youngest of four children, of Irish parents who were both doctors and prominent members of the local Catholic community. While attending the local grammar school, Queen Mary's, and serving as an altar boy at the local Catholic church, he received catechism instruction from a teacher employed at the Catholic parish school, Miss Quigley, who later became a Carmelite nun.

He desired from the age of approximately nine or ten years old to become a priest and a missionary after learning about the Church's missionary work in Africa. At the age of twelve he insisted with his family to leave school in order to enter the junior seminary of The Society of Missionaries of Africa (White Fathers). On 22 April 1950 he left Walsall for Saint Boswell's in Scotland to complete the first year of junior seminary and subsequently spent four years in Bishop's Waltham in the south of England for the rest of his junior seminary formation. Initially he expected to be sent to sub-Saharan Africa for the conversion of local peoples. During the senior seminary years, spent in England and Ireland and while studying philosophy, he learned about the contacts of his Apostolic Society with Arabs and Muslims in North Africa. However, in 1956 he was sent to the Netherlands for his novitiate, which was completed in 1957. The opportunity to study Arabic and Islamic studies came when he was sent to Carthage (Tunisia) for four years of theological studies in 1957. He was ordained to the priesthood in London on 3 February 1961 by Cardinal William Godfrey, Archbishop of Westminster, for The Society of Missionaries of Africa.

Upon ordination, Fr. Michael Fitzgerald was sent to Rome for further studies in theology at the Pontifical Gregorian University. In 1965 he completed a doctorate in Dogmatic Theology on the subject of the missionary intention in the Latin Apologists. Among his teachers in Rome was the Jesuit theologian Bernard Lornegan. His studies in Rome coincided with the

Second Vatican Council and afforded the opportunity to listen to lectures of such prominent theologians as Karl Rahner and Yves Congar. As he was finishing his doctorate he was asked to join the teaching staff of the Pontifical Institute for Arabic Studies (IPEA – Institut Pontifical d'Études Arabes), which in 1964 was transferred from Tunis to Rome. In order to prepare for this task he moved to London in 1965 to take a B.A. in Arabic and Islamic Studies at the School of Oriental and African Studies, University of London, from which he graduated in 1968. He then became a lecturer at the IPEA. There he attended Robert Caspar's classes, later co-authoring a book (*Signs of Dialogue*) with his confrere and fellow specialist in Arabic and Islamic Studies.

Having lectured for a year at the IPEA, he was appointed to a position in Christian and Islamic Theology in the Department of Religious Studies at Makerere University in Kampala, Uganda, where he lectured on Islam between 1969 and 1971 to both Christian and Muslim students. In 1971 he returned to the IPEA, now renamed Pontifical Institute for Arabic and Islamic Studies (PISAI, after its Italian name), becoming its director in 1972. At this time the PISAI hosted such distinguished Catholic guest lecturers as George Anawati, Louis Gardet and Roger Arnaldez, and distinguished Muslim lecturers such as Mohammed Arkoun, Abdelmajid Charfi, Ali Merad and Abdelmajid Mezianne. During his tenure as President of the PISAI, a monthly periodical was launched, *Encounter : Documents for Christian-Muslim Understanding* which published articles on various aspects of Islam and Christian-Muslim relations. In addition, the specialist journal *Islamochristiana* was launched in 1975. It continues to publish historical and contemporary materials on the relations between the two religions.

In his capacity of Director of the PISAI he became from 1973 and for ten years a consultor to what is now the Pontifical Council for Interreligious Dialogue, then known as the Secretariat for Non-Christians, which had been founded during the Second Vatican Council by Pope Paul VI. In this way, Fr. Michael Fitzgerald was introduced to formal Christian-Muslim dialogue, which involved preparing and participating in various meetings and attending international gatherings with the aim of fostering dialogue between the Church and followers of other religions. As Director of the PISAI he also organised the 'Journées romaines', biennial gatherings of missionaries working in an Islamic context.

In 1978 he left Rome for Sudan in order to carry out parish work in the town of New Halfa (Archdiocese of Khartoum), near the Ethiopian border. While ministering to the Christian population there were opportunities to collaborate with the local Muslim community. In this work he verified the practical fulfillment of two aspects of the Church's mission, namely, proclamation of the Gospel and dialogue with people of other religions.

After spending two years in Sudan, he returned to Rome in 1980 and was elected to the General Council of the Missionaries of Africa, where he remained six years in administration and animation of the Society's missionary activities.

In early 1987 he was appointed by Pope John Paul II Secretary of the Secretariat for non-Christians, which was renamed Pontifical Council for Interreligious Dialogue in 1988. This dicastery was then, and until 2002, led by Cardinal Francis Arinze, and was at the direct service of Pope John Paul II. The appointment entailed working on Muslim-Christian relations as well as developing the Church's dialogue with all non-Christian religions with the exception of Judaism. The 1987 Plenary Assembly of the Secretariat, in which approximately thirty bishops from around the world participated, included on its agenda the preparation of the first draft of a document which would later become *Dialogue and Proclamation*, published in 1991, which sought to clarify the relation between evangelisation and dialogue from the Church's perspective. On 16 December 1991 Fr. Michael Fitzgerald was appointed bishop and given a titular diocese, Nepta (Nefta or Nafta) in Tunisia. On 6 January 1992, the Feast of the Epiphany, he was ordained bishop by Pope John Paul II at Saint Peter's Basilica in the Vatican. His position as Secretary involved attending meetings and giving talks on interreligious dialogue in Rome and abroad, visiting other religious communities, and participating in international conferences. This included also liaising with the World Council of Churches, which represents Protestant and Orthodox churches, and its respective office of interreligious dialogue. There were opportunities also for trilateral dialogue involving Christians, Jews and Muslims.

On 1 October 2002 he was appointed President of the Pontifical Council for Interreligious Dialogue, and raised to the dignity of Archbishop. In this capacity he continued to work on the development of the Church's mission in interreligious dialogue and interaction with other religions, which involved for instance sending out greetings on important Islamic, Buddhist or Hindu feasts to the religious communities that were celebrating them.

On 15 February 2006 he was appointed Apostolic Nuncio to the Arab Republic of Egypt and Delegate to the League of Arab States, arriving in Egypt in April 2006. This appointment came at a time when the task of elucidating Pope Benedict XVI's message to the Islamic world became ever more central. In this new position, he has always offered his support to the Dominican Institute for Oriental Studies in Cairo, frequently participating as a scholar and a friend in some of its activities.

As part of his duties as Apostolic Nuncio he represents the Pope and the Holy See vis-à-vis the Egyptian Government and the League of Arab States. In addition he acts as a bridge between the Holy See and the Catholic communities of Egypt.

Other responsibilities entailed by his position in Egypt consisted in assisting in the appointment of, and ordaining, the Latin Bishop of Alexandria, Mgr. Adel Zaki, after this position became vacant.

As Nuncio and Archbishop and he is often called upon to celebrate Mass and administer the sacrament of Confirmation in the Latin parishes of Cairo and Egypt (he even found the time personally to prepare one of the editors of this volume, Catarina Belo, for receiving Confirmation and First Communion — administered by him in May 2007 — after she asked him how she could become an active member of the Church).

Archbishop Fitzgerald's position in Egypt has entailed the continued and sustained pursuit of the Church's mission of proclaiming the Gospel while dialoguing with other religions and cultures. As a prelate, a diplomat of the Holy See, and a scholar, he is eminently suited to this position owing to his fundamental training in Christian theology and expertise in Arabic and Islamic studies.

## PUBLICATIONS OF MICHAEL L. FITZGERALD

**Key**

| | |
|---|---|
| 1. A | Article |
| 2. B | Book |
| 3. Bi | Bibliography |
| 4. C | Contribution to a book |
| 5. E | Edition |
| 6. I | Introduction to a book |
| 7. OP | Occasional Paper |
| 8. T | Translation |

NB : Book reviews and newspaper articles are not included in this bibliography.

**1969**

1. (A) "The Apologists and Evangelization", in *Euntes Docete*, 22 (1969), pp. 481-520.
2. (A) "Introduction à l'étude du Hadith", in *Études Arabes*, 21 (1969), pp. 67-83 (with R. Caspar).
3. (T) "« Mudhakkirat » de Taha Ḥusayn", in *Études Arabes*, 22 (1969), pp. 55-58 (with J. Macquet) – Chap. v.
4. (A) "Ecumenism of the People of the Book", in *African Ecclesiastical Review*, 11 (1969), pp. 383-390.

**1970**

5. (A) "Ecumenism on University Level", in *Sharing*, June 1970, p. 9.
6. (A) "The Development and Decline of Mu'tazilism", in *Africa Ismaili*, 4th December 1970, pp. 11-13.

**1971**

7. (A) "Ibn al-'Arabi, Philosopher and Mystic", in *Africa Ismaili*, 8th–15th January 1971, pp. 12-13.
8. (A) "Crusade and Jihad", in *Dini na Mila*, Vol. 5, No. 1 (March 1971), pp. 1-7.
9. (A) "Factors Influencing the Spread of Islam in East Africa", in ORITA *Ibadan Religious Studies* 5 (1971), pp. 93-104.
10. (A) "Some Notes on the Religious Education of Muslims in Uganda", in *Uganda Journal* 35 (1971-2), pp. 215-218.

**1972**

11. (A) "Pour une utilisation rationnelle de l'Encyclopédie de l'Islam ; le Soufisme", in *Études Arabes* 30 (1972), p. 24.
12. (T) "Réflexions spirituelles sur la prière rituelle (extraits de l'*Iḥyā'* de Ġazālī – trad. franç.)", in *Études Arabes* 30 (1972), pp. 22-25.
13. (T) "*Naqd wa-taḥlîl li-uṣûl al-Mu'tazila* (Critique et analyse des principes des Mu'tazilites)", d'Aḥmad Amîn (with J.-M. Gaudeul), in *Études Arabes* 31 (1972), pp. 8-14.
14. (T) "*Ǧawâhir al-ma'ânî wa-bulûġ al-amânî fî fayḍ Sayyidî Abî l-'Abbâs al-Tiǧânî* (Les prières de la Tiǧâniyya)", in *Études Arabes* 31 (1972), pp. 64-71.
15. (A) "The Islamic Approach to God", in *Seminarium*, 1972/2, pp. 328-339.
16. (A) "Note on Muslim-Christian Dialogue", in *AFER* 14 (1972), pp. 155-6.
17. (A) "Lebanon-Broumana. Muslim Christian Consultation (July 1972)", in *Bulletin Secretariatus pro non Christianis* 21 (1972), pp. 58-62.
18. (A) "Mediation in Islam", in *Studia Missionalia* 21 (1972), pp. 185-206.

**1973**

19. (A) "Islam & Christianity. Convergence & Divergence", in *Omnis Terra* LIII-5 (May 1973), pp. 327-336 ; (also in *Encounter – Documents for Christian-Muslim Understanding* 7 (August-September) 1974).
20. (A) "Pour une utilisation rationnelle de l'Encyclopédie de l'Islam : Théologie musulmane (esquisse historique)", in *Études Arabes* 34 (1973), pp. 2-5.
21. (A) "Islam and the Bible", in *Bulletin Secretariatus pro non Christianis* 23-24 (1973), pp. 133-142 ; (also in *Nigerian Dialogue* 1 (1974), pp. 42-48 ; also in *Encounter – Documents for Christian-Muslim Understanding* April 1974, 10 pp.).

**1974**

22. (A) "Pour une utilisation rationnelle de l'Encyclopédie de l'Islam : Le Coran", in *Études Arabes* 36 (1974), pp. 2-10.
23. (A) "The Ahmadiyya Community and its Expansion in Africa" (with J. Lanfry), in *Encounter – Documents for Christian-Muslim Understanding*, February 1974, 15 p.
24. (T) "The Pillars of Islam (translation)", in *Encounter – Documents for Christian-Muslim Understanding*, March 1974, 13 p.
25. (A) "The Secretariat for Non-Christians is ten years old", in *Encounter – Documents for Christian-Muslim Understanding*, November 1974, pp. 1-8. Also in *Islamochristiana* 1 (1975), pp. 87-95.

**1975**

26. (C) "Religious Education among Muslims in Uganda", in G.N. Brown & M. Hiskett (eds.), *Conflict and Harmony in Education in Tropical Africa*, London, George Allen and Unwin, 1975, pp. 200-211.
27. (T) "The Foundation of Islam : The Qur'ân", Arabic texts from E. Tapiero, *Le dogme et les rites de l'Islam par les textes*, Paris, Klincksieck, 1957 ;

translation and notes in *Encounter – Documents For Christian-Muslim Understanding* 16 June-July 1975, 7 p.

28. (Bi) "Islamics Bibliography (2) Qur'anic Studies", in *Encounter – Documents for Christian-Muslim Understanding* 20 (December 1975), 7 p.

29. (A) "Pour une utilisation de l'Encyclopédie de l'Islam. La théologie musulmane (suite)", in *Études Arabes* 39 (1975), pp. 67-70 ; in *Études Arabes* 41 (1975) pp. 52-55.

30. (A) "Commitment to Christian-Muslim Dialogue", in *Teaching All Nations* (Manila) 12 (1975), pp. 218-224.

31. (B) *Reflections* (with R. Dionne), Society of the Missionaries of Africa (White Fathers), Rome, 1975, 258 p. Republished as *Catalysts*, Missionaries of Africa, Dublin, 1980. New revised edition, 1998, xxii + 311 pp.

32. (A) "Christian-Muslim Dialogue in Indonesia and the Philippines", in *Bulletin Secretariatus pro non Christianis* (1975) x/2 no. 30, pp. 214-217.

**1976**

33. (A) "Libya : The Muslim-Christian Congress in Tripoli", in *International Fides Service*, no. 2705 (February 14, 1976), pp. 80-87. (Also in *Encounter – Documents for Christian-Muslim Understanding* 22 (February 1976), pp. 1-7).

34. (A) "Islam. Liturgia cristiana e testi islamici", in *Concilium* 112 (1976/2), pp. 282/90-301/109. (Italian edition). "La liturgie chrétienne et les textes islamiques", in *Concilium* 112 (1976/2), pp. 71-87 (plus German, Dutch and Spanish editions).

35. (A) "Pour une utilisation rationnelle de l'Encyclopédie de l'Islam : La théologie musulmane (suite)", in *Études Arabes* 42 (1976), pp. 56-58.

36. (T) "The Foundations of Islam. II. The Tradition (Hadith)". Arabic texts from E. Tapiero, *Le dogme et les rites de l'Islam par les textes*, Paris, Klincksieck, 1957, translation and bibliography (notes by J.M. Gaudeul) in *Encounter – Documents for Christian-Muslim Understanding* 24 (April 1976), 14 p.

37. (E) *Moslems und Christen – Partner ?* (with A.Th. Khoury, W. Wanzura, eds.), (Coll. Islam und Westliche West, Vol. I), Köln, Styria Verlag, 1976, 205 p.

38. (C) "Der Koran und die islamische Theologie", in *Moslems und Christen — Partner ?* Köln, Verlag, 1976, pp. 43-62.

39. (A) "Islam y Biblia", in *Encuentro* 49 (Abril 1976), pp. 1-11.

40. (C) "Christian Liturgy in an Islamic Context", in *Evangelizzazione e Culture* (Atti del Congresso Internazionale Scientifico di Missiologia, Roma, 5-12 Ottobre 1975), Roma, Pontificia Università Urbaniana, 1976, pp. 248-256. (Also in *Encounter – Documents for Christian-Muslim Understanding* 48 (1978), pp. 2-8).

41. (A) "Christian-Muslim Dialogue in South-East Asia", in *Islamochristiana* 2 (1976), pp. 171-185.

42. (A) "Christian Liturgy and Islamic Texts", in *Encounter – Documents for Christian-Muslim Understanding* 30 (December 1976), 14 p. (Also in *Vidyajyoti* 41 (1977) pp. 100-115).

43. (A) "Muslim-Christian Dialogue in Libya", in *Afer* 18 (1976), pp. 186-193 (reprint of *Encounter – Documents for Christian-Muslim Understanding* 22 (February 1976).
44. (A) "Christian Mission and Islamic Daʿwa" (report of a discussion), in *International Review of Mission* 65 (1976) *passim.*

**1977**

45. (A) "Mission intention for May : Muslims, Mary and Christ", in *International Fides Service*, March 2, 1977, (No. 2784), pp. 125-7.
46. (E) *Mensch, Welt, Staat im Islam* (with A.Th. Khoury, W. Wanzura eds.), (coll. Islam und westliche Welt, Band 2) Köln, Styria Verlag, 1977, 172 p.
47. (A) "A difficult dialogue : Chambésy 1976" (with J.-M. Gaudeul), in *Encounter-Documents for Christian-Muslim Understanding* 36 (June-July 1977), 16 p.
48. (A) "The Qur'ân and Islamic theology", in *Encounter – Documents for Christian-Muslim Understanding* 37(August-September 1977), 14 p.
49. (C) "La Evangelii Nuntiandi e le religioni del mondo", in *L'Annuncio del Vangelo oggi*, Pontificia Università Urbaniana, Roma, 1977, pp. 609-628.
50. (Bi) "Islamics bibliography (3) – Islamic Theology", in *Encounter – Documents for Christian-Muslim Understanding* 40 (December 1977), 11 p.

**1978**

51. (A) "The Secretariat for non Christians and Muslim Christian Dialogue", in *Bulletin Secretariatus pro non Christianis* 37 (1978), pp. 9-14.
52. (T) "The Manner of Revelation : The Commentary of al-Razi on Qur'an 42, 51-53", in *Islamochristiana* 4 (1978), pp. 115-125.
53. (Bi) "Islamics bibliography (4) Sufism : Mysticism", in *Encounter – Documents for Christian-Muslim Understanding* 50 (December 1978), 11 p.

**1979**

54. (A) "Evangelii Nuntiandi and World Religions", in *Afer* 21 (1979), pp. 34-43.
55. (A) "Christian Muslim Dialogue : Foundations and Forms", in *Encounter – Documents for Christian-Muslim Understanding* 52 (February 1979), 16 p.
56. (A) "Islam in the Sudan" (with M. Macram), in *Encounter – Documents for Christian-Muslim Understanding* 60 (December 1979), 12 p.

**1980**

57. (C) "Soudan" (with J. Geypens and T. Hillas), in *Eucharistie inter-Églises*, publication du Centre de Recherche Théologique Missionaire, Paris, April 1980, pp. 1-5.
58. (A) "Islam und die Bibel", in *Cibedo* 5 (15.9.80), 16 p.
59. (C) "Jesus – A Sign for Christians and Muslims", in *International Mission Congress, Manila, Towards a new age in Mission.* Manila, 1981, Vol. II., Book 3, pp. 60-82. Also in *Vidyajyoti* 44 (May 1980), pp. 202-215 (Reprint *Encounter – Documents for Christian-Muslim Understanding* 72 (Feb. 1981) 15 p.).

60. (B) *Catalysts* (with R. Dionne) White Fathers of Africa, Dublin, 1980, XXII, 308 pp. New revised edition, Dublin, 1998, xxii, 311 pp.

**1983**

61. (A) "A Roman Catholic Response to Schlorff (i.e. to Samuel P. Schlorff, The Catholic Program for Dialogue with Islam)" (with J.-M. Gaudeul), in *Missiology* XI/2 (1983), pp. 149-153.

62. (A) "Musulmanes y Cristianos en el Mundo Árabe", in *Misiones extranjeras* 76-77 (Julio-Octubre 1983), pp. 439-448. (Also in English, in *Encounter – Documents for Christian-Muslim Understanding* 113 (March 1985), pp. 1-12).

**1985**

63. (A) "The Church in North Africa (review article)", in *International Review of Mission* 74 (No. 296, October 1985), pp. 527-531.

**1987**

64. (A) "The Aim of Mission according to Christian Theology", in *XVI journées romaines : chrétiens et musulmans : mission et da*[c]*wa* (pro manuscripto), n.p (Rome), n.d. (1987), pp. 25-35.

65. (A) "Frascati-Rome : Journées Romaines 1987 (31 août – 6 septembre (1987)", in *Bulletin Secretariatus pro non Christianis* 66 (1987), pp. 320-322.

66. (T) "Saâd Ghrab, Islam and Christianity : from opposition to dialogue" (translated from Arabic), in *Islamochristiana* 13 (1987), pp. 99-111.

**1988**

67. (C) "Religioni, dialogo e missioni", in *Missionari a vita oggi perché*, EMI Bologna, 1988, pp. 3-10.

68. (A) "Islam : Cooperation and witness", in *The Month*, May 1988, pp. 667-670. (Reprinted in *CANews*, July 1988, pp. 20-25).

69. (A) "Mission and Dialogue : Reflections in the light of Assisi 1986", in *Bulletin Secretariatus pro non Christianis* 68 (1988), pp. 113-120.

70. (T) "Saad Ghrab, Islam and non-scriptural Spirituality" (translated from Arabic), in *Islamochristiana* 14 (1988), pp. 51-70. (Reproduced in *Silsilah* 18 (1988), pp. 1-5, and in *Inter-religious Dialogue : a paradox*, ed. Silsilah, Zamboanga City, 1991, pp. 163-172).

71. (A) "Islam – samarbete och vittnesbord", in *Signum*, Uppsala, 1988/9-10, pp. 288-290.

**1989**

72. (A) "Ecumenical Cooperation", in *Bulletin Pontificium Consilium pro Dialogo inter Religiones* 70 (1989), pp. 95-97.

73. (A) "Symposium of Christians, Jews and Muslims on « Understanding the Other » (29 May – 2 June 1988)", in *Bulletin Pontificium Consilium pro Dialogo inter Religiones* 70 (1989), pp. 100-101. (Also in *Journal of the Institute of Muslim Minority Affairs* Vol. 10:1 (1989), pp. 100-101).

74. (A) "Comments on an article on *dhimma*", in *Journal of the Institute of Muslim Minority Affairs*, Vol. 10 :1 (1989), pp. 109-112.
75. (A) "Twenty-five years of Dialogue. The Pontifical Council for Inter-Religious Dialogue", in *Islamochristiana* 15 (1989), pp. 109-120.

**1990**

76. (C) "Shiite Understanding of the Qur'ân", in Ludwig Hagemann and Ernst Pulsfort (eds.), «*Ihr alle aber seid Brüder*». Festchrift für A.Th. Khoury zum 60. Geburtstag, Wurzburg, Echter Verlag, 1990, pp. 153-166. (Also published in *Encounter – Documents for Christian-MuslimUnderstanding* 178 (October 1991)).
77. (A) "An African Brotherhood : The Tijaniyya", in *Encounter – Documents for Christian-Muslim Understanding* 167 (July-August 1990), 10 p. (Also published in A. Thottakara (ed.), *Islamic Spirituality*, Centre for Indian and Inter-Religious Studies, Rome, 1993, pp. 91-105).
78. (A) "25 Years of Christian-Muslim Dialogue", in *Proche Orient Chrétien* XL (1990), pp. 258-271. (Also in *Encounter – Documents for Christian-Muslim Understanding* 183 (March 1992), 17 p.)
79. (A) "IV East-West Spiritual Exchange", in *Bulletin Pontificium Consilium pro Dialogo inter Religiones* 75 (1990), pp. 258-266. (French translation in *Bulletin de l'A.I.M. pour l'aide et le dialogue*, 1991, No. 50, pp. 120-124.)

**1991**

80. (C) "A Buddhist Leader at the Second Vatican Council", in *Paolo VI e il rapporto Chiesa-Mondo al Concilio*, Colloquio internazionale di studio, Roma 22-23-24 settembre 1989, Brescia, Pubblicazioni dell'Istituto Paolo VI, 11, 1991, pp. 314-5.
81. (OP) "L'Éxperience spirituelle dans le dialogue interreligieux", in *Publications du Centre d'Études Saint-Louis-de-France*, Rome (conférence donnée le 19 mars 1991).
82. (C) "Interreligious Dialogue in the Spirit of Vatican II", in *A Meeting of Friars from Eastern and Central Europe* (Rome, Italy, 24-30 September 1990), Order of Friars Minor, Rome, 1991 (private circulation), pp. 97-108.
83. (A) "Canberra – Australia. VII Assembly of the World Council of Churches", in *Bulletin Pontificium Consilium pro Dialogo inter Religiones* 76 (1991), pp. 112-113.
84. (A) "Mission in Canberra", in *International Review of Mission* 319/320 (July/ October 1991), pp. 315-326.
85. (A) "Pietro Rossano – Tireless promotor of Dialogue", in *Bulletin Pontificium Consilium pro Dialogo inter Religiones*, 78 (1991), pp. 334-338.
86. (A) "Kochi – India : World Conference of Religions on Religions and Human Solidarity", in *Bulletin Pontificium Consilium pro Dialogo inter Religiones*, 78 (1991), pp. 375-376.
87. (A) "Christian-Muslim Relations Today", in *Jesus Caritas*, No.84 (New Series) 2/1991, pp. 38-43.

88. (A) "I movimenti religiosi alternativi alla luce dei recenti documenti del Magistero", in *Sette e Religioni*, GRIS 4 (Ottobre-Dicembre 1991), pp. 537-546.
89. (A) "Dialogo e annuncio : due elementi della missione della Chiesa", in *Catechesi Missionaria*, Anno VII, No. 2 (Luglio-Decembre 1991), pp. 39-42.

**1992**

90. (A) "The Present State of Christian-Muslim Relations", in *Salaam*, Islamic Studies Association, Vol. 13, No.1 (January 1992), pp. 4-14.
91. (B) *Signs of Dialogue. Christian Encounter with Muslims* (with R. Caspar) Zamboanga City, Sililah Publications (Dialogue Forum 6), 1992, xiv + 245 pp.
92. (A) "Der Jetztige Stand der christlich-islamischen Beziehungen", in *Teologisch-praktische Quartalschrift*, 1992/4, pp. 347-353.
93. (A) "Sects and New Religious Movements in the Light of the Recent Teaching of the Church", in *Bulletin Pontificium Consilium pro Dialogo inter Religiones* 80 (1992), pp. 209-216.
94. (C) "Chiesa cattolica e dialogo mondiale delle religioni : il cammino delle istituzioni", in AA.VV. *Cristianesimo e religione*, Milano, Edizioni Glossa, 1992, pp. 76-99.
95. (A) "Interreligious Dialogue Today", in *Omnis Terra* N. 234 (January 1993), pp. 15-21. (Also in the French and Spanish editions) (*Catholic International* Vol. 4, No. 4 (April 1993), pp. 190-194, also in *La Documentation Catholique*)
96. (A) "Ricordo di Monsignore Pietro Rossano « Studioso semplice e sorridente »", in *Rivista Diocesana di Roma*, 6 (Novembre-Dicembre), 1992, pp. 1855-1861. (Also in Accademia di Studi Mediterranei Agrigento, *Premio internazionale per le Scienze umane « Pietro Rossano ». Convegno internazionale su « I significati del Sacro » Sacro e valori umani nelle grandi religioni, Agrigento 14-17 novembre 1992*, Agrigento, n.d., pp. 31-36).
97. (C) "Islam in dialogo", in Accademia di Studi Mediterranei Agrigento, *Premio internazionale per le Scienze umane « Pietro Rossano ». Convegno internazionale su « I significati del Sacro » Sacro e valori umani nelle grandi religioni, Agrigento 14-17 novembre 1992*, Agrigento, n.d., pp. 155-165.
98. (A) "Panorama du dialogue interreligieux et questions théologiques", in *Spiritus* 126 (1992), pp. 92-103. (Romanian translation : "Panorama dialoglui interreligios", in *Revista Româna de Teologie* 1 (1995), pp. 11-18).

**1993**

99. (A) "Dialogue and Proclamation", in *Bulletin* 82 (1993), pp. 23-33.
100. (A) "Engagement de l'Eglise catholique dans le dialogue interreligieux : bilans et perspectives", in *Chemins de Dialogue*, 2 (Juin 1993), pp. 55-70.
101. (A) "Lo stato attuale delle relazioni islamo-cristiane", in *Sette e Religioni* 10 (Aprile-giugno 1993), pp. 83-89.
102. (A) "Relations between Muslims and Christians in Africa", in *Encounter – Documents for Christian-Muslim Understanding* 197 (July-September 1993), 23 p.
103. (A) "L'Église catholique et la rencontre avec les religions", in *Unité des Chrétiens* No. 91 (Juillet 1993), pp. 4-7.

104. (A) "Other Religions in the Catechism of the Catholic Church", in *Islamochristiana* 19 (1993), pp. 29-41. (in FABC Papers No. 67,1993, 31-43). (Also published in *Pro Dialogo* 85-86 (1994), pp. 165-177).

**1994**

105. (A) "Is Interreligious Dialogue Pure Luxury ?", in *Priests & People*, Vol. 8, No. 1 (January 1994), pp. 3-7.
106. (A) "Cristiani e Musulmani in Africa. I fattori determinanti dei loro rapporti", in *Africa*, maggio-giugno 1994, pp. 50-53.
107. (A) "Reflections on the Pune Colloquium", in *Pro Dialogo* 85-86 (1994), pp. 190-194.
108. (A) "Interreligious Dialogue Today : Obstacles and Opportunities", in *Journal of Dharma*, Vol. XIX (1994), pp. 68-73.
109. (C) "The Past and the Present : Contacts and Relationships", in *Living with the Sacred : Religions of Africa*, compiled by the Office of Ecumenical and Interfaith Relations, Presbyterian Church, Louisville, n.d., pp. 22-26.
110. (A) "Kirche und Interreligiöser Dialog. Konsequenzen aus « Nostra Aetate »", in *Religionen unterwegs* (Mitteilungen der Kontaktstelle für Welt-religionen in Östereich), Oktober 1994, pp. 4-7.
111. (A) "Le dialogue entre chrétiens et musulmans : une réflexion théologique", in *Revue de l'Institut Catholique de Paris*, 51 (Juillet-septembre 1994), pp. 43-53.
112. (C) "De Katholieke Kerk en de interreligieuze dialoog", in W. Ariarajah, *Andere religies in bijbels perspectief*, Kok-Kampen, 1994.
113. (A) "Relations entre chrétiens et musulmans en Afrique", in *Le Lien* (Revue du Patriarcat Grec-Melkite Catholique), No. 3 – 1994, pp. 65-75 ; No. 4-1994, pp. 60-67.

**1995**

114. (A) "Report on WCRP VI – Healing the World : Religions for Peace", in *Pro Dialogo* 88 (1995), pp. 28-32.
115. (A) "Linee per un accostamento all'Islam", in *Quaderni Islamo-Cristiani*, Milano, CADR, Febbraio 1995, 18 p.
116. (A) "Le Religioni in dialogo nel mondo contemporaneo", in *Religioni e Sette nel mondo*, Vol. 1, No.1 (Marzo 1995), pp. 13-26.
117. (A) "Trois religions dialoguent", in *Università del Mediterraneo*, Printemps 1995, pp. 26-31.
118. (A) "L'expérience religieuse dans un contexte pluraliste", in *Pro Dialogo* 89 (1995), pp. 143-154. (Japanese translation, 1996). Extracts published as "Expérience religieuse et dialogue" in *Pastoralia Bruxelles*, No. 8 (octobre 1996), pp. 192-3.
119. (T) "E. Tapiero, *The Dogma and Rites of Islam Through the Texts*" (English Translation), Rome, 1995, vi + 70 p. (*pro manuscripto*).
120. (C) "L'esperienza religiosa in contesto pluralistico", in M. Midali & R. Tonelli (eds.), *L'esperienza religiosa dei giovani 1. L'ipotesi*, Leumann (Torino), Editrice Elle Di Ci, 1995, pp. 27-37.

121. (C) "Attualità del dialogo fra Cristiani e Musulmani. Problemi e prospettive", in D. Lorenz & S. Serafini (eds.), *Istituto San Tommaso : Studi 1955*, Roma, Pontificia Università S. Tommaso d'Aquino, 1995, pp. 287-293.
122. (A) "Annuncio e dialogo nella missione della Chiesa di oggi", in *Convivium Assisiense* 3 (1995), pp. 21-28.
123. (A) "Il cristianesimo nell'odierno contesto di pluralismo religioso", DIM Italia Notizie, *Dialogo interreligioso monastico*, 5, *San Benedetto*, 5/1995, 21, pp. 5-15.

**1996**

124. (A) "Où en est le dialogue interreligieux ?", in *Pro Dialogo* 91 (1996), pp. 36-38 ; (cf. also *Table Ronde* in *De conflits en dialogues 1095-1995. 9ème centenaire du concile de Clermont – 1ère croisade*. Actes de la semaine officielle organisée par le diocèse de Clermont 21-26 novembre 1995, Clermont-Ferrand, 1996, pp. 96-99 ; pp. 112-125.
125. (C) "Some notes on the Islamic View of Women", in P. Vazheeparampil (ed.), *Woman in Prism and Focus ; Her profile in major world religions and in Christian traditions* Rome, Mar Thoma Yogam, 1996, pp. 49-62. (Also in *Encounter – Documents for Christian-Muslim Understanding* 224 (April 1996), 18 p., also in *SEDOS Bulletin* Vol. 28, no. 12 (15 December 1996), pp. 315-322. Italian translation in *Raggio,* n° 5, 1997, pp. 14-24).
126. (C) "Pluralisme religieux et identité chrétienne dans l'Europe contemporaine", in Institut de Droit et d'Histoire Canoniques, *IXème Colloque International (20-21 avril 1995), Le christianisme et les cultures*, Aix-en-Provence, n.d.
127. (A) "Plenary Assembly 1995 : An Overview", in *Pro Dialogo* 92 (1996), pp. 144-152. (French translation) "Assemblée Plénière 1995 : vue d'ensemble", in *Pro Dialogo* 92 (1996), pp. 153-161.
128. (A) "Report on the Activities of the PCID : 1992-1995", in *Pro Dialogo* 92 (1996), pp. 167-182.
129. (A) "Modern Religious Fundamentalism", in *SEDOS Bulletin* (15 January 1996), pp. 25-30.
130. (C) "Jesus in a Shi'ite Commentary", in *Recueil d'articles offert à Maurice Borrmans par ses collègues et amis*, Pontificio Istituto di Studi Arabi e d'Islamistica, Rome, 1996, pp. 77-91. (Also in *Encounter – Documents for Christian-Muslim Understanding* 229 (November 1996), pp. 3-18. Also in A. O'Mahoney et al. (eds.), *Catholics and Shi'a in Dialogue. Studies in Theology and spirituality*, London, Melisende, 2004, pp. 36-55.
131. (C) "Post-secolarizzazione e riemergere della religione", in *Il relativismo religioso sul finire del secondo millennio*, Libreria Editrice Vaticana, 1996, pp. 53-68.
132. (I) "Introduzione", in G. Sono Fazion et al., *Dharma e Vangelo due progetti di salvezza a confronto*, Assisi, Citadella Editrice, 1996, pp. 7-12.
133. (C) "Interreligious dialogue : forms and expressions for mission", in *Towards the Jubilee of the year 2000 : Gospel and interreligious dialogue*, Correspondence Course on Missionary Formation, Lesson 1, Rome, Pontifical Missionary Union, 1996, 13 p. (Also in French, Italian and Spanish).

134. (A) "Visita di Giovanni Paolo II in Tunisia", in *Orientamenti Pastorali*, 5/96, pp. 26-27.
135. (A) "I passi avanti nel dialogo interreligioso", in *Tertium Millennium*, giugno-settembre 1996, pp. 92-93.
136. (A) "Il magistero della Chiesa Cattolica nei confronti delle Sette", in *Religioni e Sette nel mondo*, settembre 1996, pp. 12-30.

**1997**

137. (A) "Teologia delle religioni : panoramica", in *Il Regno (documenti)* no.786 (1 febbraio 1997), pp. 90-95. (Also published as *Gli autori et le pubblicazioni più significative per una valutazione critica del dialogo interreligioso*, in *Convivium Assisiense* 5 (1997) Supplemento, pp. 23-43).
138. (A) "Synthèse des échanges", in *Actes du colloque théologique « L'Évangile de Jésus-Christ et la rencontre des religions traditionnelles », Abidjan, Côte d'Ivoire, Juillet/Août 1996,* in *Pro Dialogo* 94 (1997), pp. 131-139.
139. (A) "Cristo e le altre religioni", in *Tertium Millennium* 1/1 (Marzo 1997) pp. 29-31. (Arabic translation in *Trenta Giorni* (Arabic edition)) 1997/2, pp. 44-46.
140. (A) "Mgr P. Claverie et le dialogue interreligieux", in *Pro Dialogo* 95 (1997), pp. 199-203.
141. (A) "Witness and Dialogue", in *International Review of Mission* Vol. LXXXVI nos. 340/341, January/April 1997, pp. 113-117.
142. (A) "Dialogue Today between Christians and Muslims", in *A.I.M.Monastic Bulletin* English Edition 1997, n° 62, pp. 69-74.
143. (C) "Dialogo interreligioso e promozione della giustizia e della pace", in AA.VV. *Ecumenismo e Dialogo*, Commissione interregionale per l'Ecumenismo e il dialogo del Piemonte e Valle d'Aosta, n.p. (Torino), n.d. (1997), pp. 57-62.
144. (C) "Esperienze di dialogo con il buddhismo", in AA.VV. *Ecumenismo e Dialogo*, Commissione interregionale per l'Ecumenismo e il dialogo del Piemonte e Valle d'Aosta, n.p. (Torino), n.d. (1997), pp. 67-75.
145. (C) "Incontri delle religioni : quale dialogo possibile ?", in AA.VV. *Ecumenismo e Dialogo*, Commissione interregionale per l'Ecumenismo e il dialogo del Piemonte e Valle d'Aosta, n.p. (Torino), n.d. (1997), pp. 137-148.
146. (A) "Segnali di speranza sul finire del secolo", in *Tertium Millennium* 1/5 (novembre 1997), pp. 60-62.
147. (A) "Chrétiens et musulmans en Europe. Perspectives du dialogue", in *La Documentation Catholique* n° 2171 (7 décembre 1997), pp. 127-135. (Also in Assemblée plénière des Évêques de France, *Un Rendez-vous pour la foi. Lourdes 1997*, Paris, Centurion/Cerf, 1998, pp. 79-101. Also in *Religion et politique : thème pour le dialogue islamo-chrétien*, Dossiers de la Commission pour les Rapports Religieux avec les Musulmans (1995-1999), Cité du Vatican, 1999, pp. 103-118. English translation (slightly modified) in *Encounter – Documents for Christian-Muslim Understanding* 247 (July-August 1998), 13 p. Also in SEDOS *Bulletin* 30/10 (October 1998), pp. 268-275. German translation in CIBEDO-*Beiträge* 13 (1999) 2, pp. 59-66.

148. (C) "La conversione del cuore secondo l'Induismo, il Buddismo, l'Islam", (with G. B. M. Shirieda & F. Machado) in G. Marinelli (ed.), *Il Giubileo del 2000*, Roma, Editrice Rogate, 1997, pp. 438-451.

**1998**

149. (A) "The Pillars of Islam according to the Shi'a", in *Encounter – Documents for Christian- Muslim Understanding* 241 (January 1998), 9 p.
150. (A) "Freedom from the Past", in *Pro Dialogo* 97 (1998), pp. 93-102.
151. (C) "Lo Spirito Santo, ispiratore del dialogo", in AA.VV. *Le chiese cristiane e le altre religioni. Quale dialogo ?* A cura del SAE, Milano, Ancora, 1998, pp. 129-142.
152. (A) "Ecumenismo, annuncio e dialogo", in *Ad Gentes* 2/1 (1998), pp. 12-16.
153. (A) "Les enjeux et les perspectives des relations islamo-chrétiennes", in *Conférence du Centre EL KALIMA*, Bruxelles, s.d. (1998), pp. 19-34.
154. (A) "Dialogo interreligioso : una riflessione teologica", in *ho theològos* XVI (1998) 1, pp. 3-19.
155. (A) "The Role of dialogue in Mission", in *SEDOS bulletin* Vol. 30/6-7 (June-July 1998), pp. 165-168.
156. (A) "Developing Dialogue", in *SEDOS bulletin* Vol. 30/6-7 (June-July 1998), pp. 169-174.

**1999**

157. (A) "Interreligious Dialogue on the Threshold of the new Millennium", in *Westminster Interfaith Supplement,* January 1999, pp. 1-8. Also in A. Suresh (ed.), *Sarva- Dharma-Sammelana 1998*, (Commission for Interreligious Dialogue, Catholic Bishops" Conference of India, New Delhi (1999), pp. 50-64).
158. (A) "The Spirituality of Interreligious Dialogue", in *Origins* (Feb. 25, 1999), pp. 631-633.
159. (C) "Pope John Paul II and Interreligious Dialogue. A Catholic Assessment", in B. L.Sherwin and H. Kasimow (eds.), *John Paul II and Interreligious Dialogue*, Maryknoll, New York, Orbis Books, 1999, pp. 207-220.
160. (A) "Report on the Activities of the PCID", in *Pro Dialogo*, 101(1999/2), pp. 196-201. (Also in French).
161. (C) "Interreligious Dialogue at the Service of the Human Family", in *Tenrikyo-Christian Dialogue. Symposium cosponsored by Tenri University and Pontifical Gregorian University*, Tenri University Press, Nara, 1999, pp. 483-496.
162. (A) "Dialogo Cristiano-Musulman. Un informe de los avances recientes", in *Medillìn* vol. 25, n° 98 (junio 99), pp. 181-197.
163. (A) "Les perspectives de l'unité", in *L'Unité possible*, Sources vives n° 86 (Juin 1999), pp. 5-9.
164. (A) "Alle soglie del terzo millennio : la collaborazione tra le diverse religioni", in *Lettera di collegamento del Segretariato per l'Ecumenismo e il Dialogo. Quaderni dell Segreteria Generale CEI*, Anno III, n° 20 (Luglio 1999), pp. 59-63.

165. (C) "Muslims in Europe. Managing as Minorities", in AA.VV. *Religion et politique : un thème pour le dialogue islamo-chrétien*, Dossiers de la Commission pour les Rapports Religieux avec les Musulmans (1995-1999), Cité du Vatican, 1999, pp. 63-78.
166. (A) "Bangalore, India : Sarva-Dharma Sammelana (28-30 November 1998)", in *Pro Dialogo* 102 (1999), pp. 360-361.
167. (A) "Nettetal-Leutherheide, Germany : Twelfth Leutherheide Forum – Between Confrontation and Cooperation – Europe and Islam (13-16 May 1999)", in *Pro Dialogo* 102 (1999), pp. 370-371.
168. (A) "Christian-Muslim Dialogue. A Survey of Recent Developments", in *Encounter – Documents for Christian-Muslim Understanding* 260 (December 1999), 10 p. (Also in SEDOS *bulletin* 2000, Vol. 32/4 (April 2000), pp. 111-116).
169. (A) "Il dialogo tra cristiani e musulmani problemi e prospettive", in *Eco di San Domenico*, LXVI, n° 4-5-6 (Luglio-Dicembre 1999), pp. 11-23.
170. (A) "Krscansko muslimanski dijalog. Dostignuca, teskoce i smjerovi (Christian-Muslim Dialogue. Developments, Difficulties and Directions)", in *Urhbosnensia*, Urhbisanska katolicka teologija, Sarajevo, God. III, br. 2 (1999), pp. 193-203.

**2000**

171. (C) "Mons. Pierre Claverie e il dialogo interreligioso", in E. Ferri (ed.), *Ricordo di Pierre Claverie*, Naples, CUEN, 2000, pp. 57-62.
172. (A) "Perdonare è bello ?", in *San Benedetto* 4/2000 (Luglio-agosto 2000), pp. 12-24.
173. (A) "Monothéisme, Sacrifice, Fraternité", in *Pro Dialogo* 104-105 (2000/2-3), pp. 211-214.
174. (C) "Jenseits polemischer Konfrontation : Ein christlich-muslimischer Dialog unter dem Anspruch an den Menschen", in *12. Leutherheide Forum 13.-16. Mai 1999*, Adalbert-Stiftung-Krefeld, pp. 98-101.
175. (A) "Insieme al servizio dell'uomo", in *Tertium Millennium* IV/12 (Dicembre 2000), pp. 22-25.
176. (C) "Tavola Rotonda. Quale modello per la presenza dei musulmani in Italia : conquista, ghetto o integrazione ?", in *L'Islam tra noi. Dalle paure al confronto*, Atti del convegno della Federazione Italiana Settimanali Cattolici, Venezia, 9-11 novembre 2000, Venezia, Edizione CID, 2000, pp. 127-129.

**2001**

177. (A) "Living the faith in a pluralistic world", in *Briefing* vol. 31/3 (14 March 2001), pp. 16-23.
178. (A) "Fruit in Season. The Hopes of Interreligious Dialogue", in *Westminster Interfaith Supplement* (March 2001), 4 p. (Also in *DIM/MID International Bulletin*, 2001/1, pp. 25-28. Partial German translation under the title *Früchte zur rechten Zeit*, in *Denken und Glauben* 117/118 (März, April 2002), p. 18).

179. (I) "Prefazione", in *La donna : memoria e attualità,* vol. IV, *La donna nelle altre religioni*, Libreria Editrice Vaticana, 2001, pp. 5-9.
180. (A) "The Pontifical Gregorian University and Interreligious Dialogue", in *Pro Dialogo* 107 (2001), pp. 244-251.
181. (C) "El dialogo interreligioso en América Latina", in Pontificia Commissio pro America Latina, *Iglesia en América. Al encuentro de Jesucristo Vivo*, Libreria Editrice Vaticana, 2001, pp. 223-225.
182. (C) "John Paul II reaches out – Interreligious Dialogue", in *The wisdom of John Paul II. A Summary*, Catholic Truth Society, London, 2001, pp. 114-125.
183. (A) "Christian-Muslim Relations : A Vatican Perspective", in *Encounter – Documents for Muslim-Christian Understanding*, 276 (July/August 2001), 10 p.
184. (C) "Costruire la Pace : un approccio cristiano", in AA.VV. *Religioni fonte di conflitti e di pace*, Vicenza, Edizioni Rezzara, 2001, pp. 61-68.
185. (A) "Jacques Dupuis, *Toward a Christian Theology of Pluralism*", in *Pro Dialogo* 108 (2001), pp. 334-341.
186. (A) "L'immagine di Gesù Cristo nelle religioni" (with F.A. Machado), in AA.VV. *Il tuo volto, Signore, io cerco. Consacrazione e servizio*, Centro Studi USMI, Roma, 2001, pp. 104-113.
187. (C) "The Pontifical Gregorian University and Interreligious Dialogue", in Pontificia Università Gregoriana, *Atti del « Solenne Atto Academico in occasione del 450° anniversario della fondazione del Collegio romano » 1551-2001(Roma, 4-5 aprile 2001)*, Roma, Edizioni Nuove Dimensioni, 2001, pp. 143-151. (Also published in Pontificia Università Gregoriana, *Universitas Nostra Gregoriana. La Pontificia Università Gregoriana ieri ed oggi*, Edizioni ADP, Roma, 2006, pp. 273-282.

**2002**

188. (A) "Quinze ans après Assise : le développement du dialogue", in *La Documentation Catholique*, n° 2264 (17 février 2002), pp. 177-183.
189. (A) "Joint service on Behalf of Humanity", in *Catholic International*, Vol. 13, n° 1 (February 2002), pp. 26-27.
190. (A) "« Report on the Activities of the PCID » Nov '98 – Oct '01", in *Pro Dialogo* 109 (2002/2), pp. 73-80 ; French translation, pp. 81-89.
191. (A) "A Christian Spirituality of Interreligious Dialogue – Background to the Document", in *Pro Dialogo* 109 (2002/1), pp. 123-124.
192. (A) "Vivre dans un monde interreligieux : défi pour les chrétiens", in *Lerins* n° 367 (mars 2002), pp. 1-24.
193. (C) "Théologie chrétienne des religions : un bilan" (avec F. Machado), in *La responsabilité des théologiens. Mélanges offerts à Joseph Doré*, Paris, Desclée, 2002, pp. 273-287. English original published in *Pro Dialogo* 111(2002), p. 313-324. (Also published in English, French and Spanish, in *Omnis Terra* N° 335 (March 2003), pp. 94-103, and in Italian, in *Omnis Terra* n° 81 (October-December 2004), pp. 199-208. Also published in *Mission Outlook* October 2003, pp. 1,4-5.

194. (C) "Les prophètes du dialogue", in *En hommage au père Jacques Jomier, O.P. Études réunies et coordonnées par Marie-Thérèse Urvoy*, Paris, Cerf (coll. Patrimoines), 2002, pp. 19-30.
195. (A) "Trois religions pour un seul Dieu. Quel témoignage pour l'humanité. Communication", in *Fraternité d'Abraham,* n° 114 (avril 2002), pp. 7-9.
196. (A) "Le dialogue interreligieux. Pluralité et unité", in *Académie d'Éducation et d'Études Sociales*, n° 325 (8 juin 2002), pp. 2-9 + échanges de vue, pp. 10-15.
197. (C) "Il dialogo interreligioso : necessità e missione", in Movimento Ecclesiale di Impegno Culturale, (a cura di I. Sanna e P. De Simone), *Sotto il segno di Abramo : pensare la fede tra identità e differenza*, Roma, 2002, pp. 75-89.
198. (C) "PCID/CEP : *Dialogue and Proclamation.* Introducing a document on the Evangelising Mission of the Church", in C. D. Isizoh (ed.), *Milestones in Interreligious Dialogue. A Reading of Selected Catholic Church Documents on Relations with People of Other Religions. Essays in honour of Francis Cardinal Arinze. A Seventieth Birthday Bouquet,* Rome-Lagos, Ceedee Publications, 2002, pp. 209-217.
199. (A) "Trionfo a Toronto", in *Sereno Incontro* Vol. XXXVI, n° 3 (Luglio-settembre 2002), pp. 15-17.
200. (C) "From Heresy to Religion : Vatican II and Islam", in M. S. Elsheikh (ed.), *Europe and Islam : Evaluations and Perspectives at the Dawn of the Third Millennium. Proceedings of an International Conference* (Pontifical Gregorian University – Rome, 6-8 May 2000), Florence University Press, 2002, pp. 53-71. (Also published in *Encounter – Documents for Christian-Muslim Understanding* 296 (July/August 2003). Also published in Spanish in *Encuentro Islamo-Cristiano*, n° 380 (Diciembre 2003), 14 p. Also published (in condensed form) in *Priests & People*, January 2004, pp. 3-8. Also published in *Doctrine & Life* 57/5 (May – June 2007), pp. 19-38).

**2003**

201. (A) "Hommage to Cardinal Arinze", in *Pro Dialogo* 112 (2003/1), pp. 48-53.
202. (A) "Religious Pluralism – A Theological Consideration", in *Bulletin Dei Verbum* (Catholic Biblical Federation) n° 62-63 (1-2/2002), pp. 32-38.
203. (C) "« Le Dialogue inter-religieux », *Pluralité et unité* ", in *L'unité du genre humain*, Académie d'Éducation et d'Études Sociales, Annales 2001-2002, Paris (s.d., 2003), pp. 307-342.
204. (C) "Omelia in occasione del decimo anniversario della morte di Monsignore Pietro Rossano", in P. Selvadagi (ed.), *Pietro Rossano. La sfida del dialogo,* Milano, Edizioni San Paolo, 2003, pp. 257-259.
205. (A) "The New Opportunity for Christian-Muslim Dialogue", in *Origins* Vol. 3 : n° 1 (May 15, 2003), pp. 10-13.
206. (C) "Opening Remarks", in Pontifical Council for Interreligious Dialogue, *Spiritual Resources of the Religions for Peace. Exploring the sacred texts in promotion of peace*, Vatican City, 2003, pp. 13-15.

207. (C) "Open Session – Opening Remarks" in Pontifical Council for Interreligious Dialogue, *Spiritual Resources of the Religions for Peace. Exploring the sacred texts in promotion of peace*, Vatican City, 2003, pp. 71-72.
208. (C) "Piero Rossano. Studioso semplice e sorridente", in P. Gaia, *Piero Rossano. Una vita per il dialogo*, Fossano, Esperienze, 2003, p. 9.
209. (A) "Dialogo e annuncio oggi nella Chiesa in Italia, tra libertà di coscienza e conversione", in *Lettera di collegamento del Settore per l'Ecumenismo e il Dialogo*, 39 (aprile 2003), pp. 45-54.
210. (A) "Opening Remarks", in *Pro Dialogo*, « Sangha in Buddhism and Church in Christianity » n° 113 (2003), pp. 139-140.
211. (C) "« Dialogue and Proclamation ». A reading in the Perspective of Christian-Muslim Relations", in D. Kendal and G. O'Collins (eds.) *In Many and Diverse Ways. In Honor of Jacques Dupuis*, Maryknoll, New York, Orbis Books, 2003, pp. 181-193. French translation *Dialogue et annonce. Une lecture dans la perspective des relations islamo-chrétiennes* in *Pro Dialogo* 115 (2004), pp. 39-53.
212. (C) "Chiavi complementari per rispondere alle sfide delle « Sette » in America Latina", in Pontificia Commissio pro America Latina, *Nueva Evangelización en América Latina*, Città del Vaticano, Libreria Editrice Vaticana, 2003, pp. 267-271.
213. (C) "Il dialogo interreligioso e diritto alla libertà religiosa", in Movimento Ecclesiale per l'Impegno Culturale, *Le Religioni di fronte al problema della Violenza*, Settimana Teologica di Assisi, Assisi 26-29 Agosto 2002, Roma 2003, pp. 81-89.
214. (C) "Il dialogo interreligioso e promozione della giustizia e della pace", in Movimento Ecclesiale per l'Impegno Culturale, *Le Religioni di fronte al problema della Violenza*, Settimana Teologica di Assisi, Assisi 26-29 Agosto 2002, Roma 2003, pp. 91-105.
215. (C) "Cristiani e musulmani insieme per creare una cultura di pace", in Movimento Ecclesiale per l'Impegno Culturale, *Le Religioni di fronte al problema della Violenza*, Settimana Teologica di Assisi, Assisi 26-29 Agosto 2002, Roma 2003, pp. 107-118.
216. (C) "Fondamenti Teologici del Dialogo Interreligioso", in *Veritas in Caritate. Miscellanea di studi in onore del Card. José Saraiva Martins*, Roma, Urbaniana University Press, 2003, pp. 257-266.
217. (A) "Evangelization and Interreligious Dialogue", in *Origins*, Vol. 33 n° 23 (November 13, 2003), pp. 402-405.

**2004**

218. (C) "I contemplativi e la pace", in R. Luise, *Cenacoli di resistenza*, Assisi, Cittadella Editrice, 2004, pp. 5-6.
219. (A) "El diálogo con el Islam", in *Criterio*, Febrero 2004, pp. 16-21.
220. (A) "Compromiso de la religiones para influir en la vida social", in *ForoE (EcumenicoSocial)*, Buenos Aires 1 (2004), pp. 139-140.
221. (A) "Construir la Paz hoy", in *Voz del Islam*, Centro Islámico de la República Argentina, Enero 2004, pp. 5-6.

222. (A) "Visit to Argentina : 15-23 November 2003", in *Pro Dialogo* 115 (2004), pp. 78-80.
223. (A) "Testimoni di uno solo Signore. Ecumenismo e dialogo interreligioso", in *Studi Ecumenici* 21 (2003), pp. 397-412. (Also in S. Rosso, E. Turco, G. Ceronetti (eds.), Le tradizioni religiose dell'Asia (Quaderni «Ecumenismo e dialogo» 9), Commissione interregionale per l'ecumenismo e il dialogo, Piemonte Valle d'Aosta, Torino 2005, pp. 187-192. Partial English translation (extracts) in *Vita Più. News from the Canossian World*, March 2007 pp. 12-13).
224. (A) "The Witness of Monotheistic Religions", in *Salaam (ISA),* 25/2 (April 2004), pp. 48-57.
225. (C) "Pluralisme religieux et identité chrétienne dans l'Europe contemporaine", in B. Ardura et J.-D. Durand (eds) *Culture, incroyance et foi. Nouveau dialogue. Études en honneur du Cardinal Paul Poupard*, Roma, Edizioni Studium, 2004, pp. 559-571.
226. (C) "Espiritualitad cristiana y dialógo interreligioso", in Comisión Episcopal de Ecumenismo, Relaciones con el Judaismo, el Islam y las Religiones. *Ecumenismo y Dialógo interreligioso en Argentina. En el camino del tercer milenio (2000-2003)*, Buenos Aires, Ciudad Nueva, 2004, pp. 142-156.
227. (C) "El Pontificio Consejo y los desafíos del diálogo interreligioso", in Comisión Episcopal de Ecumenismo, Relaciones con el Judaismo, el Islam y las Religiones. *Ecumenismo y Dialógo interreligioso en Argentina. En el camino del tercer milenio (2000-2003)*, Buenos Aires, Ciudad Nueva, 2004, pp. 157-167.
228. (C) "Religiones y diálogo en el actual contexto internacional", in Comisión Episcopal de Ecumenismo, Relaciones con el Judaismo, el Islam y las Religiones. *Ecumenismo y Dialógo interreligioso en Argentina. En el camino del tercer milenio (2000-2003)*, Buenos Aires, Ciudad Nueva, 2004, pp. 168-178.
229. (C) "El diálogo con el Islam", in Comisión Episcopal de Ecumenismo, Relaciones con el Judaismo, el Islam y las Religiones. *Ecumenismo y Dialógo interreligioso en Argentina. En el camino del tercer milenio (2000-2003)*, Buenos Aires, Ciudad Nueva, 2004, pp. 179-190.
230. (C) "La experiencia monástica del diálogo interreligioso", in Comisión Episcopal de Ecumenismo, Relaciones con el Judaismo, el Islam y las Religiones. *Ecumenismo y Dialógo interreligioso en Argentina. En el camino del tercer milenio (2000-2003)*, Buenos Aires, Ciudad Nueva, 2004, pp. 191-199.
231. (C) "Las religiones y la paz", in Comisión Episcopaal de Ecumenismo, Relaciones con el Judaismo, el Islam y las Religiones. *Ecumenismo y Dialógo interreligioso en Argentina. En el camino del tercer milenio (2000-2003)*, Buenos Aires, Ciudad Nueva, 2004, pp. 208-214.
232. (C) "La sfida religiosa e culturale dell'Islam in Europa", in G. Mura (ed.), *Fede, culture e non credenza. Integrazione europea e nuove sfide per la Chiesa*, Rome, Urbaniana University Press, 2004, pp. 171-190.
233. (C) "Réponse à Philippe Chenaux", in *L'Europe et le fait religieux*, Paris, Éditions Parole et Silence, 2004, pp. 57-59.

234. (A) "The future of Encounter and Dialogue", in *Petit Echo* n° 956 (2004/10), pp. 565-572. (Also in French in *Lettre trimestrielle du GAM*, Lebanon (Pâques 2005), supplément 6 p.).
235. (A) "Pluralism and the Parish", in *Westminster Interfaith Supplement*, November 2004, 8 p.
236. (A) "Plenary Assembly : Opening Remarks from the President", in *Pro Dialogo* 116-117 (2004), pp. 156-158. (French edit. pp. 156-158 ; Italian edit. pp. 156-158).
237. (A) "Homily during the Eucharist at the Tomb of St Peter", in *Pro Dialogo* 116-117 (2004), pp. 250-251. (French edit. pp. 251-252 ; Italian edit. pp. 251-252).
238. (A) "Public session : Introductory Remarks", in *Pro Dialogo* 116-117 (2004), pp. 281-282. (French edit. pp. 281-282 ; Italian edit. pp. 285-286).
239. (A) "Dialogue led by the Spirit", in *Briefing*, November 2004, pp. 48-52. (Published also as "The Spiritual Dimension of Interreligious Dialogue", in *White Fathers – White Sisters* 381 (April-May 2005), pp. 4-11).
240. (A) "Un mondo alla ricerca della pace", in *ho theològos* (rivista della facoltà teologica di Sicilia) XXII (2004) 3, pp. 461-468.
241. (A) "Le rocher et la grotte selon diverses religions", in *Chemins de dialogue*, IV, 2004, pp. 103-117.

**2005**

242. (A) "A Programmed Response to Pluralism", in *Westminster Interfaith Supplement*, January 2005, 8 p. French translation : "Une réponse programmée au Pluralisme", in *El-Kalima* 66 (juillet-août-septembre 2005), pp. 2-21.
243. (A) "Homélie pour l'ordination épiscopale de Claude Rault", in *Lettre du Diocèse de Laghouat-Ghardaia*, Janvier 2005, pp. 7-8.
244. (B) *Dieu rêve d'unité. Les catholiques et les religions : les leçons du dialogue.* Entretiens avec Annie Laurent, Paris, Bayard, 2005, 216 p. Italian translation, *Dio sogna l'unità: i cattolici e le religioni,* Roma, Città Nuova Editrice, 2007, 248 p.
245. (A) "Interreligious Dialogue and Peace", in *Origins* Vol. 34 no. 46 (May 5, 2005).
246. (C) "Opening speech" in *World Family. Radio Maria. International Congress Rome (September 30 – October 3, 2003)* Azzate (VA), 2004, pp. 9-11.
247. (A) "El compromiso de las diversas religiones para influir en la vida social", in *ForoE* (Foro Ecumenico Social), Buenos Aires, 2005, pp. 17-21.
248. (C) "A Problem with Monotheism : Response", in B.E. Hinze and I.A. Omar (eds.), *Heirs of Abraham. The Future of Muslim, Jewish and Christian Relations*, Maryknoll, New York, 2005, pp. 42-45.
249. (C) "Relations among the Abrahamic Religions. A Catholic Point of View", in B. E. Hinze and I. A. Omar (eds.), *Heirs of Abraham. The Future of Muslim, Jewish and Christian Relations*, Maryknoll, New York, 2005, pp. 55-78.
250. (C) "Relations among the Abrahamic Religions : Reply" in B. E. Hinze and I.A. Omar (eds.), *Heirs of Abraham. The Future of Muslim, Jewish and Christian Relations*, Maryknoll, New York, 2005, pp. 90-93.

251. (C) "Abraham and His Children : Response", in B.E. Hinze and I.A. Omar (eds.), *Heirs of Abraham. The Future of Muslim, Jewish and Christian Relations*, Maryknoll, New York, 2005, pp. 112-115.
252. (A) "The Witness of Monotheistic Religion", in *Sacred Heart University Review*, Vol. XXII 1/2 (Fall 2001 – Spring 2002), pp. 69-82. (Also published in I.A. Omar (ed.), *Islam and Other Religions. Pathways to Dialogue. Essays in Honour of Mahmoud Mustafa Ayoub*, Routledge, London and New York, 2006, pp. 151-159).
253. (C) "Religious and Interreligious Education in the Contemporary World", in *Religion, Education and the Family. Tenrikyo-Christian Dialogue II*, Tenri University Press, Tenri. Nara, 2005, pp. 13-24 + *Discussion* pp. 25-36.
254. (C) "Interreligious Dialogue. A Vatican Perspective", in F.-J. Eilers svd (ed.), *Interreligious Dialogue as Communication*, FABC-OSC Books 6, Logos (Divine Word) Publications, Manila, 2005, pp. 15-20.
255. (A) "A declaração «Nostra Aetate» : o respeito da igreja pelos valores religiosos", in *Revista de Cultura Teológica* (São Paulo), 52 (Jul/Set 2005), pp. 17-32.
256. (A) "Interreligious Relations today: the remarkable relevance of *Nostra Aetate*", in *Pro Dialogo* 119 (2005), pp. 182-193.
257. (A) "Chrzescijanstow w pluralistycznej Europie", in *Wiez* (Warszawa), Listopad 2005 11(565), pp. 29-36. (Also in *Europa Dialog VI Zjazd Gnieznienski : Byc chrzescijaninem w pluralisticznej Europie,* Gaudentium, Gniezno, 2005, pp. 177-182).
258. (C) "Bishops for all People", in Congregation for the Evangelization of Peoples, *Life and Ministry of the Bishop. Proceedings of the seminar for the Bishops in Mission Territories*, Urbaniana University Press, Rome, 2005, pp. 139-147.
259. (C) "Giovanni Paolo II testimone del dialogo interreligioso", in S. Rosso, E. Turco, G. Ceronetti (eds.), *Le tradizioni religiose dell'Asia* (Quaderni «Ecumenismo e dialogo» 9), Commissione interregionale per l'ecumenismo e il dialogo, Piemonte Valle d'Aosta, Torino 2005, pp. 177-180.
260. (C) "A 40 anni dalla *Nostra Aetate*", in S. Rosso, E. Turco, G. Ceronetti (eds.) *Le tradizioni religiose dell'Asia* (Quaderni «Ecumenismo e dialogo» 9), Commissione interregionale per l'ecumenismo e il dialogo, Piemonte Valle d'Aosta, Torino 2005, pp. 181-186.
261. (C) "Il Dialogo inter-religioso", in *Giovanni Paolo II : Cristo l'Uomo, la Storia*, numero speciale di *Nuntium* (Pontificia Università Lateranense) 25-26 (2005 1/2) pp. 250-257.

**2006**

262. (B) *Interfaith Dialogue. A Catholic View* (with J. Borelli), SPCK, London & Orbis Books, Maryknoll, NY, 2006, xii + 255 p. Italian translation (partial), *Dialogo interreligioso. Il punto di vista cattolico*, Milano, Edizioni San Paolo, 2007, 263 p.
263. (A) "My Pilgrimage in Mission", in *International Bulletin of Missionary Research*, 30/2 (April 2006), pp. 88-91.
264. (A) "The Venerable Nikkyo Niwano and Interreligious Dialogue", in *Dharma World*, April-June 2006, pp. 10-11.

265. (I) "Presentation" in F. Gioia (ed.), *Interreligious Dialogue. The Official Teaching of the Catholic Church from the Second Vatican Council to John Paul II (1963-2005)*, Boston, Pauline Books & Media, 2006, pp. 5-6. In French, Éditions de Solesmes, 2006, pp. 7-9. In Italian, Libreria Editrice Vaticana, 2006, pp. 7-9
266. (I) "Introduction", in K. Acharya & L. Namjoshi (eds), *Tri-dal. A Trilateral Dialogue. Hinduism, Christianity and Islam*, Mumbai – New Delhi, Somaiya Publications Pvt. Ltd. 2006, pp. 3-7.
267. (A) "*Nostra Aetate*, a Key to Interreligious Dialogue", in *Gregorianum* 87/4 (2006), pp. 700-713.
268. (A) "Forty Years of Interreligious Dialogue", in *Theology Annual 2005* (Volume 26), Holy Spirit Seminary College of Theology and Philosophy, Hong Kong, pp. 61-72 (in Chinese).
269. (A) "The Relevance of *Nostra Aetate* in Changed Times", in *Islamochristiana* 32 (2006), pp. 63-87. Arabic translation in *Sadîq al-kâhin* (Cairo), 2007/2, pp. 136-147 ; 2007/3, pp. 180-187 ; 2007/4, pp. 254-261; 2008/1, pp. 37-47. German translation in H. Vöcking (ed.), *Nostra Aetate und die Muslime*, George Anawati Stiftung, Schriftenreihe 8, Freiburg-Basel-Wien, Herder, 2010, pp. 56-97.
270. (A) "Interreligious Dialogue. A Sign of Hope", in *Origins* (20 April 2006). French Translation in *La Documentation Catholique,* n. 2365 (1 octobre 2006) ; Arabic translation *ḥiwâr al-adyân 'alâmat rajâ'*, in *Sadîq al-kâhin* 2008/2, pp. 123-129 ; 2008/4, pp. 283-290.
271. (B) *Riconciliazione compito del dialogo?* (with E. Bianchi), Pacefuturo edizioni, Pertinengo (BI), 2006, 47 p.
272. (C) "The Witness of Monotheistic Religions", in I.A. Omar (ed.), *Islam and Other Religions. Pathways to Dialogue. Essays in honour of Mahmoud Mustafa Ayoub*, London and New York, Routledge, 2006, pp. 151-159.

**2007**

273. (C) "Die Erklärung *Nostra Aetate*", in J. Sinkovis, U. Winkler (eds.), *Weltkirche und Weltreligionen. Die Risonanz des Zweiten Vatikanischen Konzils 40 Jahre nach* Nostra Aetate, Salzburger Theologische Studien 28, Innsbruck – Wien, 2007, pp. 29- 43.
274. (A) "Dangers, toils and snares", in *The Tablet*, 24 March 2007, pp. 4-5. (Complete text published online at www.africamission-mafr.org/conference_fitzgerald.htm under the title "Combating Modern Slavery").
275. (C) "What the Catholic Church has learnt from Interreligious Dialogue", in A. I. Stan (Ed.), *Convergent World Religions. Comparative Law, Order and Discipline*, Bucaresti/Targoviste, Editurialpress Slobozia, 2007, pp. 57-80. (Also published in *Journal of the Interdisciplinary Study of Monotheistic Religions* (Doshisha University, Kyoto), 2008, 4, pp. 46-59. Also in the Arabic version of the journal).
276. (I) "Prefazione", in T. Osorio Gonçalves, *In attesa di una "nuova era". I percorsi alternativi della religiosità*, Roma, Città Nuova Editrice, 2007, pp. 5-6.

277. (A) "Egypt and the Holy See", in *White Fathers White Sisters* 394 (June-July 2007), pp. 6-11.
278. (C) "Mary as a sign for the world according to Islam", in W. McLoughlin, J. Pinnock (eds), *Mary for Time and Eternity. Essays on Mary and Ecumenism*, Leominster, Gracewing, 2007, pp. 298-304.
279. (C) "Témoignage", in J. Perrier, *Lourdes Aujourd'hui. Et demain ?* Bruyères-le-Châtel, 2007, pp. 158-161.

**2008**

280. (A) "*Bi-rajâ' mukhallisûn* (Spe Salvi)", in *Nûr 'alâ l-tarîq*, 98/519 (2008), 12 p.
281. (I) "Foreword" to M. M. Funk, *Islam Is... An Experience of Dialogue and Devotion*, New York, Lantern Books, 2008, pp. ix-xii.
282. (I) "*Muqaddima*" to E. Sgreccia, *Dalîl al-akhlâqiyât al-muta'alliqa bi-l-ḥayât*, Manuale di Bioetica), Cairo, Dar al-Kamâl li-l-ṭibâʿa, n.d. (2008).
283. (A) "Un mondo alla ricerca della pace : il ruolo del dialogo interreligioso", in *Pedagogia e Vita*, 2008, I (gennaio-febbraio), pp. 124-132.
284. (A) "Robert Caspar. Sa contribution à la pensée de l'Église sur l'Islam", in *Chemins de Dialogue* 31(2008), pp. 151-154.
285. (A) "Islam's Many Faces", in *One*, September 2008, pp. 14-17.
286. (C) "Do you encounter or do you dialogue ?", in Society of Missionaries of Africa, General Council, *Encounter. Take the plunge*, Rome, September 2008, pp. 25-28. (Also in French).
287. (I) "Préface : *Introit :* chant d'entrée", in C. Rault, *Désert, ma cathédrale*, Paris, Desclée de Brouwer, 2008, pp. 7-13.
288. (A) "Interview with Michael L. Fitzgerald, M. Afr.", in *Asian Christian Review*, Vol. 2, No. 2 & 3 (2008), pp. 4-7.
289. (I) "Foreword", in M. McGee, OSB, *Christian Martyrs for a Muslim People*, New York/Marwah NJ, Paulist Press, 2008, pp. xiii-xv.

**2009**

290. (A) "Ouverture", in *Chemins de Dialogue* 34 (2009), pp. 103-105.
291. (A) "The Most Beautiful Names of God : Their Meaning for a Christian", in *Islamochristiana* 35 (2009), pp. 15-30.
292. (C) "Part-time Priest ?", in D. P. Cronin, *Priesthood. A life open to Christ*, St Paul's Publishing, London, 2009, pp. 60-62.

**2010**

293. (I) "Préface", in M. Borrmans, *Louis Gardet (1904-1986). Philosophe chrétien des cultures et témoin du dialogue islamo-chrétien*, Paris, Cerf, 2010, pp. i-v.
294. (A) "Religious Congregations and their Contribution to Interreligious Dialogue", in *Centro Pro Unione semi-annual Bulletin* N. 77 Spring 2010, pp. 3-8.
295. (C) "Tolerance – Respect – Trust", in Verein zur Forderung der Missionswissenschaft, *Tolerance – Respect – Trust I Toleranz – Respekt – Vertrauen I*, Brunner Verlag, Kriens, *Forum Mission* volume 6/2010, pp. 14-50.

296. (C) "La Chiesa in missione", in D. Magni & M. Ronconi (eds), *Una missione dal volto umano. Introduzione a Ad Gentes* (Coll. Per leggere il Vaticano II), Milan, Periodici San Paolo, 2010, pp. 7-12.

297. (C) "A Theological Reflection on Interreligious Dialogue", in K. J. Becker & I. Morali (eds.), *Catholic Engagement with the World Religions. A Comprehensive Study*, Maryknoll, New York, Orbis Books, 2010, pp. 383-394.

298. (A) "Ultima Dimo : Segnali incoraggianti dal Cairo", in *Missione Oggi*, febbraio 2011, p. 47.

299. (A) "Bishop at large", in *Petit Écho*, no.1018 (2011/2), pp. 74-77.

300. (C) "Engaging in Christian-Muslim relations : a personal journey", in Hewer and C. Troll (eds.), *Christian lives given to the study of Islam : What sustains Christian students of Islam in their life-long engagement ?* New York, Fordham University Press, in the press.

# I. THEOLOGY OF RELIGIONS

# FRUCTUM DABIT

## Perspectives de recherche en théologie chrétienne du dialogue interreligieux

*par*

Jean-Marc AVELINE

C'était à l'automne 1992. À Marseille, sous l'impulsion du cardinal Coffy, venait d'être créé un *Institut de sciences et théologie des religions*, dont la direction m'était confiée. Connaissant bien à Rome le cardinal Etchegaray, qui m'avait ordonné diacre quelques mois avant de quitter Marseille, j'étais allé le voir pour lui demander avec qui je devais me mettre en contact dans la curie romaine, afin que le travail de ce tout nouvel institut soit en phase avec l'engagement du Magistère de l'Église catholique dans le dialogue interreligieux. C'est ainsi que le cardinal me recommanda de rencontrer au plus vite Mgr Michael Fitzgerald, dont je me répétais le nom peu méridional tout au long du chemin qui va de la Piazza San Callisto à la Via dell Erba ! C'est ainsi que commença une aventure d'amitié et de confiance, grâce à laquelle le nouvel institut de Marseille put se développer et travailler en profonde harmonie avec l'Église universelle.

Quelques mois auparavant, Michael Fitzgerald, Père Blanc spécialiste de l'islam, enseignant à *l'Institut pontifical d'études arabes et islamiques*, avait été ordonné évêque et nommé secrétaire du *Conseil pontifical pour le dialogue interreligieux.* Il avait alors choisi comme devise épiscopale ces deux mots du Psaume 1 qui évoquent un arbre planté près d'un cours d'eau et que le psalmiste contemple avec patience et espérance, sûr qu'il donnera du fruit en son temps : « *Fructum dabit* ». Cet « arbre de l'espérance » fournit une excellente image de la façon dont, à l'école du psalmiste, l'Église considère aujourd'hui le dialogue qu'elle s'efforce de tisser avec des croyants de différentes religions : elle sait qu'il faut s'y engager avec patience et persévérance, car même si ce dialogue connaît des difficultés et des ambiguïtés, l'Église est sûre que, porté dans la prière, la vérité et la charité, il donnera du fruit en son temps.

Aussi, lorsque Jean-Jacques Pérennès m'a sollicité dans le cadre de la préparation d'un volume d'hommage envers ce jardinier du dialogue qu'est

Michael Fitzgerald, je n'ai pas hésité un instant ! Sur son conseil, je me propose d'apporter une contribution à ce volume sous la forme d'une brève relecture de la façon dont la théologie a pris en charge, depuis la fin du XIXe siècle et jusqu'au début du XXIe, les questions que pose à la foi des chrétiens leur expérience de rencontre avec des croyants d'autres religions. J'ajouterai à cette relecture la proposition de quelques perspectives pour la recherche contemporaine en théologie.

## 1. La théologie chrétienne devant la pluralité des religions

On peut distinguer deux étapes dans la construction de la problématique en théologie chrétienne des religions. Chaque étape correspond à une question qui a dominé la scène du débat théologico-philosophique à une époque donnée. La première question provient de la remise en cause par l'histoire des religions, à la fin du XIXe siècle, de la prétention des religions, et en particulier du christianisme, à *l'absoluité* et à la vérité. La deuxième question, déjà présente en amont du Concile Vatican II, mais surtout développée dans les années qui le suivirent, concerne le *salut :* comment passe-t-on d'une « théologie du salut des infidèles » à une « théologie des religions » ? Alors que celle-là se demande s'il est possible à des personnes d'être sauvées par Jésus Christ quand bien même elles ne le connaissent ni ne le confessent, celle-ci s'interroge sur la possibilité de conférer aux religions en tant que réalités socio-historiques un éventuel rôle positif dans l'unique dessein salvifique de Dieu. Avec cette question s'ouvrira, après le Concile, le débat autour de ce que l'on appelle « les théologies pluralistes ».

### *L'absoluité du christianisme en question*

À la fin du XIXe siècle, le développement scientifique de l'histoire des religions, l'accroissement des connaissances ethniques, archéologiques, anthropologiques sur le fait religieux dans l'ensemble des cultures du monde a entraîné une remise en question de la prétention des religions à se considérer comme absolues. À l'instar de tout phénomène historique, ne doivent-elles pas se contenter d'être relatives, connaissant un début et une fin et n'ayant de valeur que relativement à une culture et à une époque ? On doit au théologien protestant Ernst Troeltsch (1865-1923) d'avoir le premier cherché à relever théologiquement ce nouveau défi. Deux textes majeurs de Troeltsch doivent ici être évoqués.

Dans la conférence qu'il donna le 3 octobre 1901 à Mühlacker devant des théologiens de la *Christliche Welt*, Troeltsch consentait à reconnaître que les deux modèles apologétiques censés démontrer l'absoluité du christianisme, que ce soit le modèle supranaturaliste pour lequel le christianisme est la religion absolue parce que Dieu l'a voulu ainsi dans sa Révélation, ou le modèle idéaliste selon lequel le christianisme est la religion absolue parce qu'il constitue la réalisation la plus aboutie du concept de religion, n'étaient plus pertinents[1]. Déjà en 1898, il écrivait :

> Seul celui qui parcourt rapidement l'histoire des religions simplement du point de vue de l'apologétique, comme un chasseur à l'affût des évidences de l'infériorité des religions autres que le christianisme, seul celui-là peut rentrer chez lui, après ses expéditions, avec son supranaturalisme intact[2].

Il était donc nécessaire à ses yeux de renoncer à la prétention d'absoluité, d'autant plus que ce renoncement, expliquait-il dans la conférence de 1901, ne porte pas préjudice au besoin de certitude de la conscience croyante. En effet, de quoi celle-ci a-t-elle besoin ? D'une part, d'être sûre que c'est bien de Dieu qu'elle fait l'expérience dans la religion qu'elle pratique ; d'autre part, d'avoir la certitude de ne pouvoir trouver ailleurs une meilleure voie religieuse que celle sur laquelle elle est engagée. Or, pour que ce besoin de certitude soit rempli, il suffit que soit reconnue au christianisme non pas une absoluité mais simplement une validité. Pour Troeltsch, la différence tient en ceci : l'absoluité est décrétée dogmatiquement, de l'intérieur même d'une religion, *a priori,* sans tenir compte du fait qu'il existe d'autres prétentions à la vérité que la sienne ; la validité est reconnue historiquement *a posteriori*, après comparaison objective entre les différentes propositions religieuses. Se lançant donc dans une étude comparée des religions avec les moyens dont il disposait à l'orée du XX<sup>e</sup> siècle, Troeltsch parvenait à montrer à la fin de cette conférence que, parce qu'il était une « religion personnaliste de rédemption », le christianisme, après avoir été mis en comparaison avec les autres religions existantes, pouvait se voir attribuer une *Höchstgeltung*, c'est-à-dire une validité suprême.

Le deuxième texte que je voulais évoquer est celui d'une conférence que Troeltsch avait préparée pour une tournée en Angleterre au mois de mars 1923. Il mourut peu de temps avant ce voyage et ne put prononcer le texte qui cependant nous a été conservé. Cette conférence, qui devait être donnée à Oxford, avait pour titre « Le christianisme et les religions du monde ». Après avoir exposé au public anglais l'essentiel de la réflexion qu'il avait

1. Ernst TROELTSCH, *Die Absolutheit des Christentums und die Religionsgeschichte*, Tübingen-Leipzig, J.C.B. Mohr (Paul Siebeck), 1902. Traduction française : « L'absoluité du christianisme et l'histoire de la religion », dans : Ernst TROELTSCH, *Histoire des religions et destin de la théologie*, *Œuvres III*, Paris-Genève, Éd. du Cerf – Éd. Labor et Fides, 1996, p. 69-177.

2. Ernst TROELTSCH, « Geschichte und Metaphysik », *Zeitschrift für Theologie und Kirche 8* (1898), p. 1 à 69 ; ici p. 52.

conduite à Mühlacker, Troeltsch prenait lui-même quelques distances par rapport aux résultats qu'à l'époque, il avait cru pouvoir établir. En effet, une étude plus approfondie des autres religions ainsi qu'une réflexion plus aiguë sur le lien entre religion et culture l'avaient conduit à estimer que le critère personnaliste dont il s'était servi pour comparer les religions du monde en 1901 était peu fiable pour une telle comparaison puisqu'il était lui-même issu d'une culture imprégnée du christianisme. Il n'était donc pas étonnant que l'usage d'un tel critère aboutît à conférer à la religion dont il était issu la *Höchstgeltung* qu'il lui avait décernée. Par honnêteté, Troeltsch proposait donc de n'attribuer au christianisme qu'une « validité relative » : le christianisme est la religion qui est valide pour nous et jusqu'à présent. Troeltsch n'excluait pas que les relations entre les religions pourraient leur permettre de développer chacune le meilleur de leur spécificité et que pourrait s'établir entre elles une fécondation réciproque de grand intérêt pour leurs membres. Quant à leurs différences, mieux valait laisser à Dieu le soin de décider de leur signification. À la fin de la conférence de 1923, il écrivait :

> Qui oserait se prononcer de manière définitive sur la validité des prétentions à la vérité des différentes religions ? Seul Dieu lui-même, qui a déterminé ces différences, peut faire cela[3].

Si j'ai accordé autant d'importance à Troeltsch, c'est parce qu'il me semble que nombre de nos contemporains, sans même qu'ils n'aient jamais lu Troeltsch, sont habités par les questions qu'il a tenté de résoudre. Même si les solutions qu'il a proposées restent théologiquement discutables, il n'en reste pas moins que c'est avec lui que commence l'édification d'une problématique en théologie chrétienne à propos de la pluralité religieuse.

### *Le Christ, l'Église et les religions : la question du salut*

Le travail de Troeltsch suscita bien entendu de nombreux débats. En protestantisme, Karl Barth (1886-1968) rejeta radicalement les perspectives troeltschiennes qui lui paraissaient être l'aboutissement de la théologie libérale, c'est-à-dire à ses yeux l'abandon de la théologie au profit d'une simple philosophie de la religion[4]. On sait combien la théologie barthienne a dominé le protestantisme européen effaçant pour longtemps les questions posées par Troeltsch au profit du déploiement d'une théologie centrée sur la Parole de

3. Ernst TROELTSCH, « The Place of Christianity among the World-Religions », *Christian Thought : its History and Application*, éd. Friedrich Von Hügel, Londres, 1923, p. 27.
4. Cf : Karl BARTH, « Der christliche Glaube und die Geschichte », *Schweizer Theologische Zeitschrift*, 29 (1912), p. 1-18 et 49-72. Sur le rapport entre révélation et religion, on se réfèrera surtout au §17 de la *Dogmatique* de Barth.

Dieu. En protestantisme toujours, Paul Tillich (1886-1965), tout en reconnaissant le courage théologique dont Troeltsch avait fait preuve, critiquait cependant les conclusions auxquelles ce dernier était arrivé, préférant quant à lui développer une critique *théologique*, et non pas simplement *historique*, de la prétention du christianisme à l'absoluité, à partir d'une réflexion renouvelée sur la Révélation[5].

En contexte catholique, la réception de Troeltsch fut plus délicate étant donné le contexte de la crise moderniste. Toutefois il importe de remarquer que le jésuite Léonce de Grandmaison qui fut en 1910 le fondateur des *Recherches de science religieuse* (*RSR*) alors qu'il dirigeait depuis quelques années les *Études*, connaissait le travail de Troeltsch et les différents courants qui agitaient à l'époque la théologie protestante en Allemagne[6]. La création des *RSR* poursuivait d'ailleurs un but proche des préoccupations troeltschiennes : il s'agissait de faire travailler ensemble des historiens des religions et des théologiens afin d'explorer ce monde encore peu connu des diverses traditions religieuses. Dès le premier numéro figurait un article sur Mahomet et le Coran[7]. Par ailleurs Léonce de Grandmaison avait encouragé la tenue des « Semaines d'ethnologie religieuse » ainsi que le travail missionnaire et anthropologique de Wilhelm Schmidt, créateur en 1906 de la revue germanophone *Anthropos*.

La question théologique principale n'était cependant plus celle de la prétention à l'absoluité mais bien plutôt celle de l'accès au salut des membres de ces diverses religions dont l'étude des rites et des doctrines laissait entrevoir des traces du désir de Dieu que le théologien chrétien ne pouvait se permettre d'ignorer. Dans le *Manuel d'histoire des religions* intitulé *Christus*, publié en 1912 sous la direction de Joseph Huby et auquel Léonce de Grandmaison a grandement coopéré, celui-ci exprimait ainsi la démarche qui était la sienne :

5. Cf. Paul TILLICH, « Ernst Troeltsch. Son importance pour l'histoire de l'esprit », *Christianisme et socialisme. Écrits socialistes allemands (1919-1931)*, Paris-Genève-Québec, Éditions du Cerf – Labor et Fides – Presses de l'Université Laval, 1992, p. 217-224, notamment p. 219. Pour la théorie de la révélation développée par Tillich en réponse aux positions troeltschiennes sur l'absoluité du christianisme, voir : Paul TILLICH, *Dogmatique. Cours donné à Marbourg en 1925*, Paris-Genève-Québec, Éditions du Cerf – Labor et Fides – Presses de l'Université Laval, 1997, notamment la longue « Introduction ». J'ai présenté les divers aspects de la réception tillichienne de l'œuvre de Troeltsch en 1923-1924 dans : Jean-Marc AVELINE, *L'enjeu christologique en théologie des religions. Le débat Tillich-Troeltsch*, Paris, Éd. du Cerf, « Cogitatio Fidei » 227, 2003, p. 234-267.

6. À titre d'exemple, voir sa notice dans le dernier chapitre du livre dirigé par Joseph HUBY (dir.), *Christus. Manuel d'histoire des religions*, Paris, Beauchesne, 1913, p. 1293, n. 1.

7. Henri LAMMENS, « Qoran et Tradition : comment fut composée la vie de Mahomet », *Recherches de science religieuse*, 1910, p. 27-51. Le même auteur publiera cinq autres articles d'islamologie dans les premières années de la revue.

> Hors de cette religion – patriarcale, ou israélite, ou chrétienne-catholique – [le catholique] sait qu'il y a des hommes « cherchant à tâtons » ce que lui possède dans la lumière relative de la foi ; des hommes adorant « le Dieu inconnu » qui lui a été annoncé, à lui, et qu'il connaît en disant : « Notre Père, qui êtes au cieux ». [...] Il sait que ces peuples ont une âme comme les chrétiens eux-mêmes, des désirs, des aspirations religieuses bâties sur le même plan, faites pour la même Fin. Il ne s'étonne pas, en conséquence, de voir ces désirs, ces aspirations, se traduire par des institutions, par des sentiments, par des rites analogues [...]. Forts de ces principes, et attentifs à discerner le grain des faits dans la paille des interprétations et des présentations tendancieuses ; fiers d'appartenir à une Église, comme à une religion, qui « n'a besoin que de la vérité », les catholiques peuvent aborder sans crainte, surtout dans des ouvrages non influencés par les préjugés rationalistes décrits plus haut, *l'étude des religions*[8].

Cette démarche qui consiste à ne pas négliger, au nom même du travail théologique, les recherches des historiens des religions et de tous les acteurs des « sciences religieuses », afin de mieux discerner les traces du désir de Dieu dans l'effort religieux des hommes, sera amplement déployée quelques années plus tard par un autre jésuite, Henri de Lubac (1896-1991), notamment en direction du bouddhisme[9]. Deux textes, parmi bien d'autres, sont importants pour notre propos : d'une part le septième chapitre de *Catholicisme*, qui avait déjà fait l'objet avant la publication du livre en 1938, d'une conférence donnée en 1933 au Congrès de l'union missionnaire du clergé à Strasbourg ; d'autre part, le quatrième chapitre de *Paradoxe et Mystère de l'Église*, publié en 1967, chapitre consacré à l'étude des « religions humaines d'après les Pères ».

L'intuition lubacienne que je voudrais ici recueillir part du constat suivant : alors même que, aux tout premiers siècles, l'Église catholique n'était encore constituée que d'une poignée de familles réparties dans quelques villes et bourgades de la Méditerranée orientale, elle avait pourtant conscience d'avoir reçu la charge du salut du genre humain tout entier. C'est cette disproportion entre la conscience de catholicité et l'effectivité de la surface sociale de l'Église qui conduisit de Lubac à repenser la théologie du salut en mettant en valeur les aspects sociaux du dogme, selon le sous-titre donné à *Catholicisme*. À ses yeux, il faut tenir ensemble d'une part l'affirmation que l'Église est *nécessaire au salut* (c'est le titre du septième chapitre de *Catholicisme*) et, d'autre part, que les « infidèles », ceux qui n'appartiennent pas à l'Église visible, non seulement ne sont pas étrangers au salut que celle-ci pourrait leur

8. Joseph HUBY (dir.), *Christus. Manuel d'histoire des religions*, *op. cit.*, p. 43-44.

9. Cf. Henri DE LUBAC, *Aspects du bouddhisme* (1951), *La rencontre du bouddhisme et de l'Occident* (1952), *Amida. Aspects du bouddhisme* (1955). Sur ce dossier, voir l'article de Michel FÉDOU, « Henri de Lubac et la "théologie des religions" », dans : Paul MAGNIN (dir.), *L'intelligence de la rencontre du bouddhisme. Actes du colloque du 11 octobre 2000 à la Fondation Singer-Polignac, « La rencontre du bouddhisme et de l'Occident depuis Henri de Lubac »*, Paris, Éd. du Cerf, 2001, p. 111-126.

annoncer mais encore sont appelés par la Providence à jouer un rôle dans l'histoire de ce salut. C'est ainsi qu'il comprend la nécessité d'élargir le dogme de la communion des saints :

> Providentiellement indispensables à l'édification du Corps du Christ, les « infidèles » doivent bénéficier à leur manière des échanges vitaux de ce corps. Par une extension du dogme de la communion des saints, il semble donc juste de penser que, bien qu'ils ne soient pas eux-mêmes placés dans les conditions normales du salut, ils pourront néanmoins obtenir ce salut en vertu des liens mystérieux qui les unissent aux fidèles. Bref, ils pourront être sauvés parce qu'ils font partie intégrante de l'Humanité qui sera sauvée[10].

C'est la raison pour laquelle, explique de Lubac, si tous ne sont pas membres de l'Église visible, tous seront cependant sauvés *par* l'Église. C'est ainsi qu'il comprend la vérité de l'axiome « Hors de l'Église pas de salut ». Il s'agit d'une vérité praxéologique puisque la catholicité qui est la marque de l'Église reste pour elle une exigence et qu'elle ne saurait y prétendre sans en accomplir la tâche : être « *in ecclesia* » ne suffit pas pour vivre « *de ecclesia* »[11] ! À l'école des Pères de l'Église, de Lubac encourageait donc l'étude des religions mais rappelait l'exigence d'un discernement : s'il y a bien en elles des « semences du Verbe » qu'il s'agit de découvrir, il convient également de rejeter ce qui, à l'inverse, relève de l'*hybris* humaine et de l'idolâtrie. Le discernement doit donc être opéré religion par religion, doctrine par doctrine, rite par rite, selon un principe que de Lubac résumait en ces termes : « l'Église du Christ doit, dans sa foi au Christ, intégrer en le convertissant tout l'effort religieux de l'humanité »[12].

Quelques décennies plus tard cependant, cette formulation est apparue insuffisante pour décrire la richesse de l'expérience que faisaient des chrétiens concrètement confrontés à la rencontre interreligieuse, en particulier la dimension de réciprocité, d'échange, d'approfondissement mutuel rendue possible par l'expérience concrète du dialogue. Dès lors, à partir des années 1980, se sont développées d'autres façons de considérer la question du salut. On appelle « théologies pluralistes » certaines propositions théologiques élaborées essentiellement dans les pays anglo-saxons, sous l'influence de John Hick et Paul Knitter. Leur idée est la suivante : de même que la révolution copernicienne entraîna la perte de l'illusion selon laquelle la terre était au centre du monde au profit d'une vision héliocentrique qui n'en faisait que l'un des satellites du soleil, de même une révolution copernicienne analogue

10. Henri DE LUBAC, *Catholicisme. Les aspects sociaux du dogme*, Paris, Éd. du Cerf, « Unam Sanctam » 3, 1941 (deuxième édition), p. 173.

11. *Ibid.*, p. 181.

12. Henri DE LUBAC, « Les religions humaines d'après les Pères », *Paradoxe et mystère de l'Église*, Paris, Aubier, 1967, p. 120-163 ; ici p. 130.

est nécessaire en sotériologie. En effet, aux dires de ces « théologiens », l'illusion selon laquelle les chrétiens pourraient affirmer du Christ qu'il est l'unique médiateur du salut doit être remplacée par une vision théocentrique voire régnocentrique ou sotériocentrique pour laquelle Jésus-le-Christ n'est plus que l'un des fondateurs de religions, chacune constituant ainsi une voie de salut parallèle ou complémentaire aux autres.

Dès que l'on concède que le salut prend place non seulement à l'intérieur du christianisme mais aussi à l'intérieur des autres grandes traditions, il devient arbitraire et irréaliste de continuer à insister sur le fait que l'événement Christ est la seule et exclusive source du salut pour l'humanité. [...] Ce serait une anomalie comparable à celle qui consisterait à accepter la révolution copernicienne en astronomie [...], mais tout en prétendant que les rayons vivifiant du soleil ne peuvent atteindre les autres planètes autrement qu'en étant d'abord reflétés à partir de la Terre [13]!

Ces positions développées essentiellement mais pas exclusivement dans les rangs des théologiens protestants libéraux qui, du reste, ne se privent pas d'en appeler à Ernst Troeltsch, ont suscité à la fin du XX<sup>e</sup> siècle de très nombreux débats dont les ouvrages de Jacques Dupuis ou de Claude Geffré ont rendu compte avec précision[14]. Elles sont aussi à l'origine de la réaction du Magistère exprimée entre autres dans la Déclaration « *Dominus Iesus* » publiée par la *Congrégation pour la doctrine de la foi* en septembre 2000.

J'aimerais cependant signaler qu'à mes yeux, nous sommes aujourd'hui sortis de cette étape de la problématique qui a consisté à chercher à établir, en théologie des religions, des typologies d'ordre sotériologique. Le travail remarquable de Jacques Dupuis est tout entier façonné par le besoin d'y voir clair entre des positions exclusivistes (ou ecclésiocentriques), inclusivistes (ou christocentriques), et pluralistes (ou théocentriques), chacune d'elles devant encore être subdivisées selon des nuances de plus en plus subtiles. Pour ma part, je considère que les écrits dits de « théologie pluraliste », dans la mesure où ils s'affranchissent résolument des contraintes dogmatiques les plus fondamentales de la foi chrétienne (Incarnation, Trinité, Rédemption) relèvent davantage d'un effort d'ordre philosophique pour penser la pluralité religieuse que d'une construction de théologie chrétienne. J'établirais également une différence entre la nébuleuse des théologies néolibérales essentiellement anglo-saxonnes d'une part et les efforts déployés surtout en Asie par des théologiens aux prises avec les questions liées à des problèmes d'inculturation d'autre part.

13. John HICK, « The Non-Absolutness of Christianity » dans J. Hick et P. F. Knitter (ed.), *The Myth of Christian Uniqueness*, Maryknoll-New York, Orbis Books, 1985, p. 22-23.

14. Cf. Jacques DUPUIS, *La rencontre du christianisme et des religions. De l'affrontement au dialogue*, Paris, Cerf, 2002 ; Claude Geffré, *De Babel à Pentecôte. Essais de théologie interreligieuse*, Paris, Éd. du Cerf, « Cogitatio Fidei » 247, 2006.

Prenant résolument mes distances avec les premiers, je considère qu'il importe d'accorder aux seconds un encouragement bienveillant[15].

## 2. Perspectives pour la recherche

Après avoir brièvement évoqué les étapes de la problématique théologique de la rencontre des religions, je voudrais maintenant signaler ce qui à mes yeux caractérise en ce domaine notre situation présente. Deux facteurs me paraissent déterminants. Je relèverai tout d'abord le fait que *la dimension politique* des relations interreligieuses interfère avec ce que l'on appelle théologiquement « dialogue interreligieux » et qu'il importe donc que les chrétiens veillent à éviter les possibles ambiguïtés du dialogue. J'évoquerai ensuite la richesse de *la fécondité spirituelle* dont peuvent témoigner les acteurs de la rencontre interreligieuse, en dépit des difficultés et parfois des ambiguïtés, et je soulignerai la nécessité de recueillir théologiquement les fruits de cette expérience pour une meilleure intelligence de la foi chrétienne, dans ce qu'elle a précisément d'unique et de profondément nouveau.

### *La dimension politique des relations interreligieuses*

Aujourd'hui la question du dialogue interreligieux surgit de plus en plus souvent au *niveau politique*. Dans les grandes métropoles, la pluralité culturelle et religieuse est une réalité bien tangible que l'on peut certes aborder comme une chance de complémentarité prometteuse mais qui pose également, il est inutile de le cacher, de graves et délicats problèmes qui ne sont pas seulement d'ordre religieux. Les enjeux économiques, culturels et politiques liés aux phénomènes migratoires, ainsi que la montée des intégrismes religieux et le risque qu'ils font peser sur la paix entre les peuples, sont des éléments de plus en plus pris en compte dans la gestion de la chose publique et dans les relations diplomatiques internationales.

La question est aussi pastorale, non seulement parce que les croyants sont interrogés, à titre personnel, par cette situation nouvelle mais aussi parce que leurs communautés et leurs responsables se trouvent souvent sollicités par les collectivités territoriales, par les États ou par des organismes internationaux dans une perspective appelée alors de « dialogue interreligieux ». Il importe donc de plus en plus pour les croyants de veiller à ne pas se laisser enfermer dans une certaine approche trop politique selon laquelle le dialogue interreligieux ne serait que l'un des vecteurs de la paix sociale sur fond de mondialisation

15. Cf. Michel Fédou, *Regards asiatiques sur le Christ*, Paris, Desclée, « Jésus et Jésus-Christ » 77, 1988.

économique devenant elle-même une « quasi-religion séculière » ! Il importe donc de reconnaître, surtout en Occident, les ambiguïtés de l'expression « dialogue interreligieux », au sens où celle-ci désigne à la fois le rôle que *les pouvoirs publics* voudraient que les religions jouent pour contribuer à la paix sociale et, ce qui est loin d'être la même chose, l'attitude que *des croyants*, au nom de leur foi, entendent adopter à l'égard de fidèles d'autres religions que la leur. La première acception relève d'une théorie socio-politique du religieux, la seconde d'une réflexion théologique et pastorale. Une théologie des religions qui ne serait pas suffisamment attentive à cette ambiguïté risquerait de perdre la distance et la liberté qui lui permettent de dire autre chose que ce qu'il est de bon ton de dire dans l'espace feutré du « politiquement correct », étant devenue plus prompte à jouer le rôle d'utilité sociale qu'on veut bien lui concéder qu'à remplir courageusement la mission prophétique et critique qui lui incombe.

Or ce que l'on appelle dans les sociétés occidentales « tolérance » peut prendre la forme d'une subtile idéologie qui relativise les messages religieux au prétexte que le meilleur combat contre l'intolérance consisterait à décréter une neutralité de la société civile, cantonnant la religion à la sphère privée ou ne « tolérant », comme expressions publiques, que celles qui tendent à montrer que « tout se vaut » ! On se souviendra du fait que ni les juifs ni les chrétiens, à l'aube de notre ère, ne purent coïncider avec les religions qui, dans l'Empire romain, pouvaient être assimilées, les dieux des uns étant interchangeables avec les dieux des autres et pouvant même se compléter dans de grands panthéons ! Les paroles adressées aux dieux devaient pouvoir se côtoyer sans problème selon le préjugé qu'elles étaient, finalement, équivalentes. J'ai parfois l'impression que la pensée dominante aujourd'hui en Occident a quelque chose à voir avec les présupposés de cette époque !

### *La fécondité spirituelle du dialogue*

Pourtant, en quelques décennies et peut-être grâce à la présence grandissante de musulmans en leur sein, les sociétés occidentales ont compris que la dimension spirituelle faisait irrémédiablement partie de l'être humain et qu'on ne pouvait pas prétendre l'éliminer. Des philosophes comme Jürgen Habermas pensent même aujourd'hui qu'il est très important d'écouter la sagesse anthropologique dont les religions sont porteuses[16]. Dans ce contexte, la rencontre vraie entre croyants peut devenir le ferment d'un renouveau des façons de vivre, pour peu qu'elle rende plus attentif à l'humain, à la justice, à la

16. Cf. Jürgen Habermas, *Entre naturalisme et religion. Les défis de la démocratie*, Paris, Gallimard, 2008.

solidarité, à la bonté. Partout où cette rencontre se tisse patiemment, la cause de l'humain progresse et avec elle, la qualité de nos sociétés.

Toutefois, l'expérience de l'altérité n'est jamais facile. Pour un croyant, accepter qu'il y ait de la vérité dans ce que l'autre me dit de Dieu, même s'il ne croit pas de la même façon que moi, est toujours une épreuve spirituelle. Le chrétien sait pourtant que « toute vérité, qui que ce soit qui la dise, vient de l'Esprit Saint », comme l'écrivait déjà saint Thomas d'Aquin (*Super evangelium Joannis*, I, 3). Le « bénéfice spirituel » d'une telle expérience est qu'il renforce en nous la confiance en Dieu et le désir de mieux le connaître en aimant profondément ceux qu'il nous donne pour compagnons de route. Tout homme, parce qu'il est créé à l'image et à la ressemblance de Dieu, est habité d'un profond désir de Dieu, même s'il le refoule ou le rejette. Certains vont chercher dans les Livres sacrés et dans les rites d'autres religions ce qu'il leur faut pour entretenir en eux ce goût de Dieu. L'Église considère ces rites et ces doctrines religieuses avec un « respect sincère » (*Nostra ætate* 2). Convaincue qu'il y a là aussi un travail de l'Esprit Saint (*Redemptoris missio* 28), elle tâche, par sa présence, son amitié, sa façon de vivre, de coopérer à cette action de l'Esprit en rendant témoignage à Jésus Christ dont elle confesse qu'il est « le chemin, la vérité et la vie » (Jn 14, 6). Quand un chrétien est appelé à vivre cette expérience au quotidien, il en tire assurément un grand bénéfice spirituel. Mon ministère de théologien auprès des petites communautés chrétiennes du Maroc, d'Algérie et de Tunisie, m'en a souvent rendu l'heureux témoin ! Et c'est sans doute dans la profondeur d'une telle expérience que mes liens avec Michael Fitzgerald sont devenus de plus en plus denses.

J'aimerais évoquer ici Christian de Chergé qui, prolongeant l'intuition lubacienne de l'extension du dogme de la communion des saints, attirait l'attention sur l'étrange *relation d'interdépendance* qui se fait jour dans l'histoire du salut, relation où Dieu, parce qu'Il se révèle aux uns et aux autres, aux uns *par* les autres, les appelle tous au dialogue. Il évoque alors la nécessité, pour les chrétiens et les musulmans (mais on pourrait étendre la portée du propos), de s'efforcer de *correspondre*, c'est-à-dire de répondre ensemble à l'appel de Dieu. Cet appel s'adresse aux uns *par* les autres dans une inlassable réciprocité et l'on ne peut l'appréhender ainsi que selon une vision eschatologique de l'histoire qui renvoie sans cesse à la tâche d'une incarnation au quotidien, pour vivre la profondeur de chaque rencontre en « développant toutes les complémentarités virtuelles de nos fidélités à Dieu » :

> Je crois de plus en plus qu'il n'y a de dialogue profond avec les hommes de l'islam qu'à partir de cette visée radicale et théologique, au sens le plus fort, qui les rejoint là où tant nous ont devancés, marqués, jusque dans leur mort, par le signe de leurs fois respectives. Cette réalité du Royaume, leur communion de gloire dans la totale soumission du Fils, il nous revient de l'incarner en développant *toutes les complémentarités virtuelles de nos fidélités à Dieu*. Il suffit d'ailleurs de croire que ce Dieu qui nous appelle à la prière les uns par les autres

> peut s'impatienter de nous voir si peu portés à correspondre, c'est-à-dire à répondre ensemble. Qui ose cette correspondance perçoit mieux et avec quelle joie combien la foi personnelle seule est vivante et qu'il lui est bien impossible de s'exprimer à la façon des anathèmes que nous nous lançons les uns aux autres depuis des siècles[17].

Étonnant mystère de la mission qui veut que l'Église du Christ, elle-même rassemblée et vivifiée par l'Esprit, soit appelée à coopérer, par la rencontre et le dialogue, avec ce même Esprit, qui est « présent et agissant non seulement dans les personnes mais aussi dans les cultures, les sociétés, l'histoire et les religions » (*Redemptoris missio* 28). Telle est sa vocation, son ministère, au service du *colloquium salutis* de Dieu avec l'humanité.

On l'aura compris : c'est parce qu'elle est ordonnée à ce ministère en vue du Royaume que l'Église n'est pas tout à fait réductible à ce que l'on entend ordinairement par le mot de *religion*. Et c'est bien ce qui la rend mal à l'aise dans les formes que prend quelquefois aujourd'hui le « dialogue interreligieux ». Elle sait que, selon son Évangile, Dieu n'est pas plus proche de l'homme religieux que de l'homme séculier ! Il lui arrive souvent d'ailleurs de faire l'expérience d'une plus grande communion avec des humanistes non religieux qu'avec des religieux plus ou moins fondamentalistes, fussent-ils considérés comme chrétiens. C'est que son centre de gravité n'est ni en elle-même, ni même dans le lien qui l'unit à Dieu : il est dans la *relation de Dieu avec le monde*, relation dont elle est la servante. Saisie théologiquement, la figure de l'Église n'est pas celle d'une nouvelle religion qui viendrait s'ajouter aux pèlerinages des peuples vers leurs panthéons, engageant avec eux des dialogues religieux qui se résument souvent à des monologues parallèles. En Jésus-Christ, la figure de l'Église se dessine plutôt dans l'acte par lequel elle accompagne « la marche de Dieu vers les peuples »[18], selon l'heureuse expression de Joseph Ratzinger. Dans l'expérience du dialogue interreligieux, elle trouve une occasion inédite et exigeante d'éprouver que l'exode vers l'autre, loin de la détourner de la Terre promise, lui fait découvrir sa mission comme l'expression d'une Promesse qui tout à la fois la dépasse et la requiert. Elle se comprend alors elle-même non pas comme une *voie de salut* parmi d'autres mais bien plutôt comme étant, dans le Christ, en quelque sorte le *sacrement du salut*, c'est-à-dire le signe (parce que ce salut la dépasse) et le

17. Christian DE CHERGÉ, inédit.

18. « Ce message en route vers les peuples, nous l'appelons Église. De ce rejet du message qui le rendit sans patrie et le força à être en route, naquit la mission (qui coïncide en un sens très profond avec l'Église elle-même). [...] La marche de Dieu vers les peuples qui s'accomplit dans la mission ne supprime pas la promesse de la marche des peuples vers le salut de Dieu, cette marche étant la grande lumière qui brille à nos yeux en venant de l'Ancien Testament ; elle ne fait que la confirmer. Car le salut du monde se tient dans la main de Dieu, il vient de la promesse, non de la Loi » (J. RATZINGER, *Le nouveau Peuple de Dieu*, Paris, Aubier, 1996, p. 185-187).

moyen (parce qu'il la requiert) de l'union de l'homme avec Dieu et de l'unité de tout le genre humain (*Lumen gentium* 1).

## Conclusion

« *Fructum dabit* » ! Oui, on peut dire théologiquement du dialogue interreligieux ces mots du psalmiste que Michael Fitzgerald a pris pour devise épiscopale. Avec la patience d'un jardinier, il s'agit d'entretenir ces liens d'amitié par lesquels des hommes et des femmes de diverses religions font l'expérience d'un amour de Dieu plus fort que leurs différences. Le dialogue est parfois une ascèse, il est souvent un bonheur, mais il est, pour le disciple du Christ, toujours une responsabilité. En effet, comment l'Église serait-elle fidèle à l'Esprit du Christ si elle ne cherchait pas, dans le mouvement même qui la pousse à annoncer l'Évangile, à discerner les dons divers et variés que l'Esprit répand dans le cœur des hommes, dans leurs cultures, dans leurs sociétés, dans leurs religions ? Je suis de plus en plus convaincu que si l'Église catholique, au concile Vatican II, a exhorté les fidèles à s'engager « avec prudence et charité » (*Nostra ætate* 2) dans la rencontre interreligieuse, c'est avant tout parce qu'elle confesse que l'initiative de ce « dialogue de salut » vient de Dieu, qui veut nouer avec l'humanité une histoire d'alliance, un « *colloquium salutis* » qui précède et suscite tous nos dialogues !

Mission et dialogue se qualifient l'un l'autre : pas d'élan missionnaire sans écoute de ce dont l'autre est porteur, de son désir de Dieu, quels que soient les symboles, religieux ou non, dans lesquels ce désir s'exprime ; mais pas de vrai dialogue non plus sans désir de témoigner du Christ, par la présence, par l'amitié, par la parole, par la vie ! C'est du moins ce que j'ai mieux compris à l'école de Michael Fitzgerald, à qui ces quelques pages théologiques veulent avant tout exprimer une très vive reconnaissance.

# DIALOGUE, RELIGION AND THE CATHOLIC CHURCH

*by*

John BORELLI

The assignment required someone experienced and enthusiastic for dialogue, proficient in the study of religions, and enlivened by a theological vision, at once competent yet emboldened by the spirit of the Second Vatican Council. Pope John Paul II needed someone to direct his curial staff responsible for implementing the interreligious initiatives that his predecessor, Pope Paul VI, first set forth in 1964, promulgated with a Vatican II declaration in 1965, and then confirmed in his 1967 adaptation of the Roman Curia to implement the Council.[1] The responsibilities included: giving other religions the careful attention necessary for promoting mutual understanding, cooperation, and respect; using the method of dialogue for building working relationships; assisting the formation of Catholics for dialogue; pursuing initiatives to these ends; and having special responsibility for relations with Muslims. John Paul II was giving these a new emphasis by late 1986, when Michael L. Fitzgerald, a Missionary of Africa, was recommended to be Secretary of the Vatican's Secretariat for Non-Christians (SNC).

1. In an apostolic letter (*Quod Apostolici*, September 12, 1963), addressed to Cardinal Eugène Tisserant, Dean of the College of Cardinals, on the changes he was making regarding the Council, Pope Paul VI first indicated that 'another secretariat' would be created in due time, much like the Secretariat for Promoting Christian Unity. The latter, under Cardinal Augustin Bea, had responsibility for addressing the question of the relation of Jews to the church for Vatican II. Two weeks later, on September 29, Paul VI addressed the Council for the first time as pope and in two paragraphs urged the Council Fathers to look beyond the horizons of the church to the followers of other religions. In less than a year's time, it was clear that the declaration on the Jews would be expanded to include other religions. On the following Pentecost Sunday (May 17, 1964), Paul VI announced the establishment of a Secretariat for Non-Christians (*Insegnamenti di Paolo VI* [1964], II, p. 342, n. 6), which occurred officially two days later (*Acta Apostolicae Sedis* 56 [1964], 560), though the SPCU retained responsibility for the conciliar declaration. Then, after the Council, with all sixteen of its acts published and recorded, Paul VI formally organised the Roman Curia to implement the Council giving the Secretariat for Non-Christians specific duties (*Regimini Ecclesiae*, 96-100, AAS59, 14 [1967], 920/310).

The Church was marking twenty-one years since the close of the Council and the eighth year since the election of John Paul II. During the Council's fourth and final period, in the autumn of 1965, the Council Fathers approved the last eleven of sixteen conciliar acts including perhaps the most controversial, *The Declaration on the Relation of the Church to Non-Christian Religions*, (*Nostra Aetate*).[2] Shortest in length, it reversed centuries of negativity and indifference towards the followers of other religions and especially towards Jews. If this brief declaration was the Council's boldest act, then the World Day of Prayer for Peace on October 27, 1986 was its most daring implementation to date. John Paul II had invited religious leaders to join him in Assisi on the anniversary of the declaration's promulgation, for a pilgrimage to fast, to pray, and to bear witness to a new era for religions to put differences aside to become an instrument for peace. Three months later, on February 14, 1987, Michael L. Fitzgerald began serving.[3] Eighteen months after that (June 28, 1988), John Paul II renamed the Secretariat the Pontifical Council for Interreligious Dialogue (PCID).[4]

Fitzgerald and Cardinal Francis Arinze, the Pontifical Council's President, formed a lasting and successful partnership team that would serve the Church well for the next 15 years. In Cardinal Arinze rested ultimate responsibility; on Michael Fitzgerald fell the responsibility to get the work done. In 2002, Fitzgerald succeeded to the position of PCID President.

2. This was the judgment of Cardinal Franz KÖNIG, *Offen für Gott- Offen für die Welt* (Freiburg: Herder, 2005) 107. Thomas F. Stransky, C.S.P., who served ten years on the staff of the Secretariat for Promoting Christian Unity from its inception in 1960, bore special responsibility for the text on the Jews that became *Nostra Aetate*. Writing on the 40th anniversary of its promulgation, he referred to the 'surprises, shocks and setbacks' that marked the journey. (*America* [October 24, 2005], 8). The following October, in his first of four lectures on 'The Genesis and Development of *Nostra Aetate*', he described a 'threatened journey of surprises, setbacks and blessings along the way'. Fr. Stransky and I have been working for several years to expand those four lectures into a comprehensive volume under the title of his Georgetown University lectures. He cites König's judgment in his opening paragraph.

3. *Bulletin*, Secretariatus pro non Christianis, 22/2, no. 64 (1987) 5-7. In his 'Greetings', Fitzgerald noted the many influences and assistances in his life and for the Secretariat: 'As I take up my work as Secretary, I feel the support of a "cloud of witnesses"'.

4. *Pastor Bonus* 159-162. The first issue of the Pontifical Council's *Bulletin* following this change, coinciding with the twenty-fifth anniversary of the Secretariat's foundation, emphasised the name change as 'a new encouragement to interreligious dialogue', which Vatican II recognized as one of 'the signs of the times'. See: *Pontificium Consilium pro Dialogo inter Religions* 24/1 (1989): 1.

## A Firm Beginning

From the start, John Paul II had positioned his Pontificate within the 'rich inheritance' of the post-conciliar period. He stated this eloquently in his first encyclical, *Redemptor Hominis* (March 4, 1979): 'What the Spirit said to the Church through the Council of our time, what the Spirit says in this Church to all the Churches (cf. Rev. 2.7) cannot lead to anything else — in spite of momentary uneasinesses — but still more mature solidity of the whole People of God, aware of their salvific mission'.[5] His primary reference was to his predecessor, Paul VI, who in his first encyclical, *Ecclesiam Suam* (August 6, 1964), had situated all forms of dialogue within 'the dialogue of salvation', which is God's invitation to the whole of humanity through the Church.[6]

Paul VI had positioned the human experience of dialogue at the core of the Church's life: 'Indeed, the whole history of man's salvation is one long, varied dialogue, which marvelously begins with God and which He prolongs with men in so many different ways'.[7] Those varied ways originated within the church, first among Catholics and then ecumenically with all Christians. Then, dialogue reached out to another circle, beginning with Jews and proceeding with Muslims, to monotheists and to all the followers of religions. Finally, dialogue reaches out to all persons, atheists, humanists, and everyone with or without an ideology. More specific to interreligious relations, John Paul II gave this elaboration; '[What the Holy Spirit said and we heard during the Council] must also be applied — although in another way and with the due differences — to activity for coming closer together with the representatives of the non-Christian religions, an activity expressed through dialogue, contacts, prayer in common, investigation of the treasures of human spirituality, in which, as we know well, the members of these religions also are not lacking'.[8]

The SNC responded to this challenge and summarised the collective wisdom of those within its ever-growing network of associates in dialogue into

5. *Redemptor hominis* 3 (March 4, 1979). http://www.vatican.va/holy_father/john_paul_ii/encyclicals/documents/hf_jp-ii_enc_04031979_redemptor-hominis_en.html (accessed April 9, 2011).

6. In *Redemptor Hominis*, John Paul II roots his first encyclical in Paul VI's *Ecclesiam Suam*: 'Let me refer first of all to this Encyclical and link myself with it in this first document that, so to speak, inaugurates the present pontificate'. (3). In 1984 (March 3), addressing the Secretariat for Non-Christians, John Paul called ES, 'the *magna carta* of dialogue in its various forms'. *Interreligious Dialogue. The Official Teaching of the Catholic Church from the Second Vatican Council to John Paul II (1963-2005)*, edited by Francesco Gioia (Boston: Pauline Books and Media, 2006) 306.

7. *Ecclesiam Suam* 70. http://www.vatican.va/holy_father/paul_vi/encyclicals/documents/hf_p-vi_enc_06081964_ecclesiam_en.html (accessed April 9, 2011).

8. *Redemptor Hominis* 5.

its 1984 report, *The Attitude of the Church towards the Followers of Other Religions, Reflections and Orientations on Dialogue and Mission.*[9] Sometime later, John Paul II asked the SNC staff to undertake the same study once again and this time to work closely with other offices in the Vatican, especially the Congregation for the Evangelisation of Peoples.[10] Dialogue and mission, so interwoven in the conciliar texts, needed further clarification of their relationship.

This was the arena into which Michael L. Fitzgerald stepped. Pope John Paul II had already enthusiastically analysed the Assisi event in his annual address to the Roman Curia, on December 22, 1986.[11] Initiatives for dialogue from its success were to be developed. The Jubilee Year 2000, already marked by the pope for preparation and celebration, loomed on the distant horizon, and the drafting of a second, more vigorously debated reflection on dialogue and mission was yet to be accomplished.

Fitzgerald was suitably fit for these tasks and keenly inclined to read 'the signs of times'.[12] He started learning Arabic in Carthage, Tunisia, where he arrived in the late 1950s for theological studies at the seminary of the

9. GIOIA, *Interreligious Dialogue*, 1116-1129. Paragraph 5 makes the link with ES: 'Today, twenty years after the publication of *Ecclesiam Suam* and its own foundation, the Secretariat, gathered in plenary assembly, has evaluated the experiences of dialogue which are occurring everywhere in the Church'. See also, *AAS*75 (1984), 816-828; and *Bulletin Secretariatus pro non Christianis* 56 (1984/2).

10. Cardinal Francis Arinze, under whom Archbishop Fitzgerald worked for most of his tenure at the Pontifical Council, indicated on the publication of the next document that 'Already the previous document, published by our office in 1984... had taught clearly that dialogue is a part of the Church's evangelizing mission'. He then listed a number of questions, mostly challenges on the question of mission, which certainly the Congregation for the Evangelisation of Peoples would raise, if not many others still feeling the 'uneasinesses' to which John Paul II referred. See: Cardinal Francis ARINZE, 'Dialogue and Proclamation: Two Aspects of the Evangelising Mission of the Church' *Bulletin* (SNC) 26/2 (1991): 201-202.

11. On December 22, 1986, John Paul II noted how 'my spirit spontaneously relives' the World Day of Prayer for Peace, "what seems to have been the *religious event* that attracted the greatest attention in the world in this year'. GIOIA, *Interreligious Dialogue*, 398.

12. In the year of Fitzgerald's ordination, Pope John XXIII had announced the end of the preparation and the convening of the Council the following year. In his bull, *Humanae Salutis*, Pope John made famous his call based on Matthew 16: 3, 'Indeed, we make our own the recommendation of Jesus that we know how to distinguish "the signs of the times" (Mt 16:3)...' (4). See also: Joseph A. KOMONCHAK, 'The Struggles for the Council during the Preparation of Vatican II (1960-1962)', in *History of Vatican II*, vol. I, edited by Giuseppe Alberigo and Joseph A. Komonchak (Maryknoll: Orbis, 1995) 168. This expression was incorporated into the first sentence of the introduction of the final act of Vatican II, *Gaudium et Spes*, the Constitution on the Church in the Modern World (4): 'To carry out such a task, the Church has always had the duty of scrutinizing the signs of the times and of interpreting them in the light of the Gospel'.

Society of Missionaries of Africa. Ordained a priest for that order in 1961 on the eve of the Council, he pursued doctoral studies in theology as the Council was unfolding and then further studies in Arabic. Afterward, he taught and researched at his order's *Institut Pontifical d'Études Arabes*[13], spent two years teaching Islam in Kampala (Uganda) and another two years in a parish in northern Sudan, and for ten years served as a consultor to the Secretariat for Non-Christians. Fellow Missionaries of Africa (Pierre Duprey, Robert Caspar, Joseph Cuoq, and Jean Corbon) had laid the groundwork, assisting in bringing *Nostra Aetate* through the Council and with its immediate implementation.[14]

One of Fitzgerald's predecessors as SNC Secretary, Mgr. Pietro Rossano, a biblical scholar esteemed for his learning and perseverance, spoke with frustration about 15 years after the Council that the Holy See still lacked ongoing dialogues with Muslims. The Pontifical Commission for Religious Relations with Muslims, established by Paul VI within the SNC (October 22, 1974), was successful in gathering expertise within the Church on Islam and Christian-Muslim Relations and in fostering local initiatives, but long-term projects with internationally recognised organisations and centers of Islamic thought were yet to take shape.[15]

John Paul II had already predicted a positive change. In August 1985, while delivering an inspiring and fatherly address to tens of thousands of young Muslims at a stadium in Casablanca, he had first affirmed how 'dialogue between Christians and Muslims is today more necessary than ever'. Then, after lamenting how Christians and Muslims have badly misunderstood each other in the past, he declared: 'I believe that today, God invites us to change our old practices'.[16] Beginning with his 1980 pilgrimage to Africa, John Paul II met publicly with Muslim leaders. Thus, Muslims could more easily join him in Assisi with other religious leaders to pray, to fast, and to walk in

13. In 1979, it changed its name to Pontificio Instituto di Studi Arabi e d'Islamistica. http://en.pisai.it/il-pisai/la-storia.aspx (accessed April 19, 2011).

14. At the time of the Council, Corbon, a former M.Afr. was a priest of the Greek Catholic Church. Duprey served full-time in ecumenical relations for the Secretariat for Promoting Christian Unity. Skillful in Arabic, he provided assistance to whatever task needed help. Cuoq was already serving at an Islam desk in the Roman Curia when he became Under Secretary for Islamic relations at the newly created Secretariat for Non-Christians. See: Michael L. FITZGERALD, M.Afr., 'Religious Congregations and their Contribution to Interreligious Dialogue', *Centro Pro Unione*, Semi-Annual Bulletin, 77 (Spring 2010) 5.

15. On the same occasion, Paul VI established the Pontifical Commission for Religious Relations with Jews within the Secretariat for Promoting Christian Unity. I mentioned the occasion of Rossano's remark in an article in 'From the Tiber to the Nile', *The Tablet* (April 8, 2006).

16. GIOIA, *Interreligious Dialogue*, 343.

silence for peace. Making the pilgrimage to Assisi was an important public step for Muslims as it was for everyone else.

In 2006, as Archbishop Fitzgerald was preparing to depart Rome to serve as Papal Nuncio in Cairo and Papal Delegate to the League of Arab States for Pope Benedict XVI, he could report that the PCID enjoyed several ongoing and productive relationships with Muslims. These included a series of colloquia with the World Islamic Call Society, beginning in 1989, that produced four publications. Also established in 1989 were a series of conversations with Jordanian Prince Hassan bin Talal and the Aal al-Bayt Foundation, yielding six publications. In 1994, a series began with the Iranian Ministry of Culture and Islamic Guidance, with the fifth meeting, in November 2005, producing a joint declaration. In 1995, a joint Catholic-Muslim Liaison Committee, representing four international Islamic organisations, agreed to convene annually. In 1998, an agreement was signed with Al-Azhar, the oldest university and a highly respected institution in the Islamic world. Since 2000, the Permanent Committee of Al-Azhar for Dialogue with Monotheistic Religions had met with the PCID every year on 24 February, commemorating John Paul II's jubilee year visit to Cairo and Al-Azhar.

Where once there were irregular contact and little rapport between Catholic and Muslim international leaders, there were ongoing relationships with published records. Also during Fitzgerald's tenure a series of dialogues with Buddhist leaders unfolded, beginning in 1995 at the Buddhist monastery of Fo Kuang Shan in Kaohsiung, Taiwan. There were meetings as well with Hindus, Sikhs, and others. The fruits of his labours were evident in 1999 when John Paul II invited religious leaders from these relationships and many more for an interreligious assembly in Rome, prepared and hosted by Fitzgerald and his staff. One of many preparations for the Great Jubilee Year 2000, it uniquely included a journey to Assisi, interreligious deliberations in plenary and small group sessions, and a concluding interfaith service of prayer on the steps of St. Peter's Basilica, with John Paul II presiding. On the eve of a new millennium, two hundred participants from 50 countries and twenty different religious traditions expressed the hope 'that through interreligious collaboration a new era of genuine respect, appreciation, and love will prevail'. Assisi was brought to Rome during Fitzgerald's tenure.[17]

In 1999, Fitzgerald shared his reflections on the spiritual dimensions of interreligious dialogue with an audience in Tagaytay City, Philippines: 'At a pivotal time for humanity, as a new century and indeed a new millennium dawn, it is useful to see what can inspire a Christian to engage resolutely in this common pilgrimage and sustain the march despite the difficulties that

17. See the materials prepared under Archbishop Fitzgerald's direction in *Pro Dialogo*, Pontificium Consilium pro Dialogo inter Religiones, 2000/1, No. 103.

may arise'.[18] Among the features of a genuinely Christian spirituality for interreligious dialogue, Fitzgerald drew attention to the self-emptying love of Christ as expressed in Paul's letter to the Philippians: 'Having the mind of Christ, as Paul puts it, will lead to a servant spirituality which is of the utmost importance in dialogue'. Such self-emptying love constantly calls Christian participants to conversion for the fruits of dialogue. Anyone with only self-interests has little chance of a true encounter. Fitzgerald continued reflecting: 'The constant commitment to seek and do God's will provides a sound basis for dialogue, while at the same time dialogue with others who are seeking the face of God will stimulate and strengthen this commitment'.[19]

As an apostolate, interreligious dialogue was not entirely new with *Nostra Aetate* and the Second Vatican Council. There already existed a history of interreligious engagement from the time of Jesus, for example, his brief exchange with the Roman centurion, testified in *Matthew* and *Luke*, and his edifying conversation with the Samaritan woman that takes up most of a chapter in *John*. In apostolic times, *Acts of the Apostles* records St. Paul in Athens acknowledging in a single speech how nations have searched and perhaps found God and later in Ephesus in conversation with 'Greeks', who would defend him against a mob. In the early centuries, there was broad engagement with Hellenistic culture. During the long Middle Ages, St. Francis of Assisi, Ramon Llull, Nicholas of Cusa and countless individuals along the frontier between Christendom and the Land of Islam, called for dialogue and study rather than polemics and warfare.[20] *Nostra Aetate* cites a letter of Pope Gregory VII to a Muslim ruler of North Africa, exemplary for its conciliatory and theological tone.[21] In the twentieth century, the sisters and brothers of Notre-Dame de Sion explored ways to restore friendly relations with Jews while Charles de Foucauld and Louis Massignon, a personal friend and influence on Paul VI, drew from deeply spiritual ties with Muslims. Engagement with other religious communities had become a charism nurtured in a few religious orders, like Dominicans, Jesuits, and Missionaries of Africa, maintaining sufficient adeptness to provide expertise and wisdom when it was time to compose *Nostra Aetate*. Thin as this stream of peaceful and spiritual engagement compares with the whole tradition over the centuries, it provided a well-spring of pastoral and speculative materials, especially for post-conciliar generations. Encouraging this resource to grow and continue, Cardinal Sergio Pignedoli, second to serve as SNC President, invited the Benedictine

18. 'The Spirituality of Interreligious Dialogue', *Origins* 28, 36 (February 25, 1999).

19. Ibid.

20. See *Encounters & Clashes*: *Islam and Christianity in History*, 2 vols., edited by J.M. Gaudel (Rome: Pontificio Istituto di Studi Arabi e d'Islamistica, 2000).

21. *Encounters & Clashes*, II, 52-54.

orders to assist with the spiritual dialogue especially with the mystical traditions of Buddhism, Hinduism, and Islam.[22]

Hence, built upon this long, though not widely celebrated tradition, and after decades of post-conciliar experience and reflection, these accomplishments during Fitzgerald's tenure demonstrated how the Church might begin a serious reflection on the multidimensional aspects of dialogue and spiritual practice. Initially, the dialogue of spirituality and the spirituality of dialogue was the assigned theme of the 1995 PCID plenary meeting. In his Secretary's report, while articulating a voiced recommendation from the plenary, Fitzgerald was also providing a self-disclosing confession for anyone who, doing the Church's work, experiences other religions as spiritual resources:

> Finally, it was felt that it would be healthy and helpful if, in the Church, recognition were given to interreligious dialogue as a special vocation. Those who are called to this specific type of apostolate need to feel that they have the sympathy and support of the community. This does not mean that they have a monopoly of dialogue, but that they are being allowed and encouraged to make it their life's work. If they meet with suffering and misunderstanding on the part of some, who perhaps consider dialogue as a betrayal of the faith, they should not be discouraged. Such trials are part of the mystery of the Cross.[23]

## The Concept of Dialogue and the Use of the Term 'Religion'

In the record of general councils of the church, the first actual reference to the use of the term 'religion' occurred at Vatican I in 1870. By that time, the Enlightenment had spawned new theories and disciplines regarding religion, and those gathered there were quick to criticise strongly any assimilation of the Bible to the inventions of myth, 'rationalism or naturalism', and the 'pantheism, materialism, and atheism' that such speculation and investigations fostered. The *Dogmatic Constitution on the Catholic Faith* of Vatican I declared that 'the situation of those, who by the heavenly gift of faith have embraced the catholic truth [that is, the catholic religion], is by no means the same as that of those who, led by human opinions, follow a false religion'.[24] This concept of 'false religion', that is, something entirely human in character

22. Pascaline COFF, O.S.B., 'How We Reached This Point: Communication Becoming Communion', in *The Gethsemani Encounter*, edited by Donald W. Mitchell & James Wiseman, O.S.B. (New York: Continuum, 1997) 5.

23. Michael L. FITZGERALD, "Plenary Assembly 1995: An Overview", *Pro Dialogo* 92 (1996/2): 151-52.

24. See 'Dogmatic Constitution on the Catholic Faith', in *Decrees of the Ecumenical Councils*, II, edited by Norman P. Tanner, S.J. (Washington, DC: Georgetown University Press, 1990) 804-805, 808.

under the name of religion, is absent from the acts of Vatican II. Instead, its *Declaration on Religious Liberty* (*Dignitatis Humanae*) points out that 'the practice of religion of its very nature consists principally in internal acts that are voluntary and free, in which one relates oneself to God directly' and that 'the social nature of human beings, however, requires that they should express these interior religious acts externally, share their religion with others, and witness to it communally' (3).[25]

While *Dignitatis Humanae* does state that 'this one and only true religion subsists in the catholic and apostolic church' (1), it nevertheless employs the same moderating language of the *Dogmatic Constitution on the Church* (*Lumen Gentium*) and the *Decree on Ecumenism* (*Unitatis Redintegratio*), namely that the true religion 'subsists in' the Catholic Church rather than 'is' the Catholic religion. This means that true religion 'can be found in' the Catholic Church but that this is not all that is truly religious. In fact, *Nostra Aetate* gives a thoroughly positive view of other religions as is evident in its most quoted passage:

> The Catholic Church rejects nothing that is true and holy in these religions. She regards with sincere reverence those ways of acting and of living, those precepts and teachings which, though differing in many aspects from the ones she holds and sets forth, nonetheless often reflect a ray of that truth which enlightens all (2).[26]

Commenting on the necessity of these developments between Vatican I and Vatican II in his first 'December address to the Roman Curia' (2005), Pope Benedict XVI noted how the relationship between the Church and the modern era was 'totally interrupted when Kant described "religion within pure reason" and when, in the radical phase of the French Revolution, an image of the state and the human being that practically no longer wanted to allow the church any room was disseminated'. Drawing attention to a growing realisation by the end of World War II of certain failures in the natural sciences and from political developments to account for the whole human situation, Benedict XVI suggested that three circles of questions developed among Catholic intellectuals and leaders on the eve of Vatican II. The first questions were around the relationship between faith and the natural and social sciences,

25. Four conciliar acts draw upon the concept of 'religion': the Declaration on the Relation of the Church to Non-Christian Religions, the Declaration on Religious Liberty, the Decree on Missionary Activity, and the Pastoral Constitution on the Church in the Modern World.

26. In a Vatican Radio address on December 31, 1952, to Catholics convened in Ernakulam, India, to commemorate the centenary of the arrival of the Apostle Thomas in India and the death of Francis Xavier, S.J., the 16th century missionary to India, Pope Pius XII offered a preliminary formula of the conciliar text: 'Make it clear, that whatever may be true and good in other religions, finds its deeper meaning and perfect complement in Christ', *AAS* 45, 1 [1953] 99.

particularly affecting Biblical Studies. The second revolved around giving 'a new definition to the relationship between the Church and the modern state that would make room impartially for citizens of various religions and ideologies' and 'for an orderly and tolerant coexistence among them and for the freedom to practice their own religion'. The third addressed 'the problem of religious tolerance — a question that required a new definition of the relationship between the Christian faith and the world religions', especially the necessity 'to evaluate and define in a new way the relationship between the church and the faith of Israel'.[27] These observations aptly describe several developments around the concept of 'religion' that took shape at Vatican II, finding expression in *Nostra Aetate*, *Dignitatis Humanae*, as well as in the *Decree on Missionary Activity* (*Ad gentes*), and the *Pastoral Constitution on the Church in the Modern World* (*Gaudium et spes*).

Perhaps the most penetrating use of the term 'religion' occurs in *Ad Gentes*, where it is affirmed that the 'all-embracing plan of God for salvation of the human race is accomplished not only as it were secretly in their souls, or through the efforts, including religious efforts (*incepta religiosa*), by which they seek God in many ways', but with God entering 'into human history in a new and definitive way' (3). Drawing implications from the first clause of this statement, Thomas F. Stransky, directly involved from 1960 on the staff of the Secretariat for Promoting Christian Unity (SPCU) in the creation of *Nostra Aetate* and *Dignitatis Humanae*, observed only a few months after the close of the Council that 'the assertion that God saves the individual non-Christian despite his community-faith is untenable'. Noting the significance of these 'religious efforts', mentioned in *Ad gentes*, he asked: 'Are not the other religions salvific in and through themselves, because in some way they incarnate the sufficient beginnings… of a religious response to the revelation of Christ?'[28] There is then a three-dimensional dialogue between every person and God in and through their religious communities (or religions) and interreligiously among followers of various religions, in which Christians, listening and learning from others also witness Christ 'in whom men and women may find the fullness of religious life, and in whom God has reconciled all things to himself' (*Nostra Aetate* 2). Thirty years later, the International Theological Commission, an organ of the Congregation for the Doctrine of the Faith, would concur with Stransky's observations. Drawing upon the

27. http://www.vatican.va/holy_father/benedict_xvi/speeches/2005/december/documents/ hf_ben_xvi_spe_20051222_roman-curia_en.html (accessed April 19, 2011); published also in *Origins*, CNS Documentary Service 35, 32 (January 26, 2006): 534-39.

28. Rev. Thomas F. STRANSKY, C.S.P., 'The Declaration on Non-Christian Religions', in *Vatican II: An Interfaith Appraisal*, edited by John H. Miller, C.S.C. (Notre Dame: University of Notre Dame Press, 1966) 341.

teachings of John Paul II, especially in his encyclicals on the Holy Spirit (*Dominum et Vivificantem*, 1986, 53) and on mission (*Redemptoris Missio,* 1991, 28 and 55), the members of the Commission would conclude: 'It would be difficult to think that what the Holy Spirit works in the hearts of men taken as individuals would have salvific value and not think that what the Holy Spirit works in the religions and cultures would not have such value'.[29]

The term 'dialogue' has an even shorter history than the term 'religion' in conciliar texts. It simply was not used until it was introduced at Vatican II. Paul VI was the first to refer to the concept of dialogue, as we understand it today, through his encyclical on the Church, *Ecclesiam Suam*. It was released halfway through the Council, a few weeks before the third period of the Council during which the *Decree on Ecumenism* would be promulgated. That decree was the first conciliar act to use the term and in reference to ecumenical dialogue. The term itself was controversial in that '*dialogus*' was a neologism in Latin, the official language in which the Council promulgated its texts. The Latin text of the encyclical of Paul VI employed the term '*colloquium*' for dialogue 72 times. *Nostra Aetate* used it twice, once as the primary way for Catholics to engage the followers of other religions and the second time recommending friendly dialogue as a new beginning for relations with Jews. Though perhaps the SPCU sponsors of the decree on ecumenical dialogue and the declaration on interreligious dialogue might have chosen one Latin word, *dialogus*, to distinguish ecumenical dialogue with its unique goal of restoring Christian unity from interreligious dialogues, *colloquia*, they translated the different words as 'dialogue' and subsequent conciliar texts used only a single term for dialogue, *dialogus*.

Reflecting on the concept of dialogue in his encyclical on the ecumenical movement, *Ut Unum Sint* (1995), John Paul II observed: 'If prayer is the "soul" of ecumenical renewal and of the yearning for unity, it is the basis and support for everything the Council defines as "dialogue"' (28).[30] He suggested that this definition is certainly not unrelated to the personalist way of thinking, a philosophy that emphasises how the capacity for dialogue is rooted in the nature and dignity of the human person. Such a positive theological anthropology pervades the thought of Paul VI and the documents of Vatican II.[31]

29. 'Christianity and the World Religions', 84, published in *Origins*, CNS Documentary Service, 27/10 (Aug. 14, 1997) 149-66.

30. 'Ut Unum Sint', *Origins*, CNS Documentary Service, 25, 4 (June 8, 1995): 28. See also http://www.vatican.va/holy_father/john_paul_ii/encyclicals/documents/hf_jp-ii_enc_25051995_ut-unum-sint_en.html (accessed April 18, 2011).

31. Cardinal Avery DULLES, S.J., made this very point in his Catholic Common Ground Initiative Lecture in 2001, 'During the years of Vatican II (1962-1965) the concept of dialogue in its personalist form began to figure prominently in official Catholic teaching. Pope Paul VI made it the central theme of his first encyclical, *Ecclesiam Suam* (1964)'. *Dialogue,*

John Paul II then drew attention to the profound spiritual complexity of dialogue: 'Although the concept of "dialogue" might appear to give priority to the cognitive dimension (dia-logos [in the Greek]), all dialogue implies a global, existential dimension. It involves the human subject in his or her entirety; dialogue between communities involves in a particular way the subjectivity of each'.

Already the 1984 SNC reflection on dialogue and mission evaluated the complexity of interreligious dialogue as 'all positive and constructive relations with individuals and communities of other faiths which are directed at mutual understanding and enrichment' (3).[32] Within the unified and complex mission of the Church, interreligious dialogue is the opportunity for Christians to 'meet the followers of other religious traditions in order to walk together towards truth and to work together in projects of common concern' (13). The report on dialogue and mission explored the 'interpersonal' character of dialogue, its role in spiritual development, and how the Council urged dialogue for Christians with the people among whom they live. This report also gives the fourfold typology of interreligious dialogue, now used universally: the dialogue of life, of works and collaboration, of experts, and of religious experience.[33] Although the 1984 report on dialogue and mission seems to emphasise the personal relationships between Christians and followers of other religions, under the dialogue of experts it acknowledges that each partner in dialogue 'has his own vision of the world and adheres to a religion which inspires him to action' (33). Later, under the heading of 'Collaboration in God's Plan', the report says that the Church 'goes out to meet individuals, peoples, and their cultures, aware that the seeds of goodness and truth are found in ever human community, and conscious that God has a loving plan for every nation', citing Acts 17: 26-27, a passage cited in *Ad Gentes* 3 with regard to the 'religious efforts' so important to Stransky's earlier observation.

These observations required a fuller statement of the relationship between dialogue, aimed at its several goals of cooperation and companionship, and

*Truth, and Communion* (New York: National Pastoral Life Center, 2001) 6. Giuseppe Colombo looked thoroughly through the archives on the writing of the encyclical and reported that there is no exact evidence of direct influence on Paul VI by Romano Guardini, or others immediately associated with personalism. See, *"Ecclesiam Suam" Première Lettre Encyclique de Paul VI*. Colloque International, Rome, October 24-26, 1980. Pubblicazioni dell'Istituto Paolo VI (Brescia: Istituto Paolo VI, 1982) 131-160; 175-176.

32. *The Attitude of the Church toward the Followers of Other Religions. Reflections and Orientations on Dialogue and Mission* (hereafter referred to as dialogue and mission) (May 10, 1984). GIOIA, *Interreligious Dialogue*, 1116-1129.

33. For a good brief explanation, see Michael L. FITZGERALD, 'The Catholic Church and Interreligious Dialogue', in *Interfaith Dialogue: A Catholic View*, Michael L. Fitzgerald and John Borelli (Maryknoll, NY: Orbis, 2006): 27-35.

proclamation, as an invitation to faith in Jesus Christ. This was a major task in the early years of Fitzgerald's time at the PCID.[34] The final document was entitled *Dialogue and Proclamation*, and its release was delayed until May 19, 1991, because John Paul II's encyclical *Redemptoris Missio* was released six months earlier. *Dialogue and Proclamation* involved wider consultation than any previous project of the PCID, including joint preparation of a final draft with the Congregation for Evangelisation and then additional consultation with the Congregation for the Doctrine of the Faith. At one time, the PCID sent a draft to national episcopal conferences for comment. I recall this occurring around 1989-90 while I was serving at the Secretariat for Ecumenical and Interreligious Affairs at the U.S. Conference of Catholic Bishops.[35]

Under the heading 'Positive Evaluation of Religious Traditions', *Dialogue and Proclamation* declares that other religions 'command our respect because over the centuries they have borne witness to the efforts to find answers "to those profound mysteries of the human condition" (*Nostra Aetate* 1) and have given expression to the religious experience; they continue to do so today' (14). More specifically, the document says about the followers of other religions, 'concretely, it will be in the sincere practice of what is good in their own religious traditions and by following the dictates of their conscience that the members of other religions respond positively to God's invitation and receive salvation in Jesus Christ, even while they do not recognize or acknowledge him as their Savior (cf. *Ad gentes* 3, 9, 11)'. (29) It seems that the PCID and the two Vatican Congregations that approved this text are giving an affirmative answer to Stransky's question. Other religions can 'incarnate the sufficient beginnings of a religious response to the revelation of Christ' and in some way are salvific in and through themselves.[36]

There is much for reflection in *Dialogue and Proclamation*, and it is not the point of this article to summarise these details. The wide process of consultation and the depth of experience and theological reflection in the three

34. Fitzgerald's principal associate for the PCID was Jacques Dupuis, SJ, whose commentary on *Dialogue and Proclamation* remains the fullest explanation of the text: 'A Theological Commentary: Dialogue and Proclamation', in *Redemption and Dialogue. Reading Redemptoris Missio and Dialogue and Proclamation*, edited by William R. Burrows (Maryknoll, NY: Orbis Books, 1993): 119-158. Fitzgerald acknowledged the role of Dupuis and others in helping with this text and several PCID initiatives in 'The Pontifical Gregorian University and Interreligious Dialogue', *Pro Dialogo* 107 (2001/2) 244-251. Fitzgerald also acknowledges Dupuis' role in his contribution to Dupuis' festschrift, '"Dialogue and Proclamation", A Reading in the Perspective in Christian-Muslim Relations', in *In Many and Diverse Ways, In Honor of Jacques Dupuis*, edited by Daniel Kendall and Gerald O'Collins (Maryknoll, NY: Orbis, 2003) 181.

35. The PCID published the text its *Bulletin* 26 (1991/2) 210-250. It also appears in GIOIA, *Interreligious Dialogue*, 1156-1189.

36. Stransky, 341.

decades since the time of Vatican II that went into its creation make it a remarkable document. Significant among its contents are its several considerations of the experience of dialogue, involving both witness and exploration, openness for learning and opportunity for sharing, discernment and wisdom. It observes that 'interreligious dialogue does not merely aim at mutual understanding and friendly relations'. It continues, 'it reaches a much deeper level, that of the spirit, where exchange and sharing consist in a mutual witness to one's beliefs and a common exploration of one's respective convictions' (40).

## Conclusion

In probably his most recently published article on interreligious dialogue, Archbishop Fitzgerald makes this case for interreligious dialogue as a locus of theological reflection:

> Interreligious dialogue could be considered a *locus theologiae*. It poses questions to the Christian that are to be answered in the light of revelation. Theology will try to come up with a satisfying theory that makes sense of the data but, as in the empirical sciences, there may well be a residue that refuses to fit into the theoretical framework. Hence a new theory will be put forward. As long as care is taken to remain faithful to the scriptural basis and to the acquisitions of dogmatic definitions, such a theological enterprise should arouse no fear.[37]

To paraphrase a recent theological analysis, dialogue serves a role in theological development for each Christian participant, having learned from the wisdom of the other, returns to one's theological work to find that the experience affects their Christian understanding in two ways: it enriches, transforms, and deepens the meaning of what faith holds dear, while it also purifies what may be prejudicial, arrogant, narrow, and ignorant.

37. Michael L. FITZGERALD, 'A Theological Reflection on Interreligious Dialogue', in *Catholic Engagement with World Religions: A Comprehensive Study*, edited by Karl Josef Becker and Ilaria Morali (Maryknoll, NY: Orbis Books, 2010) 383. Elizabeth A. Johnson, who was invited to Pune, India, to a colloquium on Christ and the religions, organized by Fitzgerald and his staff, recalls her experiences there and adds a similar reflection in his recently published introduction to theology: 'Assuming that the real presence of grace and truth can only have a divine origin, the religions can be seen as God's handiwork. In them we catch a first glimpse of the overflowing generosity of the living God who has left no people abandoned but has bestowed divine love on every culture. This is the grace of our age: encountering multiple religious traditions widens the horizon wherein we catch sight of God's loving plentitude'. *Quest for the Living God. Mapping Frontiers in the Theology of God* (New York, Continuum, 2008), 163.

We are assured that dialogue will continue at the highest level of authority in the Church, where Archbishop Fitzgerald served brilliantly guiding the initiatives for dialogue and interreligious understanding at the Holy See. Pope Benedict XVI has expressed his commitment to dialogue on all fronts. For example, at the November 2010 plenary of Pontifical Council Promoting Christian Unity, marking the fiftieth year of its first meeting, he reiterated his commitment to ecumenical dialogue:

> Today some people think that this journey, especially in the West, has lost its impetus; therefore the urgent need to revive ecumenical interest and to give fresh purpose to the dialogues is felt... The Catholic Church is eagerly continuing the dialogue, seeking seriously and rigorously to deepen the common theological, liturgical and spiritual patrimony in order to face with serenity and commitment the elements that still divide us.[38]

Earlier, in January 2010, he spoke of the significance of dialogue with Jews over past ways of interacting with Jews, when he visited the Synagogue of Rome: 'The teaching of the Second Vatican Council has represented for Catholics a clear landmark to which constant reference is made in our attitude and our relations with the Jewish people, marking a new and significant stage'.[39] To an interreligious gathering in the United Kingdom last September, Pope Benedict reiterated that 'ever since the Second Vatican Council, the Catholic Church has placed special emphasis on the importance of dialogue and cooperation with the followers of other religions' and assured those present that 'the Catholic Church follows the path of engagement and dialogue out of a genuine sense of respect for you and your beliefs'.[40]

It is encouraging when one finds beyond the circles of specialists in interreligious study and dialogue a growing awareness of the significance of dialogue among the followers of religions for understanding the broad issues that humanity faces as one human family. In a book that begins by urging theologians to engage in an interdisciplinary dialogue with contemporary sciences, F. LeRon Shults concludes his dense reflections on incarnation and evolutionary biology, atonement and cultural anthropology, and parousia and physical cosmology with an appeal to take seriously religious pluralism. I quote from his final paragraph: 'Authentic dialogue across traditions will require (and enable) us to pay closer attention to the way in which other

38. http://www.vatican.va/holy_father/benedict_xvi/speeches/2010/november/documents/hf_ben-xvi_spe_20101118_chrstuni_en.html (accessed March 31, 2011).

39. http://www.vatican.va/holy_father/benedict_xvi/speeches/2010/january/documents/hf_ben-xvi_spe_20100117_sinagoga_en.html (accessed March 4, 2011).

40. http://www.vatican.va/holy_father/benedict_xvi/speeches/2010/september/documents/hf_ben-xvi_spe_20100917_altre-religioni_en.html (accessed March 4, 2011).

forms of religious experience in the world reveal the origin, condition and goal of the human longing for truth, goodness and beauty'.[41]

*Nostra Aetate* began as a quiet and humble initiative in 1960 to articulate briefly a positive and open attitude for the Church towards Jews. It was quickly drawn into an expanding conciliar process directing the Church towards the modern world and the real experiences of Christians everywhere in environments of religious pluralism and public engagement with the institutions and issues of the post-World War II era. By 1964, the Church and dialogue were inextricably linked and an expanded document on interreligious dialogue was taking shape with the aid of a handful of experienced scholars and missionaries, attuned to the study of religions and no strangers to relations with Jews and the followers of other religions. Also, a new Secretariat had come into existence to move these commitments forward.

These were monumental achievements by Paul VI, the Council Fathers of Vatican II, and the staff and consultors of one Secretariat who created this unique foundational document and retained responsibility for Jewish relations and those staff and consultors of the other Secretariat who served to implement its other paragraphs. Still, all these efforts could easily have come to an end within a few years, but they did not. Dialogue as a method of study, social engagement, and spiritual companionship had gradually become more and more significant to the work of the Church. This was largely due to the leadership of John Paul II and the competent staff whom he appointed, including Archbishop Michael L. Fitzgerald, from whom the Church could draw upon to foster new opportunities for human growth within the horizon of the dialogue of salvation and interior depths of God's unfolding self-disclosure.

41. F. LeRon Shults, *Christology and Science* (Grand Rapids, Michigan: William B. Eerdmans Publishing Company, 2008) 153.

# CATHOLICS READING THE SCRIPTURE OF OTHER RELIGIONS

## Some reflexions

*by*

Gavin D'COSTA

Michael Fitzgerald has been an inspiration to so many, not least me. This paper is dedicated to him in gratitude.

How should Catholics read the scriptures of other religions? My answer is simple: (a) they should read other religion's 'scriptures' so that they can learn to see the world through the lenses of that tradition — and in this sense, be engaging in phenomenology, avoiding colonisation (imposing meanings and failing to understand the other in their own terms); (b) they should use this understanding, when possible, to develop respectful friendships and good social relations that serve the common good. They might better understand the texts with the help of trained friends who are expert at reading them; (c) learn from, be challenged by and rejoice in the traces of God's actions in another religion — which requires a theological phenomenology (and here there is an element of colonisation, which is inevitable and necessary); and (d) conduct mission and evangelisation in the light of this process, for a Christian cannot stop short of knowledge and friendship, but intrinsic to friendship is mission in an inculturated and sensitive fashion. How does the gospel relate to these scriptures in terms of effectively preaching Christ?

In recent times two new movements of Christians reading scriptures from other religions have formed: 'comparative theology (CT)', and 'scriptural reasoning (SR)'. Both are relatively new, so my hope is that these tentative criticisms might help rather than hinder their flourishing, for both bring important contributions to the process of reading other religious scriptures. But both neglect (d); CT neglects (b), and SR neglects (c). Are these neglects contingent or structurally central to the projects? Probably contingent, but only time will tell.

### CT

Some of this group are tightly clustered around Boston, USA: Francis Clooney, Jim Fredericks, John Berthrong and Robert Cummings Neville; and others work elsewhere in the Anglo-Saxon orbit: David Burrell, Leo Lefubre, Pim Valkenberg, Michael Barnes and John Keenan. Sebastian Painadath, Joseph Pathrapankal and Francis Veneeth work in Asia. Their internal diversities are significant, but they tend to be united on seven points. First, as Fredericks put it, 'all three options [pluralism, inclusivism and exclusivism] inoculate Christians against the power and novelty of other religious traditions'.[1] Why? Fredericks argues that theologies of religions have been fixated on the question of the salvation of the non-Christian and had very little interest in the religions as such. It is time for this to change. The dialogue between religions must become centre-stage as it reflects the real situation of religions in modern society. Second, dialogue must precede theology of religions, for dialogue is 'a process or practice, not a theory' and thus we 'must first learn *about* non-Christians' 'from' them, before theorising 'about' them.[2] Third, in this approach, the specific religion in a particular context becomes the focus so that comparativists tend to be a specialist: Clooney, Veneeth and Painadath in Hinduism; Fredericks, Lefubre, Barnes and Keenan in Buddhism; Valkenberg and Burrell in Islam (and Burrell triangulates with Judaism as well). (a) is firmly in place. Fourth, and relatedly, the grand-theories of theologies of religion generated by the threefold paradigm must now make way for a theology in engagement with religions, thus CT, not theology of religions. Comparativist close readings of specific texts and practices are grounded on the assumption that one cannot speak in generalised ways about religions ('Hinduism is theistic', 'Buddhism excludes worship as there is no God', and so on), but that the religions become known only through close engagements with their texts and practices and historical contexts. This in part is a cultural-linguistic point that meanings are generated through the practice of texts and cannot be divorced from the cultural-linguistic world within which they are given. For example, saying Hinduism is theistic immediately assumes that 'theism' in Hinduism is cognate with 'theism' when used in Islam or Christianity. It is not. 'Theism' is shaped by texts and practices as Clooney shows of Hinduisms and Christianities, which might cause us to draw back from abstract comparisons and start moving back and forth between specific texts exploring how certain Christian readings and practices of 'theism' might be transformed in the process.[3]

Fifth, this process differs from traditional comparative religions in so much as it is a theological engagement with the other as well as a theological

1. James L. FREDERICKS, *Faith among Faiths. Christian Theology and Non-Christian Religions* (New York: Paulist Press, 1999), 167.

2. *Ibid*, 9.

3. Francis CLOONEY, *Theology after Vedanta: An Experiment in Comparative Theology* (Albany: State University of New York, 1993).

self-transformation in light of this engagement with the other. Shades of (c) are present. Comparative religion traditionally sought understanding of similarities and differences without assuming involvement and transformation of the comparativist's own religion. Sixth, Fredericks is very critical of pluralists who mythologise Christ as a pre-requisite to dialogue for it is precisely difficult differences and loyalty to tradition that make dialogue engaging. All the comparativists want to uphold strong doctrinal claims and represent Christianity in its orthodox form. This I am arguing entails (a), (b), (c) and (d). Seventh, CT is a call for multiple theologies in engagement, not a singular theology of religions.

## Some reflection on CT

I am in agreement with many important claims in CT. First, they are right to emphasise the importance of particular and contextual engagement between religions. This avoids generalisations about religions, including Christianity, and one is able to be more sensitive to historical intra-religious diversity. Second, it is right to highlight the significance of allowing close textual and practical engagement with another religion to transform our Christian self-understanding as can be seen in recent Jewish-Christian dialogues, where anti-Jewishness and the retrieval of Jewish roots has followed. (This illustrates elements of (c)). Third, CT rightly draws attention to questions other than the salvation of the non-Christian and looks at varying conceptions and practices of God (in Clooney's work), mediation (in Fredericks' work), and rationality and tradition-specific ways of argument (in Burrell's work). Fourth, comparative theologians are right to emphasise the theological nature of their enterprise in contrast to the comparative religions' tradition which is committed to comparing and contrasting, not making judgements about truth, and not concerned to grow traditions through the process of dialogue. However, might comparativists be in danger of failing to achieve their own goals of working within orthodox parameters? I shall tentatively criticise comparative theologians for not being concerned enough about (c) and (d).

First, Fredericks' perhaps overstates the case in arguing that dialogue must precede theology. Practice and theory cannot be rent asunder, and the theology we inherit has been generated by forms of critical dialogue. Indeed, if one is going to argue with a pluralist, inclusivist or exclusivist that they should be open to the 'power and novelty' of other religions, one has to do so theologically. If an exclusivist held that other religions are of no interest except in terms of mission, one would have to challenge the theological axioms that generate this attitude, not simply rule out this starting point as invalid. On this Clooney and Fredericks differ. Clooney thinks inclusivism is best flushed out in CT: 'Inclusivism's insistence that salvation is in Christ alone and yet universally available is a perplexing double claim which, if merely stated, may suggest incoherence. Yet now, in the context of [CT] this complexity appears as part of its vitality'.[4] Fredericks perhaps conflates different questions that require attention independently of dialogue and also in relation to dialogue. Stephen Duffy has characterised this difference as one between *a priori* theologies (theology of religions) and *a posteriori* theology (CT),[5] which takes the sting out of Fredericks' critique and also illuminates the way in which Clooney dovetails the two projects.

My second question will use Clooney's position as an example, but is addressed to comparative theologians as a whole. While it is good to learn about the other and stress the self-transformation involved in this process, what of questions of social engagement (b) and questions of truth in the scriptures of others (d)? Clooney's response is subtle. He does not want to occlude the question of truth, but wishes to stress that with his respect for context, the tension between intra-textuality and inter-textuality, one cannot jump out of one context (Christianity) to criticise a textured practice and belief in another context (Hinduism) by alien criteria (from Christianity). As it stands, this is cultural relativism, but Clooney is not eschewing the question of truth. He insists it requires a long patient engagement with the embodied, textured nature of the claims. But even after his lengthy and careful studies, he, as with the others cited, fails to engage with questions of truth or mission. If there are no challenges and questioning of these other texts, but simply a self-referential transformation, can this be called 'comparative', 'theology', or even 'Christian'? Mission, intrinsic to Christian witness, seems to have no place in the theological project except a constantly deferred role. To put it differently, inculturation (which is another term for the self-transformation that these authors speak of) is divorced from mission and this may well reflect that CT is contextually defined by academic not ecclesiological practices. Elsewhere I have argued that a theology not based in ecclesiological identity is a modern de-formation of 'theology'.[6]

The lack of (b) is understandable because the reading of scripture is done by an individual scholar, rather than in communities actually meeting together. Criticism here would be unfair. But it is worth asking if this area is hermetically

4. See CLOONEY, "Reading the World in Christ", in ed. Gavin D'Costa, *Christian Uniqueness Reconsidered*, (Maryknoll: Orbis, 1990), 521-50, 533. He restates his inclusivist position in: *Comparative Theology: Deep Learning Across Religious Borders* (Oxford: Blackwell-Wiley, 2010), 16.

5. Stephen DUFFY, "A Theology of religions and/or a Comparative Theology?", in *Horizons* 26, 1, 1999, 105-15.

6. *Theology in the Public Square. Church, Academy and Nation* (Oxford: Blackwell, 2005), 1-76.

sealed off for CT? Many of its practioners are formally involved in dialogue groups, so in one sense not. Scriptural reasoning, on the other hand, powerfully aims at (b) but still fails in (d).

## Scriptural reasoning (SR)

SR was initiated by the Jewish scholar Peter Ochs' textual reasoning project.[7] Ochs was concerned to read Jewish texts after the critique of modernity's reading practices. He was influenced by Charles Pierce's pragmatism and Hans Frei and the Yale School's postliberal narrative approach. SR spread to Christians:[8] David Ford (the leading light, already a Barthian postliberal involved with the Yale School), Dan Hardy, Nick Adams, Ben Quash, C. C. Pecknold and others; and to Muslims:[9] Basit Bilal Koshul and Aref Ali Nayed, to name a small sample. Given this broad cluster of religions and individuals, it is difficult to characterise SR, but in what follows, I shall draw on Ford. In a fuller treatment Ochs would require attention and also other key Christian individuals such as Adams.

Ford is concerned to promote long-term communities (both large and small) of collegiality and friendship where each other's scriptures are read together in respect, trust, and openness – (a) fulfilled. This takes people from their 'houses' (synagogue, church or mosque) into the 'campus' (the primary university location of the project, but now broadening) and together into a 'tent' (signifying the in-between location of SR). Ford argues that their learning in the tent drives them back to the house to read scripture with their fellow residents. Each house is enhanced (352) – (c) in part fulfilled. In the long term, this attempt to offer 'deep reasons' for why a Christian thinks X or Y about just wealth distribution, with Muslims and Jews who are doing the same from their scripture, promotes a form of public religious reasoning and discourse. Religions can promote the common good in the public square and engage with differing voices, both religious and non-religious – (b) fulfilled. These achievements are to be applauded and encouraged. But what of (d) – and why this neglect? Let us turn to the rules in the tent.

7. Peter OCHS & Nancy LEVENE, *Textual Reasonings: Jewish Philosophy and Text Study After Modernity* (London: SCM, 2002).

8. See the important collection edited by David FORD & C.C. PECKNOLD, *The Promise of Scriptural Reasoning* (Oxford: Blackwell, 2006), with essays from Ford and Hardy (and other major theologians). I am using FORD, "An Interfaith Wisdom: Scriptural Reasoning Between Jews, Christians and Muslims", in *Modern Theology*, 22, 3, 2006, 345-66 version for quotes in this article.

9. See Winter and Koshul in ed. FORD & PECKNOLD, *The Promise*.

Theologically the 'rules' are necessarily elastic and are based on friendship and hospitality. But Ford does stipulate some interesting points. First, 'each believes in different ways... that their scripture is in some sense from God and that the group is interpreting it before God, in God's presence'. (349) Ford fully recognises that 'God' is understood in 'different ways', and rightly argues that there is much to be said about working from 'common ground', rather than differences (363). The common ground becomes theologically consolidated very quickly: 'the recognition that each worships the one true God moves scriptural reasoning beyond an interaction determined by conventions for showing strangers hospitality'. (350) In fact Ford compares what happens in SR as a quasi 'boundary-crossing liturgy', for SR in acknowledging 'the presence of God (variously identified) comes as close to worshipping together as faithful members of these three traditions can come with integrity'. (351) Second, regarding the rules for reading scripture, there are three points worth noting. There are no overarching rules of interpretation and meanings that can be presupposed; the particularity of the text is the starting point: 'part of [SR's] approach is to resist "authoritative overviews" of the three scriptures and traditions of interpretation that are being bought into conversation' (347). Second, the '"native speakers"... need to acknowledge that they do not exclusively own their scriptures — they are *not experts on its final meaning;* guests need to acknowledge that hosts are to be questioned and listened to attentively as the *court of first (but not last) appeal.*' (349) Finally a rule for SR: 'Read and interpret with a view to the fulfilment of *God's purpose of peace* between all — this shared hope (however differently specified) can sustain endurance' through serious tensions and difficulties. (349) Finally, Ford counsels avoiding the 'well-worn path into interfaith cul de sacs', which 'is to focus on "secure disagreements" which complacently reinforce the identity of each with minimal mutual exploration, learning or challenge.' (363) Christology, Trinity, sacraments, and mission are possibly, not necessarily, low on the agenda of mutual exploration and challenge as they are historic causes of disagreement.

## Some reflections on SR

I have three tentative criticisms that relate solely to Ford's influential view of Christian participation in SR. (In principle, SR practioners might come from more conservative and evangelical backgrounds, thus changing the agenda). First, there is an internal and unresolved biblical-hermeneutical tension stemming from Ford's postliberal roots (Barth, Frei and Lindbeck). Their concern was that Christ/the Bible interprets and challenges the world rather than the other way round. The latter is their account of the logic of liberal exegesis. Ford's tent insinuates (and nothing stronger can be said here) the logic of liberalism: the Bible has no binding authority, nor has the church's reading of it got primary status, nor can Christian scripture/Christ actually narrate the other texts of scriptures: Jewish and Muslim. The first of these religions poses the problem acutely.

While there can be no questions about the value of hearing others unpack their scripture on matters such as poverty, healing, economics and so on, acting together for the social good, being challenged by others viewpoints, surely the central issue of a scriptural/Christological reading of all cultures is obscured in SR — and most especially in regard to the 'Old' Testament? There is an important claim at the heart of the Christian faith that reading the Old Testament must be determined by the New, by Christ, so that Israel's history is really a story of proto-type, allegory, symbol, pointing to Christ. This does not erase history but renders it an account of salvation history or as Augustine noted, a theological narration of all history, not just of Israel. This does not mean that Jewish readings of the same scriptures are unimportant. However, it does mean that there are serious questions of truthful reading that seem neglected in the tent. Can one who neglects to read all texts Christologically in the tent, i.e., to proffer Christological readings of the Old Testament and Qur'an, enrich the house? Or will they eventually erode the house in emphasising non-Christological and non-ecclesiological forms of hermeneutics? And if they read Christologically in the tent will they break the rules of the tent in returning to areas of 'secure disagreement'? If the tent does not encourage Christological readings by Christians, and instead a potentially piecemeal issues-based reading of scripture to serve civil peace, it might be that the distance between the tent and house is structurally increased. The tent comes to resemble a form of civil religion.

Who does the tent serve? The answer given by Ford is that the tent serves 'the fulfilment of *God's purpose of peace* between all'. But this peace has become shaped by the tent, not the house. The Church's own sense of its mission and its serving the kingdom in the person of Christ, rather than through abstracts values like peace, raise problems about a reversion to liberal forms of Protestant exegesis which abstract gospel values out of their narrative context and embed them within alternative narratives. The lines of the tent may be tethered too tightly to the liberal state which seeks to find common cause and overcome the conflicts of religion by demanding thin narratives of values. Ford is very aware of this problem (354), but there is a drift, no more, towards the tent's allegiance to other than the house. This is also found in my next question.

Second, not only are Christological-ecclesiological scriptural approaches sidelined, but so also are metaphysical ones. This anti-metaphysical bias is grounded in Ochs' use of Pierce and the pragmatic tradition and also in Nicholas

Adams' dependence on Habermas, even if Adams seeks to rehabilitate Habermas. Brett Williams makes a strong case that Ochs and Adams both fear the metaphysical as an obstruction to public discourse in a pluralist society;[10] and his concern that liberal democracy is overly central to the project are echoed in the critical reflections offered by David C. Lamberth who notes unresolved tensions in Pierce's pragmatism and his linguistic turn — his need for democratic language and the intractability of the particular.[11] While the social implications of the metaphysical relate to my conjectures about the nature of the 'tent', the metaphysical issue is important for two other reasons. First, SR seems to eschew any canopy over the project, but the metaphysics of Christian scriptural reading generates precisely such a canopy, as Matthew Levering has shown so well in exploring Aquinas's reading of scripture.[12] Indeed it could be argued, as does Williams drawing on Franklin Gamwell, that by removing metaphysics the religions are being tamed by the demands of the public square into that neutral space and this taming will not serve the public square by muzzling its inhabitants. The second reason metaphysics is important is precisely because of its classical attempts to relate scripture in a coherent systematic fashion to the doctrine of God, and especially, a trinitarian God, and thus give an account of the entire created world and its cultures. A trinitarian peace is a particular metaphysics of peace which requires a particular type of discipleship.

Finally, there is a vaguely pluralist agenda present: God is present in all these religions, so much so that SR is analogised to shared worship. Ford's rhetoric is surely inimical to the particularist emphases found in postliberalism. Consider his quotes above about 'God' who is narrated prior to and above the actual traditions and apart from their scriptural configurations. Ford is admittedly writing a programmatic statement with great enthusiasm so this point should not be pushed too hard, but the image of interfaith worship is curious, given the deep and presently unsurmounted problems between the three religions. Commonality is definitely important, but implausible without keeping the differences in view at the same time. I should emphasise that these three questions ask for clarification, rather than criticising the project *per se*.[13]

10. See Brett WILMOT, "Scriptural Reasoning and the Problem of Metaphysics: Insights for Argument in Liberal Democracy", in *Journal of the Society of Christian Ethics*, 29, 1, 2009, 51-67.

11. David C. LAMBERTH, "Assessing Peter Ochs through Peirce, pragmatism and the logic of scripture", in *Modern Theology*, 24, 3, 2008, 459-67.

12. Matthew LEVERING, *Scripture and Metaphysics: Aquinas and the Renewal of Trinitarian Theology* (Oxford: Blackwell, 2004); and *Participatory Biblical Exegesis* (Indiana: Notre Dame University Press, 2008).

13. I am indebted to Chad Pecknold for his critical insights on SR. I am also grateful for helpful conversations with Catriona Laing and Luke Bretherton.

## An alternative?

For an approach I would commend in terms of (d), I turn to Panikkar's classic study, *The Unknown Christ of Hinduism* (1964 1st ed. only; he changes his view in the second)[14]. Panikkar undertook what I take to be scriptural reading I would advocate, although Panikkar's approach lacks the social thrust implicit in SR (b). Panikkar tries to grasp Hinduism in its own terms and then asks whether Hinduism in any way anticipates the God-Man, Jesus Christ. This question is only answered by a thorough grounding in the Hindu texts he will consider, in their own context (intra-textually). Panikkar then tries to answer 'yes', intra-textually, through an exegesis of the celebrated passage in the *Brahma Sutra* 1.i.ii which reads '*janmadi asya yatah*', which is traditionally rendered 'Brahman is that whence the origin, sustaining and transformation of this world comes'; in effect, 'Brahman is the total ultimate cause of the world'. Through the centuries this important text has been interpreted differently by the many philosophical commentators in their *bhasyas* (commentaries). For Sankara's Advaita Vedanta, a major Hindu monist school, the problem in interpreting this text was to retain the absoluteness of Brahman, the unconditioned reality. Bridging the gap between Brahman and the world was, and is, a major problem in Hindu philosophy. The followers of Sankara felt that Brahman's unconditioned and absolute nature would be compromised if Brahman was admitted as the cause of the world and consequently held that this cause was not properly Brahman, but Isvara, the Lord. However, the text maintained its integrity if it was understood that Isvara, the personal God, was in fact the unqualified Brahman in his personal, qualified aspect. Therefore, Isvara becomes the link between the undifferentiated Brahman and the created world. It is at this point in the exegesis that Panikkar suggests that the solution to the antinomy of the One and Many, Brahman and the world, is solved if we realise that Isvara is none other than Christ, the Logos, the Mediator between God and Man. Panikkar is claiming that this is a genuine intra-textual question, conducted on proper intra-textual grounds, but becomes charged in a dynamic inter-textual context, when Hinduism and Christianity meet. His Christological *bhasya* concludes: 'That from which all things proceed and to which all things return and by which all things are (sustained in their own being) that 'that' is God… not God the Father and source of the whole Divinity, but the true Isvara, God the Son, the Logos, the Christ'. (126)

Panikkar is intervening within a Hindu debate regarding the question of the supremacy of Brahman and Isvara. To further support his argument he

14. R. PANIKKAR, *The Unknown Christ of Hinduism* (London: Darton, Longman & Todd, 1964: 1st ed.; London: Darton, Longman & Todd, 1981: 2nd ed.).

draws upon the *Bhagavad Gita* and *bhakti* (devotional) schools where the notion of a personal God is privileged. He is aware that in popular worship, followers adore Krishna, Hari, Siva, Rama and other gods, but he notes that in reflective stages the devotionalists often recognise that it is the same Lord that they worship, even if in different forms. Drawing on this *bhakti* tradition then, Isvara is seen to be the bringer of grace, revealer of Brahman, the destroyer of maya, allowing souls to recognise their true relationship with Brahman, and although distinct from Brahman, Isvara is also identical to Brahman. Panikkar ends this stunning and careful exegetical exercise drawing out its very clear theological rationale. In Hinduism 'Christ has not unveiled his whole face, has not yet completed his mission there. He still has to grow up and be recognised. Moreover, He still has to be crucified there, dying with Hinduism as he died with Judaism and with the Hellenistic religions in order to rise again, as the same Christ (who is already in Hinduism), but then as a risen Hinduism, as Christianity'. (17)

This is what is missing from SR and CT. It exhibits all the positive characteristics of the present movements, except (b), but in contrast is also able to really engage with the other, asking penetrating questions, putting challenges, engaging in mission at the very same time as really trying to understand the other in their own terms (d). It illustrates the necessary link between inculturation and mission. In cries out to have a dialogue partner as in SR where these questions can be pursued. No doubt, counter questions to the Christian traditions would also have to be addressed. No one has criticised Panikkar of reading into texts or inadequate indological training, but in the process Christians have learnt deeply about Hinduism as it is and about certain *aporias* that beg a response. Could CT and SR move in this direction? The reticence, besides a healthy humility, might be a psychological reaction to the charge that such readings of Hindu texts are 'colonising'. But SR helpfully reminds us that no one owns texts (Ford: 349). Fredericks says of Rahner's position 'that it puts Christians in a position of claiming to know more about non-Christians that they know about themselves'.[15] This is unconvincing. Panikkar's exegesis, which comes from a Rahnerian approach, claims no such thing. It asks the question, it probes and pushes and suggests. It reads the Hindu texts with Hindus, never forgetting that this reading is both intra-textual (in the plural, as Sankara and Ramanuja are at loggerheads about the reading of the *Brahma Sutra* I.i.ii) and inter-textual (Panikkar the Christian is now reading these texts). It poses questions to the Hindu self-understanding in terms of the Hindu tradition itself and it daringly suggests that internal problems within Hinduism are better resolved within the Christian tradition or a Christianised

15. FREDERICKS, ibid, 31.

form of Hinduism. It is thoroughly sensitive to contexts and texts within the Hindu tradition and the context of the reading operation from the Christian tradition.

Recalling Duffy's distinction between theology of religions (*a priori*) and CT (*a posteriori*), Panikkar's book indicates that there are porous boundaries between these two terms for in doing CT one's theology of religion might change and vice versa.

Both CT and SR need to integrate (d) into their work to fulfil the great potential within their projects. I have argued that a fully Christian engagement with other scriptural texts requires four qualities and while all the positions I have examined lack some of them, suggesting such a typology of qualities is a helpful reminder that finally when Christians engage with the cultures and traditions of the world, they must learn, be changed, be humble, and still preach the good news of the risen Christ whose Holy Spirit might be found in surprising ways within the scriptures of other traditions.

# II. EXPERIENCES OF DIALOGUE

# UNE SOURCE MAJEURE D'INSPIRATION POUR UN TÉMOIGNAGE ÉVANGÉLIQUE PARMI LES MUSULMANS

*par*

Henri TEISSIER
Archevêque émérite d'Alger

Tous les chrétiens qui s'intéressent au sens de la rencontre avec les croyants des grandes traditions religieuses du monde ont lu, avec beaucoup de joie et d'espérance, en 2005, lors de sa parution, le livre interview de Mgr Fitzgerald, intitulé *Dieu rêve d'unité, les catholiques et les religions : les leçons du dialogue*[1]. Ainsi le responsable choisi par le Saint Siège pour présider le Conseil Pontifical pour le Dialogue Interreligieux (C.P.D.I.), en se prêtant au jeu des questions et réponses d'une journaliste, exprimait ce que représentait, pour lui, la charge que l'Église lui avait confiée et qui l'habilitait à encourager et à soutenir la rencontre et le dialogue avec les croyants des autres traditions religieuses.

Dans de nombreux pays, en effet, des chrétiens, évêques, prêtres, religieux, religieuses, laïcs, ont été envoyés par l'Église — ou se trouvent par naissance — dans des sociétés où les communautés chrétiennes ne forment que de toutes petites minorités. Mais ces chrétiens savent qu'ils ne vivent pas, au milieu de leurs frères non chrétiens, seulement pour assurer la survie du petit groupe des baptisés. Ils ont la conviction de foi que l'Esprit du Seigneur et l'Église leur confient un témoignage évangélique à assumer, au quotidien, dans leurs relations avec leurs frères et sœurs appartenant à la religion majoritaire de leur pays. D'ailleurs ces situations de rencontre avec les hommes et les femmes des grandes religions du monde ne sont plus limitées à certains continents. Elles sont, désormais, aussi, celles des chrétiens de la plupart des grandes villes du monde qui trouvent, autour d'eux, des hommes et des femmes se référant aux traditions religieuses les plus diverses.

1. Paris, Bayard, 2005, 213 p.

## I. Les orientations missionnaires des sociétés apostoliques fondées par le Cardinal Lavigerie

Mon propos dans les pages qui suivent prendra, pour point de départ, une réflexion sur les liens de Mgr Fitzgerald avec la tradition missionnaire dans laquelle s'est formée sa vocation particulière, en tant que membre de la Société des Missionnaires d'Afrique. Certes sa méditation sur la Mission doit beaucoup à sa propre expérience, comme missionnaire, en Ouganda et au Soudan ou à ses études d'arabe et d'islamologie à Londres, ou à sa charge de Directeur de l'Institut Pontifical des Études Arabes et Islamiques (le P.I.S.A.I.), ou comme responsable du Conseil Pontifical pour le Dialogue Interreligieux. Mais sa méditation s'enracine, d'abord, dans le contexte de sa formation particulière, comme membre de la Société des Missionnaires d'Afrique — les Pères Blancs — une Société qui a ses racines en Algérie, pays où je vis. Mon propos serait donc, dans les pages qui suivent, de faire, d'abord, apparaître ce que Mgr Fitzgerald a reçu, en héritage, de sa Société missionnaire pour vivre cette situation particulière qui est celle d'un témoignage chrétien minoritaire parmi des croyants d'une autre religion, en l'occurrence l'islam.

J'aimerais, par la suite, développer ce thème pour aborder la question que pose le témoignage chrétien parmi les musulmans et plus largement devant les hommes des autres grandes religions du monde. Le mot dialogue me paraît en effet trop limité pour exprimer ce que vivent les chrétiens qui sont envoyés, par naissance ou par vocation, vivre de l'Évangile parmi les hommes des autres religions. Un chrétien, en effet, ne peut pas rencontrer ses frères croyants des autres traditions sans le faire dans l'esprit de l'évangile, à la suite et à la manière de Jésus. C'est là son apport propre dans la rencontre, son « témoignage ».

Pour ce qui est des sources de la pensée missionnaire des familles apostoliques fondées par le Cardinal Lavigerie, mon travail sera grandement facilité puisque Sr Lucie Pruvost, dans un autre chapitre de cet ouvrage, présente l'histoire du témoignage tel que le Cardinal Lavigerie et ses successeurs l'ont progressivement élaborée, à partir de l'Algérie. Je n'aurai donc pas besoin de reprendre cette étude historique, mais je voudrais bien plutôt en montrer les prolongements et la fécondité dans la vie actuelle de l'Église d'Algérie à laquelle, sans être Père Blanc, j'appartiens par l'ordination sacerdotale, depuis le 25 mars 1955, des mains du Cardinal Duval. Cette Église est, et demeure, une source incontournable pour comprendre la réflexion missionnaire et l'action de la Société des Missionnaires d'Afrique et des Sœurs Blanches.

On me permettra, je l'espère, de m'appuyer, principalement, sur mon expérience personnelle de la mission en Algérie, puisque j'ai accompagné la vie de cette Église d'Algérie, à divers plans, avant et après l'indépendance du pays, en 1962, et jusqu'à ce jour. Cette indépendance, avec le départ du million de non musulmans qui habitaient le pays (900.000 baptisés et 100.000 juifs) a fondé la nouvelle situation dans laquelle les chrétiens désormais ont à vivre leur témoignage, celle d'une toute petite minorité appelée à donner des signes de sa foi au Christ dans la relation avec l'immense majorité musulmane, soit, environ, aujourd'hui, dix mille catholiques pour trente cinq millions de musulmans.

*La rencontre avec les musulmans selon le Cardinal Lavigerie*

Quand on s'interroge sur le témoignage chrétien auprès des musulmans, les Pères Blancs et les Sœurs Blanches ont une situation à part, dans l'Église d'Algérie. Ce sont, en effet, leurs sociétés missionnaires qui ont, dans notre pays, la plus longue expérience d'un travail apostolique parmi les musulmans. Certes beaucoup d'autres Congrégations, en Algérie, ont aussi travaillé en milieu musulman, notamment les familles foucauldiennes, et, bien avant elles, des congrégations religieuses comme les Pères Lazaristes envoyés au Maghreb en 1646 par St Vincent de Paul, lui-même, ou les Pères Jésuites arrivés en 1840, ou les Filles de la Charité arrivées en Algérie en 1842 et les Sœurs de la Doctrine Chrétienne, arrivées en Algérie en 1846 etc. Mais les Pères Blancs et les Sœurs Blanches ont été les seuls à avoir, pendant presque un siècle, fait, du témoignage parmi les musulmans, leur tâche première. Ils disposent ainsi d'une expérience missionnaire, mûrement réfléchie, du travail apostolique auprès des musulmans.

Mgr Fitzgerald, comme cela est normal pour un Père Blanc, ne manque pas de souligner, dans son livre sur le dialogue interreligieux, le sens des choix pastoraux faits par le Cardinal Lavigerie. En effet, Mgr Lavigerie, dès son arrivée en Algérie, en 1868, comme archevêque d'Alger, a d'abord fondé les Pères Blancs (puis les Sœurs Blanches) pour qu'ils assument une présence d'Église en milieu musulman algérien. Il se devait donc de leur définir une conception de leur action pastorale auprès des musulmans.

Voici, par exemple, ce que dit Mgr Fitzgerald, dans son chapitre sur « La place du dialogue dans la mission » : « *Quant au milieu musulman dans lequel les premiers missionnaires d'Afrique opéraient, le Cardinal (Lavigerie) préférait à la conversion des personnes, l'influence évangélique sur l'ensemble de la société... Il prônait une approche graduelle. Il disait qu'il fallait tenir compte de la pédagogie divine et donc présenter les étapes progressives de l'histoire religieuse de l'humanité avant d'en arriver à la « révélation des mystères chrétiens.* »[2]

2. *Loc.cit.* p. 46.

Les consignes du Cardinal Lavigerie sont en effet extrêmement fermes, en raison de la conviction qu'il avait qu'il ne fallait pas couper de leur société, par le baptême, quelques individus, mais préparer, d'abord, cette société, tout entière, à reconnaître dans l'Église une communauté fraternelle digne de confiance et par le fait même porteuse d'un message significatif pour tout homme de bonne volonté. C'est ce qui explique des orientations données par le cardinal à ses missionnaires, comme celles-ci : « *Il est interdit de parler de religion aux Kabyles si ce n'est des dogmes qu'ils admettent et de leurs anciennes traditions chrétiennes... Surtout n'engager aucun d'entre eux, ni de près, ni de loin, à se faire chrétien et ne baptiser personne...Ce n'est pas le moment de convertir, c'est le moment de gagner le cœur et la confiance... par la charité et la bonté.* »[3]

*Un siècle d'expérience du témoignage chrétien dans une société musulmane*

Au temps de Mgr Lavigerie on ne parlait pas encore de dialogue inter-religieux. Mais les orientations données par le Cardinal allaient conduire ses missionnaires, Pères et Sœurs, en Algérie, puis en Tunisie, puis dans le Sahel sub-saharien, à faire une expérience tout à fait particulière. Ils étaient peut-être venus vivre avec des populations musulmanes dans l'espoir de les baptiser très rapidement. Mais ils allaient découvrir la force de conviction des musulmans qu'ils rencontraient. Aussi leur faudrait-il appendre à durer, leur vie entière, dans une relation « pastorale » avec des familles musulmanes, algériennes ou tunisiennes, qui tout en accueillant le message humain et spirituel des Pères et des Sœurs, resteraient, cependant, dans la tradition religieuse de leur naissance et de leur société.

Lucie Pruvost, on l'a dit, analyse dans son travail, publié dans le présent ouvrage, l'évolution des positions apostoliques des deux familles missionnaires de Lavigerie. Pour faire bref, constatons que, peu à peu, les Pères et les Sœurs allaient être conduits à mettre en place une pastorale et des institutions d'action apostolique au service d'enfants, de jeunes ou de familles qui étaient musulmanes et qui restaient musulmanes, tout en acceptant la relation d'éducation humaine et spirituelle que les Pères et les Sœurs développaient auprès d'eux. Cette attitude missionnaire allait durer pendant des décennies. Pour la mettre en œuvre, ces deux congrégations allaient créer et animer des établissements voués au service d'enfants, de jeunes ou de familles musulmanes : jardins d'enfants, écoles, ouvroirs, foyers de jeunes filles, bibliothèques, centres de formation professionnelle, mais aussi troupes scoutes pour

3. Joseph Cuocq, *Lavigerie, les Pères Blancs et les musulmans maghrébins*, Rome, Pontificia Università Gregoriana, 1986, p. 33.

les Pères Blancs et mouvement de formation féminine de la Ruche pour les Sœurs Blanches.

Les intuitions du Cardinal Lavigerie, relayées et approfondies par le P. Marchal[4], allaient peu à peu créer une relation particulièrement originale entre les Pères et les Sœurs et des populations d'origine musulmane, envoyés à l'époque surtout en Kabylie et dans les Oasis du Sud algérien. Cette relation a pu traverser toute la guerre d'Algérie qui tendait pourtant à rejeter dans deux camps adverses les Algériens musulmans et les missionnaires étrangers. Il suffit, pour rester bref et à titre d'exemple, d'évoquer la place prise auprès des jeunes de Tizi Ouzou, en Kabylie, par le P. Deckers, Père Blanc d'origine belge. Ces liens étaient si forts avec ces jeunes, que l'État FLN, jaloux de son influence, lui a interdit, en 1976, de rester dans la wilaya de Tizi Ouzou, malgré le fait qu'il ait pris la nationalité algérienne à l'indépendance du pays.

Ces longues préparations ont fondé la confiance et donné la possibilité, ensuite, de communiquer et finalement de communier par-dessus les différences d'appartenance religieuse. Un autre exemple le fera comprendre. Quand les Pères Blancs sont arrivés dans l'Oasis de Ghardaïa en 1900, ils y rencontraient une communauté musulmane spécifique, la communauté mozabite ibâdite marquée par une cohésion très stricte entre tous ses membres. Les chefs de la communauté interdirent, alors, toute relation avec les Pères. Si quelqu'un était mis dans l'obligation de donner un verre d'eau à un Père, il devait, dit-on, ensuite, casser ce verre et ne plus en faire usage, etc.

Lorsqu'en 2000, le diocèse de Ghardaia voulut célébrer les cent ans de la présence des Pères et des Sœurs dans l'Oasis et dans le Mzab, ils ne disposaient pas d'un local capable d'accueillir tous leurs invités. La municipalité de Ghardaia leur a, alors, prêté une grande tente de Dhîfa (de fête) qu'ils ont pu monter dans la cours du centre diocésain. Ils ont même obtenu le second jour de la célébration qu'une famille mozabite leur prête sa maison de l'Oasis, pour y célébrer la grande messe d'action de grâce. Ainsi de la défiance absolue, la relation était passée à la confiance et à l'amitié. Mais il a fallu un siècle... **Le rythme des changements d'une société ne sont pas ceux des évolutions d'une personne particulière.**

Cette relation de confiance entre les Pères Blancs et leurs amis musulmans a même survécu à l'indépendance et à la nationalisation des écoles et des autres institutions des deux congrégations en 1976. Cela est bien apparu, par exemple à Tizi Ouzou quand des extrémistes attentèrent à la vie de quatre Pères, le 27 décembre 1994. Toute la ville était en deuil pour conduire leurs dépouilles au cimetière européen de la localité. Les témoignages donnés par la population musulmane ont été très expressifs de la nature et de la qualité

4. A. DEMEERSEMAN, *Sagesse et Apostolat, le P. Henri Marchal, des Pères Blancs*, Alger, 1969, 195 p.

des liens qui s'étaient ainsi établis entre des « missionnaires » chrétiens et une population musulmane, qui entendait bien rester musulmane.

Prenons comme témoignage, pour en donner la preuve, cette lettre adressée par une étudiante en droit de Kabylie après l'assassinat des quatre Pères de Tizi Ouzou : *« Désormais, avec beaucoup de kabyles, je me sentirai orpheline. Pour beaucoup d'entre nous (ces Pères) étaient une famille, un refuge, un grand soutien moral. Tous ceux qui, hier, allaient vers eux, afin de se confier et de leur demander conseil, se sentent aujourd'hui très seuls, étreints par une grande douleur. Avec un grand courage ils sont restés parmi nous, pour tous ceux qui avaient besoin d'eux. Nous tous, nous leur rendons hommage.* ***Ils faisaient partie de ces êtres qui ne peuvent pas appartenir à une seule petite famille…*** *Nos Pères ne sont plus physiquement là. Leur mémoire restera vivante parmi nous. Ils sont pour nous tous un exemple de courage et d'abnégation. Jusqu'aux derniers instants les portes de leurs cœurs et celles de leurs maisons sont restées largement ouvertes. »*

On rejoindra aussi le type de relation qui s'établissait entre les Pères et ceux qu'ils rencontraient ou qu'ils servaient, à travers ce témoignage envoyé par un ancien élève du P. Chevillard, l'un des quatre Pères assassinés. *« Il ne m'avait rien demandé, il m'avait ouvert ses bras. Le père n'a pas fait de moi un chrétien, mais il m'a conduit à Dieu, sans me prendre par la main, sans me parler dans le langage spécifique aux hommes de cette religion. Il m'a suffit de le regarder vivre et de méditer sur sa conduite pour me convaincre de ce que la lumière de Dieu est une, quelle que soit la couleur que les hommes lui donnent, ici ou là, et exorciser le mal qui m'habitait… Ces trente dernières années son regard lumineux et paisible ne m'a pas quitté. Il avait choisi de vivre la générosité dans sa pleine dimension. »*[5]

Cette expérience apostolique unique atteindra l'Église universelle, avec le Concile Vatican II, à travers la place tenue par certains Pères Blancs, comme le P. Cuocq, premier responsable de la section islam au Secrétariat pour les non chrétiens, ou le P. Lanfry, ancien assistant général des Pères Blancs. Les Pères Blancs tiendront ensuite une place importante dans la réflexion sur le témoignage chrétien en milieu musulman en tant qu'animateurs du PISAI et des Journées Romaines (rencontres de chrétiens vivant parmi les musulmans) et en tant qu'éditeurs d'*Islamochristiana* et d'autres revues spécialisées. Situer cette expérience dans l'Église universelle, relèverait d'un autre travail. Notre propos sera maintenant de montrer comment cette expérience, propre aux Pères Blancs et aux Sœurs Blanches, va prendre tout son sens, après l'indépendance, au bénéfice de toute l'Église d'Algérie.

5. Robert MASSON, *Jusqu'au bout de la nuit, L'Église d'Algérie*, Paris, Cerf/St Augustin, 1998, p. 129.

## II. Une expérience pastorale qui devient féconde dans toute l'Église d'Algérie

### *Le petit groupe des Algériens chrétiens*

Mais pour comprendre le sens de ce témoignage des Pères et des Sœurs dans la société algérienne musulmane, il peut être, d'abord, intéressant d'établir une comparaison entre le petit groupe d'Algériens qui sont devenus chrétiens et ceux des Algériens qui sont simplement restés des « amis ou des disciples des Pères et des Sœurs ». En effet au cours d'un siècle de témoignage, à côté de la relation très large des Pères et des Sœurs avec les Algériens musulmans, quelques familles ont fait le choix courageux d'entrer dans l'Église en demandant le baptême. Les Pères et les Sœurs, comme cela était leur devoir et leur joie, ont entouré ce petit groupe du plus grand soin pastoral. Mais au fur et à mesure des épreuves — guerre de libération, indépendance, crise islamiste etc. — toutes les familles appartenant à ce petit groupe ont constaté qu'elles ne pouvaient pas rester dans une société algérienne qui se radicalisait et resserrait ses rangs autour de sa tradition musulmane. Progressivement, elles ont du quitter l'Algérie. Dans une société à très grande cohésion religieuse, il est difficile, en effet, aux convertis de se faire accepter dans leur peuple. C'est d'ailleurs ce qui est arrivé dans tous les autres pays arabo-musulmans ou la plupart des convertis catholiques quittent leur pays.

En effet les nouveaux convertis catholiques ne constituent nulle part, dans les pays arabo-musulmans, une communauté de nouveaux chrétiens qui pourraient revendiquer sa place dans la société. C'est ainsi, alors, que se pose la question du témoignage chrétien devant une communauté religieuse à forte cohésion. Certes il faut revendiquer, comme le fait le pape Benoît XVI, le droit à la liberté religieuse. Mais ce droit n'est pas simplement le résultat des décisions d'un pouvoir. Il est lié, plus encore, à l'évolution de toute une société, évolution qui est amorcée en Algérie, mais qui prend du temps. Notons que le Ministère algérien des Affaires religieuses a tenu un colloque, à Alger, en février 2009, précisément sur ce thème du prosélytisme et du respect des consciences.

En attendant l'évolution des mentalités, n'y aurait-il rien à faire pour entrer en communion avec des hommes et des femmes, qui restent dans leur tradition religieuse de naissance, mais qui pourraient recevoir un témoignage évangélique de la part des chrétiens, si la confiance est établie entre les croyants des deux traditions religieuses ? Faut-il s'engager seulement au service du petit groupe des nouveaux convertis qui ne pourront pas, dans l'état actuel des mentalités musulmanes, constituer une communauté reconnue dans leur propre société ? Ou faut-il, tout en soutenant la petite communauté chrétienne, chercher aussi un témoignage plus large qui rejoindrait toute la communauté majoritairement musulmane ? C'est à cette question que je voudrais apporter des éléments de réponse en dépassant le cas particulier des Pères Blancs pour faire maintenant référence à l'expérience de toute l'Église d'Algérie, placée depuis l'indépendance du pays dans cette situation de minorité extrême qui oblige à situer le témoignage chrétien face à toute la société musulmane.

*Le témoignage de toute une Église locale dans une société musulmane*

Après l'indépendance du pays (1962), l'Église d'Algérie s'est trouvée fortifiée, dans sa volonté de rester avec les musulmans algériens, grâce à la forte personnalité du Cardinal Duval et à l'engagement, dans leur mission, d'un certain nombre de prêtres comme les P. Scotto, à Alger, Pépin à Constantine ou Bérenguer à Oran ainsi que de laïcs, comme le furent divers animateurs de mouvements. Mais il fallait un modèle pour vivre cette relation avec une société musulmane, quand on avait jusque là travaillé surtout en milieu chrétien. Dans l'été 1962, le départ, de l'Algérie, de la quasi totalité des Européens conduisait, en quelques semaines, les congrégations et les paroisses des quatre diocèses du pays à ouvrir leurs locaux et leurs activités à des enfants ou à des jeunes de confession musulmane. En dehors des familles foucauldiennes, le seul paradigme à leur disposition était alors l'expérience pastorale cumulée des Pères Blancs et des Sœurs Blanches. On a évoqué plus haut l'exemple que donnait à chacun l'expérience presque séculaire faite par les Pères Blancs et les Sœurs Blanches qui géraient des instituions de formation mises en œuvre au service des populations musulmanes auprès desquelles ils vivaient en Algérie et en Tunisie (puis au Sahel subsaharien).

En plus de cette action en institution, les deux sociétés missionnaires fondées par le Cardinal Lavigerie avaient, aussi, une longue expérience de la relation avec les familles musulmanes. En effet, la visite des familles leur avait été désignée, comme objectif, par leur fondateur, dès les origines, pour établir peu à peu une relation avec la société musulmane. L'exemple donné ainsi par les Pères Blancs et les Sœurs Blanches allait donner confiance aux autres congrégations et aux paroisses qui, toutes, après l'indépendance et le départ des européens, ouvraient leurs établissements et leurs activités à la communauté musulmane. Pendant très longtemps, d'ailleurs toutes les institutions de l'Église, au service des Algériens, allaient être tellement identifiées à l'action des Pères Blancs que les familles algériennes musulmanes appelaient, communément, toutes ces institutions « écoles des Pères Blancs » ou des « Sœurs Blanches », quelle que soit la structure catholique qui les animait ou les dirigeait.

Cette adaptation à un public musulman des institutions allait bientôt, aussi, concerner les mouvements catholiques mis en place avant l'indépendance pour animer le témoignage des chrétiens. J'étais alors Directeur des Œuvres du diocèse d'Alger. Le Cardinal Duval me demandait de soutenir tous les mouvements d'action catholique de tradition française pour qu'ils mettent en place, dans ces années-là, des structures équivalentes qui puissent proposer, aussi, aux jeunes musulmans, l'éducation humaine et spirituelle dont ces mouvements avaient l'expérience, mais sous une autre forme. Beaucoup de chrétiens, y compris des prêtres et des religieuses, entraient, aussi, dans ces années-là, dans la vie professionnelle avec des collègues musulmans. Ces collaborations dans le travail ou, par ailleurs, dans les lieux d'habitation, allaient fonder des relations très profondes. D'autre part des émigrés algériens ou tunisiens revenaient de France, après avoir connus des relations très fortes, avec des chrétiens engagés, à leurs côtés, pour que leur dignité humaine soit respectée.

*Des témoignages de musulmans qui illustrent la profondeur des relations islamo-chrétiennes*

Nous n'allons pas suivre ces efforts dans le détail. Ce qui me paraît important c'est, maintenant, de mettre en évidence les conséquences de cette relation de type « pastorale » entre des animateurs chrétiens et une population musulmane. Pour découvrir la signification de ces relations sur les mentalités, on peut prendre appui, par exemple, sur quelques uns des témoignages qui nous ont été adressés, par des algériens musulmans, après l'assassinat des victimes de notre communauté, prêtres, religieux ou religieuses, dans les années 94-96. L'événement qui eut l'impact le plus large fut celui de l'assassinat de sept moines de Tibhirine, sans doute en raison de son caractère collectif et de l'attente, pendant six longues semaines, de l'issue de leur enlèvement.

Peu après leur mort je recevais une lettre à l'archevêché qui exprimait la réaction d'une mère de famille algérienne qui avait lu le Testament spirituel du P. Christian de Chergé. Elle nous disait : *« Après la tragédie, vécue par vous et par nous..., j'ai décidé de lire le testament de Christian à haute voix, et avec beaucoup de cœur, à mes enfants parce que j'ai senti qu'il était destiné à nous tous et toutes. Je voulais leur dire le message d'amour de Dieu et des hommes. La solidarité humaine est un message qui va jusqu'au sacrifice... jusqu'au bout. Mes enfants et moi nous sommes très touchés par cette grande humilité, ce grand cœur, cette paix dans l'âme et ce pardon. Le Testament de Christian est plus qu'un message, c'est un héritage qui nous est légué au prix du sacrifice. Notre devoir à nous est de continuer le parcours de paix, d'amour de Dieu et de l'homme dans ses différences. L'Église chrétienne, par sa présence parmi nous, continue de construire avec nous l'Algérie des libertés de croyance, des différences, de l'universel et de l'humanité. Merci à l'Église d'être parmi nous, aujourd'hui. »*

Un autre témoignage nous fut envoyé aussi dans le même contexte par une jeune femme musulmane, médecin, habitant près de l'archevêché mais que je ne connaissais pas. Elle nous écrivait : *« Je suis une musulmane qui hélas ne peut prétendre représenter ses frères sur cette terre d'Algérie qui a été successivement juive, chrétienne et musulmane… J'en arrive au fait le plus horrible, celui de l'assassinat des moines de Tibhirine, qui fut pour moi pire qu'un sacrilège… En effet qui sont ces moines sinon nos frères en Dieu. Votre douleur est mienne, est la nôtre… Beaucoup de sentiments m'ont traversé : honte, culpabilité, douleur, rage, colère compassion, amour. La question qui me venait le plus souvent était pourquoi ? Puis un constat ; vous avez tant souffert à cause de nous, le méritions-nous ? Notre cœur est déchiré car aucun musulman n'a été proche de nous dans notre tragédie. Personne ne nous a soutenu… Excepté vous… Je pense que c'est Dieu qui veut la présence de l'Église chrétienne algérienne sur notre terre d'islam. Vous êtes une bouture sur l'arbre d'Algérie qui si Dieu veut s'épanouira vers la lumière de Dieu. »*

Nous ne pouvons pas prolonger ces citations, mais il nous faut en recevoir encore une, écrite par une amie musulmane de Pierre Claverie, l'évêque d'Oran. Elle fut lue à son enterrement dans la cathédrale d'Oran : *« La présence de l'Église est plus que jamais vitale dans notre pays, pour assurer la pérennité d'une Algérie plurielle, pluriethnique, ouverte sur le prochain, profondément tolérante et solidaire, pour construire l'histoire de l'Église de demain, ou mieux encore l'homme de demain, l'Algérien de demain… Il existe en Algérie une « Église musulmane ». Elle est composée de toutes ces femmes, de tous ces hommes qui se reconnaissent dans le message d'amour universel et son engagement pour une société plurielle et fraternelle : elle est plus nombreuse que vous ne le croyez… En Algérie nos sangs sont mêlés. C'est ce que croyait Pierre Claverie, lui qui a mêlé son sang à celui de Mohamed (un jeune algérien tué avec lui). Effectivement il n'y a pas spécialement des chrétiens et spécialement des musulmans : il y a la révélation de Dieu à l'homme. L'homme de demain est en train de se construire et l'Église d'Algérie est là pour cela… C'est une destinée commune, des valeurs communes qui forgent cette espérance de vie, cette soif de paix dans le respect et la tolérance…. Merci à l'Église d'avoir laissé sa porte ouverte : elle découvre l'homme nouveau. Et ensemble nous découvrons Dieu, car Dieu n'est pas une propriété privée. »*

De tels textes vont bien au-delà de ce que l'on entend souvent par « dialogue », quand il est compris, simplement, comme une activité intellectuelle grâce à laquelle des chrétiens et des musulmans peuvent communiquer, se comprendre et se connaître. Il est clair qu'à travers ces messages on découvre que des musulmans et des chrétiens peuvent se sentir comme ensemble dans le même camp, celui de l'humanité où les hommes de bonne volonté doivent ensemble construire un avenir au nom du bien de la société. Peut-être pensera-t-on que ces texte ont été écrits dans un contexte très particulier celui des assassinats qui ont visé des religieux et religieuses de l'Algérie et qu'il faut les ramener à l'émotion suscitée par ces assassinats. C'est pourquoi je voudrais encore donner un autre texte qui a été écrit dans un tout autre cadre.

Une Algérienne collaborait avec une religieuse libanaise dans une institution chrétienne de service. Cette religieuse est soudain rappelée au Liban par ses supérieures. Sa collègue une musulmane algérienne qui avait fait une licence de sciences islamiques et qui était, à l'époque plutôt arabophone, nous écrit ceci : *« Vous avez bien choisi de vivre avec ce peuple, de partager ses joies et ses peines. Vous avez choisi ou c'est Dieu qui a choisi pour vous... Mais votre présence ne s'arrête pas seulement à la relation créée par votre enseignement et par votre aide... Cette présence a dépassé tout cela, elle est devenue plus profonde... Votre existence sur cette terre et dans ce peuple vous a dépassés, car une partie de vous-même nous appartient. On ne peut pas exister nulle part sans appartenir d'une certaine façon à l'autre... Jésus a choisi de vivre et de mourir parmi son peuple. Il n'était pas un étranger de passage et, comme Pierre Claverie l'a écrit, « l'alliance avec Dieu passe par l'alliance concrète avec un peuple, comme Jésus a vécu son alliance avec les hommes et les femmes de Palestine. »*

Ce texte, et ceux qui le précédaient, montrent clairement que les chrétiens peuvent rencontrer des partenaires musulmans qui se considèrent comme partie prenante d'un engagement de construction humaine et spirituelle mise en œuvre ensemble. Pour un chrétien un tel engagement est plus qu'un « dialogue ». C'est une œuvre de l'Esprit de Dieu non seulement dans la conscience du chrétien mais aussi dans celle du musulman. Et cette œuvre est aussi une œuvre du Royaume de Dieu. Qu'elle naisse du témoignage du chrétien ou de l'ouverture intérieure du musulman c'est une œuvre de Dieu. Elle est le fruit de la Mission au sens le plus noble du mot, bien qu'elle ne débouche pas sur un changement de confession religieuse.

## Conclusion

*Les dimensions du témoignage de l'Église devant les croyants des autres religions*

Mgr Fitzgerald a investi une très large part de son sacerdoce et de ses compétences dans « le dialogue islamo-chrétien ». Il l'a particulièrement vécu à travers sa charge au P.I.S.A.I. Il l'a élargi à toutes les traditions religieuses du monde, dans sa responsabilité au Conseil Pontifical pour le Dialogue interreligieux. Son ouvrage sur le dialogue « Dieu rêve d'unité » nous permet de rejoindre sa réflexion sur ce dialogue et sur le rôle qu'il peut tenir dans le rapprochement des hommes des diverses confessions religieuses.

J'aimerais, à travers les quelques exemples que j'ai proposés, dans les pages précédentes, aider à comprendre que la relation avec les hommes et les femmes des autres traditions religieuses est l'une des formes du témoignage de l'Église dans le monde, non pas simplement parce qu'elle sert le « rêve d'unité », mais aussi parce qu'elle met en œuvre, dans la relation aux croyants des autres religions, le témoignage de l'Église.

La journaliste qui questionne Mgr Fitzgerald donne parfois l'impression que le dialogue interreligieux est une « dé-mission », une infidélité à la mission. Mgr Fitzgerald lui répond, en prenant largement appui sur tous les documents de l'Église, pour lui montrer que le dialogue est une autre forme de la « mission de l'Église ». Certes, certains de nos interlocuteurs musulmans ont compris cette affirmation comme si le dialogue était un artifice pour cacher la « mission ». C'est pourquoi je préférerai dire que le dialogue est une autre forme du « témoignage », rendu par l'Église à l'évangile du Christ. L'Église a manifesté le mystère du Christ dans tous les continents en engendrant de nouvelles Églises en Afrique, en Océanie et dans plusieurs pays d'Asie. Et c'est là une grande joie pour tous les chrétiens de savoir que le Christ a été ainsi annoncé dans beaucoup de cultures humaines où son nom est désormais connu. Mais il est clair que la plupart de ces nouvelles Églises sont nées dans des populations qui n'appartenaient pas aux grandes religions du monde, mais à des religions locales sans dimensions universelles.

Il reste donc un immense domaine, celui des religions du monde, qui, pour la plupart rassemblent des hommes et des femmes qui, actuellement, restent dans leur tradition, musulmane, bouddhiste, shintoiste, hindoue. Rejoindre ces personnes par un témoignage chrétien qui les rencontre dans leur identité religieuse actuelle ce n'est pas renoncer à la mission, c'est au contraire mettre en œuvre une autre forme de mission ou de témoignage. Ces personnes ont droit à une rencontre avec le christianisme, à travers leurs relations avec des chrétiens, même si, pour diverses raisons, elles ne peuvent pas devenir actuellement chrétiennes.

Le Cardinal Lavigerie posait la question d'une éducation spirituelle, à partager avec les musulmans, dans la perspective d'une préparation de toute la société à la « conversion » : *« Durant le temps nécessaire on s'en tiendra à gagner les cœurs des infidèles... L'expérience a montré que si l'on baptisait tel ou tel individu en particulier, il se trouverait dans un milieu tel que sa persévérance serait impossible »*[6]. Je pose la même question mais, me semble-t-il, dans une perspective plus large. Tous les hommes n'ont-ils pas le droit

6. Jean-Claude CELLIER, *Histoire des Missionnaires d'Afrique (Pères Blancs), De la fondation par Mgr Lavigerie à la mort du fondateur*, Paris, Karthala, 2008, p. 55.

de recevoir un témoignage évangélique, même quand ils restent dans leur tradition religieuse d'origine ? N'est-ce pas, là, la mission de l'Église parmi les croyants des autres religions ?

L'Algérie est, je pense, le pays arabo-musulman où il y a eu le plus grand nombre de chrétiens venus de famille musulmanes. Et ces chrétiens sont la joie de notre Église. Mais cela veut-il dire que l'immense majorité des habitants du pays, qui restent dans leur tradition musulmane, n'ont pas droit à une rencontre avec les chrétiens et, à travers eux, avec le Christ. Est-ce que, nous-mêmes, nous n'avons pas, aussi, à tirer profit de leur rencontre dans leur identité religieuse, comme Jésus l'a fait avec le centurion romain ou avec la femme syro-phénicienne ? Et c'est l'autre versant de la relation interreligieuse.

Il est particulièrement intéressant de noter que les disciples du Cardinal Lavigerie ont vécu la mission sous cette double forme qui fait l'objet de notre réflexion. Envoyés en Afrique centrale, dans des régions où les populations vivaient dans des coutumes religieuses locales, sans liens avec l'une des grandes confessions du monde, les Pères Blancs et les Sœurs Blanches ont participé à l'immense effort de l'Église des dix-neuvième et vingtième siècles pour annoncer l'Évangile et fonder de nouvelles Églises. Mais les mêmes disciples du Cardinal Lavigerie dans les régions de l'Afrique du Sahel ou de l'Afrique du Nord, où les hommes et les femmes qu'ils rencontraient se voulaient musulmans, ont inventé une nouvelle forme de témoignage en établissant une relation avec leurs partenaires musulmans dans leur identité. Ils ont ainsi trouvé les moyens d'un authentique partage humain et spirituel avec des hommes et des femmes qui, à vues humaines, restent dans leur tradition de naissance.

Cette forme de témoignage ne restreint pas la mission, mais, au contraire, lui donne une nouvelle dimension, celle du témoignage chrétien auprès des hommes et des femmes des grandes religions du monde, dont l'islam. C'est cette dimension-là, de la mission ou du témoignage de l'Église, en direction des fidèles des autres religions, que Mgr Fitzgerald a servie, pour nous, au Conseil Pontifical pour le Dialogue inter-religieux. Lavigerie avait ouvert la voie quand il a compris en arrivant en Algérie qu'il devait envoyer ses missionnaires rencontrer les musulmans algériens et témoigner parmi eux du Christ, mais que cette rencontre aurait un caractère spécifique. Vatican II a élargi cette voie en invitant l'Église de ce temps à vivre, avec tous, ce même dialogue du salut.

Tlemcen
25 Janvier 2011
Fête de la conversion de St Paul

# LA RENCONTRE INTERRELIGIEUSE AU QUOTIDIEN, DÉFI POUR LES CROYANTS

*par*

Lucie PRUVOST

Le témoignage de l'Église d'Afrique du Nord sur les modalités d'une rencontre conviviale entre chrétiens et musulmans apparaît comme vraiment original et même, par certains côtés, fondateur. N'a-t-il pas permis de fortes avancées dans la manière dont l'Église considérait traditionnellement les croyants de l'Islam, des personnes à ramener coûte que coûte sous la houlette d'un seul Pasteur, le Christ ? Tel ne va pas être l'objectif des premiers missionnaires fondés dans la seconde moitié du 19ème siècle par Mgr Lavigerie pour œuvrer auprès des populations musulmanes en Algérie d'abord, puis en Tunisie avant de s'embarquer pour les régions intérieures de l'Afrique Subsaharienne[1], un objectif explicitement repris par l'Église d'Afrique du Nord lors des Indépendances des pays de la région.

Dès son arrivée à Alger, en mai 1867, Mgr Charles Lavigerie déclare son intérêt pour les populations autochtones définitivement conquises à l'Islam au 11ème siècle. « Je vous bénis, vous anciens habitants de l'Algérie. Je réclame de vous un privilège, celui de vous aimer comme mes fils, alors même que vous ne me reconnaîtriez pas pour Père. Et ce privilège, c'est ma foi qui me le confère... »[2]. Après des essais de catéchèse et de baptême d'orphelins recueillis au cours d'une famine qui ravage le pays entre 1866 et 1868, Lavigerie se rend compte que cette manière d'agir aboutit à un échec. En 1873 il interdit « jusqu'à nouvel ordre, tant aux Pères Jésuites qu'aux missionnaires, de parler de religion aux Kabyles si ce n'est des dogmes qu'ils

1. Missionnaires d'Afrique ou Pères Blancs et Sœurs Missionnaires de N.D. d'Afrique ou Sœurs Blanches fondés en 1868 et 1869 par Mgr Lavigerie, nouvel archevêque d'Alger (1866-1892). Voir F. RENAULT, *Le Cardinal Lavigerie*, Fayard, 1992 ; J.C. CELLIER, *Histoire des Missionnaires d'Afrique, (Pères Blancs) De la fondation par Mgr Lavigerie à la mort du Fondateur (1883-1892)*, Paris, Karthala, 2009, 300 p.

2. LAVIGERIE, *Lettre pastorale et mandement de Mgr l'Archevêque d'Alger pour la prise de possession de son diocèse*, Paris, Le Clère et Cie, 1867. Cf. A.C. GRUSSENMEYER, *Vingt-cinq ans d'épiscopat en France et en Algérie. Documents biographiques*, Alger, 1888, T. 1, p. 123.

admettent. On se bornera pour le moment, à soigner les malades et à faire l'école aux enfants »[3]. Cette orientation rappelle une *Instruction de la S. Congrégation de la Propagande aux Vicaires Apostoliques en Chine*. Inspirée en 1659, de l'expérience de Matteo Ricci (1552-1610) l'*Instruction* prescrivait de respecter les usages et les mœurs des peuples auxquels les missionnaires étaient envoyés. Le « respect » un maître-mot pour la rencontre et le dialogue interreligieux, un défi même, porteur d'un véritable dynamisme comme le montre la suite des orientations apostoliques des Églises d'Afrique du Nord.

* * *

Après sa mort en 1892, Lavigerie ne fut pas toujours suivi par ses missionnaires qui, croyant les temps arrivés, osent faire œuvre de prédication directe. En Algérie, cette action produit sans doute quelques conversions. Mais elle soulève une opposition farouche des confréries musulmanes et ils ne peuvent aller bien loin dans leur désir de fonder une Église autochtone. Ils sont alors amenés à retrouver les intuitions du Fondateur. Sous la houlette du P. Marchal[4], ils prennent conscience de la nécessité de modifier leurs méthodes apostoliques. Le projet prend forme et se met en place en 1937. Le Provincial réunit autour du Supérieur général et du P. Marchal les principaux responsables des missions de Tunisie et d'Algérie pour une « Conférence des Supérieurs de Kabylie » qui marque un tournant décisif pour l'apostolat dans ces pays[5]. Il ne s'agit plus d'imposer sa propre vision des choses, mais de s'efforcer d'entrer avec sympathie et intelligence, dans la tradition de l'autre. Cette tradition, contenu religieux et langue, va donc faire l'objet d'études approfondies en vue de connaître le partenaire comme de l'intérieur, non pas pour le piéger ou l'espionner, mais avec délicatesse pour le comprendre tel qu'il vit et agit selon les normes inspirées par sa foi. Une méthode particulièrement féconde, appliquée à d'autres formes de rencontres interreligieuses. Ainsi par exemple, c'est en des termes analogues que s'exprime le Rabbin G. Bernheim en dialogue avec le Cardinal Ph. Barbarin, à propos de la façon dont ce croyant Juif voit Jésus : « Si je pense que Jésus est comme-ci ou que tel épisode signifie cela, il faut que je le prouve de l'intérieur de la tradition chrétienne, c'est-à-dire par une lecture de l'Évangile ou de commentaires de l'Évangile, et non

3. *Lettre de Lavigerie au supérieur des Jésuites*, Archives Lavigerie D 9/31 (Maison générale des Missionnaires d'Afrique, Rome). Cf. François RENAULT, *Le Cardinal Lavigerie, op.cit.*, p. 278.

4. P. Henri Marchal, membre du Conseil généralice des Missionnaires d'Afrique de 1912 à 1947 et P. Milinault, supérieur provincial.

5. Cf. Marie LORIN (SMNDA), *Après « L'Histoire des Origines de la Congrégation 1910-1974 »* Document polycopié, 148 p. + Annexes, Archives SMNDA, (2000) p. 57-58.

par une projection du Talmud sur les Évangiles. Ainsi seront réellement modifiées les relations entre les chrétiens et les juifs dans le sens d'une exigeante amitié. »[6] La remarque du Rabbin confirme une expérience vécue par bien des missionnaires en Terre musulmane : apprendre à se situer à l'intérieur d'une tradition pour mieux la connaître et en respecter la cohérence interne. Attitude fondamentale pour ce qui concerne l'Islam nord-africain, véritable défi pour des chrétiens étrangers sur le plan du langage et de la signification des termes pour chacune des traditions, chrétienne et musulmane.

Le *Discours* de Jean-Paul II à Casablanca en 1985 à des jeunes marocains fournit un exemple tout à fait intéressant[7]. Sans doute ce Discours a-t-il été préparé dans ses grandes lignes avec des personnes sensibles à ces questions du langage utilisé par chacun des partenaires du dialogue islamo-chrétien pour exprimer sa foi. Il reprend certaines expressions utilisées par la Déclaration conciliaire *Nostra Aetate*[8] pour parler de Dieu. Non pourtant sans une certaine ambiguïté ! De fait, rien à redire quant à l'affirmation de foi de Jean-Paul II : « Chrétiens et musulmans, nous avons beaucoup de choses en commun… Nous croyons au même Dieu, le Dieu vivant, le Dieu qui crée les mondes et porte ses créatures à la perfection. » Mais une lecture attentive montre que les termes utilisés risquent de frôler l'équivoque, surtout lorsque, se référant à la foi d'Abraham qui « est pour nous, un même modèle de foi en Dieu, de soumission à sa volonté et de confiance en sa bonté » il poursuit « Nous croyons au même Dieu, le Dieu unique… ».

Dire que nous croyons au « même Dieu », voilà qui tait le défi de la différence de sens du langage utilisé par des chrétiens vivant en minoritaires dans des pays majoritairement musulmans comme l'Afrique du Nord. Déjà en ce qui concerne l'unicité divine, on notera que *Nostra Aetate* use d'un langage plus nuancé et plus précis, les rédacteurs de cette *Déclaration* se gardant de toute confusion possible comme le montre le texte relatif à la religion musulmane : « L'Église regarde avec estime les Musulmans, qui adorent le Dieu Un, vivant et subsistant… ». « Estime » une expression qui confirme les directives de Mgr Lavigerie et du P. Marchal appelant les missionnaires au « respect », à la « sympathie », à « l'intelligence », à la « délicatesse », etc.

Qu'il ne s'agisse pas d'une unicité semblable apparaît clairement dans le *Credo* de chacun ! Dans le *Symbole des Apôtres* le chrétien proclame :

6. G. BERNHEIM et Ph. BARBARIN, *Le rabbin et le Cardinal, un dialogue judéo-chrétien d'aujourd'hui*, Paris, Stock, 2007, p. 201-202.

7. Voir *Islamochristiana* 1985 n° 11, p. 193-194.

8. *Les relations de l'Église avec les Religions non-chrétiennes – Déclaration* Nostra Aetate, 28 octobre 1965, Texte latin et trad. française avec Commentaires, Paris, Éd. du Cerf, 1966, 325 p.

« Je crois en Dieu, le Père tout-puissant, créateur du ciel et de la terre. Et en Jésus-Christ, son Fils unique, notre Seigneur. Je crois en l'Esprit-Saint. » Et le *Symbole de Nicée* précise, à propos de Jésus : « né du Père… vrai Dieu, né du vrai Dieu, engendré, non pas créé, de même nature que le Père… » ; puis de l'Esprit-Saint « il procède du Père et du Fils ». Quant aux musulmans, ils se réfèrent à la sourate 112 souvent rappelée aux chrétiens : « Dis 'Il est Dieu, Unique, Dieu ! Il n'a jamais engendré, n'a pas été engendré. Et nul n'est égal à Lui' ». Énoncé qui exprime une *Passion de l'Unicité*[9] largement confirmée par de nombreux textes coraniques, ainsi les versets où Jésus se défend vivement de s'être autorisé à se proclamer « Fils ». En effet pour le Coran le Verbe de Dieu (*Kalimatu-llah*) tout comme l'Esprit-Saint (*Ar-Rûḫ al-quddus*) n'ont que le statut de créature[10]. La foi musulmane exclut aussi bien l'Incarnation et la Rédemption que l'idée d'un médiateur qui, pour les chrétiens, découle du mystère de la Passion-Résurrection de Jésus. Dogme dont nous pouvons constater qu'il est souvent méconnu par nombre de baptisés !

On comprend ainsi que *Nostra Aetate* s'en tienne à indiquer une attitude d'estime, de respect donc, celle avec laquelle l'Église regarde les musulmans, à la manière de l'*Instruction* de 1659. Remarquons qu'à cette époque, les missionnaires chrétiens, connaissant mal l'Islam, n'en voyaient que ce qui leur paraissait être des contre-valeurs opposées à leur propre foi.

C'est dans cette ambiance générale que doit être située l'expérience nouvelle apportée à l'Église universelle par l'Église d'Afrique du Nord des temps modernes, spécialement en Algérie. Dès son arrivée à Alger, en 1954, en pleine guerre d'Indépendance, le Cardinal L.-E. Duval va modifier l'orientation prise par l'épiscopat algérien après la mort du Cardinal Lavigerie en 1892. De 1892 à 1954 en effet, cet épiscopat laisse aux Pères Blancs et aux Sœurs Blanches la quasi-exclusivité d'une présence auprès des musulmans, en dehors de quelques religieuses comme les Filles de la Charité s'occupant d'orphelinats et d'hôpitaux comme à Alger par exemple. Mgr Duval, lui, va s'inscrire dans la lignée de Lavigerie, son auguste prédécesseur.

Rappelons que, lorsqu'il arrive à Alger en 1867, Mgr Lavigerie est immédiatement sollicité par les misères du temps, une famine terrible dont les causes sont à la fois politiques et météorologiques, décime les populations musulmanes du pays les plus vulnérables[11]. C'est pour lui le moment de mettre

9. S. 112, dont le titre, « *sūrat al-ikhlāṣ* » (Monothéisme pur) ou « *sūrat al-tawḥīd* » (Culte pur) selon les éditions résume la portée théologique pour les croyants de l'Islam. « La Passion de l'unicité » *Études Arabes*, n° 65, 1983/2, PISAI, Rome.

10. Voir entre autres pour Jésus *S.19 Maryam* 30-35 et pour l'Esprit-Saint *S. 17, Al-Isrâ' 85*.

11. Voir L. PRUVOST et L. AMMOUR, *Algérie, terre de rencontres*, Paris, Karthala, 2009, p. 38-40.

en œuvre le projet esquissé dans son discours d'intronisation, au nom de sa foi, aimer tous les habitants du pays sans distinction de religion. Pour prendre en charge les enfants affamés que lui signalent ses curés ou qui viennent frapper à sa porte, il fonde donc ses deux Instituts et les consacre au service des musulmans. Orientation assez peu courante pour un évêque de l'époque, qui lui vaudrait plus tard bien des difficultés avec les autorités de la colonie. Ses premiers missionnaires, des hommes et femmes remplis d'une foi qu'ils désiraient transmettre, pensent bien faire en l'enseignant aux jeunes garçons et filles accueillis dans leurs institutions. Répondant trop facilement à des jeunes attirés par ce qu'ils les voyaient vivre, les Pères avaient même procédé à quelques baptêmes. Mais le Fondateur, très attentif aux effets de cette forme d'apostolat, mesure rapidement la nature de la foi musulmane, vrai monothéisme et non paganisme. De fait, l'éducation donnée par les missionnaires et leurs œuvres de charité entrent en concurrence directe avec celles des confréries et écoles coraniques. Les deux nouveaux instituts sont rappelés à la prudence et surtout au respect de la religion de ces personnes.

Ces résistances sont salutaires et dynamisantes pour les missionnaires. Elles vont même devenir un défi qui les pousse à étudier d'une manière de plus en plus approfondie l'islam et les langues du pays, arabe et divers berbères, toutes sciences leur permettant d'approcher le mieux possible la foi dont ces populations étaient nourries. Ils avaient donc peu à peu évolué vers une rencontre de témoignage à travers les œuvres éducatives et sociales, se gardant bien de ce prosélytisme dont, en Algérie tout au moins, certains milieux les accusent aujourd'hui. Pour parfaire l'éducation ainsi donnée, ils avaient également « inculturé » des mouvements de jeunesse relevant du scoutisme : la Ruche de Kabylie pour les filles, les Scouts musulmans pour les garçons dans les diverses régions d'Algérie où ils œuvraient alors. Ces mouvements ont joué un très grand rôle dans l'émancipation des personnes, des femmes notamment par rapport au joug des traditions. C'est sans doute pourquoi ces mouvements font aujourd'hui l'objet de mémoires et thèses universitaires, présentés par des chercheurs, femmes et hommes algériens musulmans lesquels puisent leurs renseignements à des sources de première main, les archives des deux Instituts[12]. Relevons cependant ces paroles d'un ancien élève des Pères : « Vous nous avez fait sortir de la mosquée et vous nous avez laissés à la porte de l'Église. » Regret ou simple constatation ?

Nul ne devrait ignorer que cette prudence était inspirée à des missionnaires vivant en minoritaires dans un monde à 100% musulman, non par stratégie, mais par respect réel de leurs partenaires. Ch. Chessel, un jeune Père Blanc

12. Sur les revues et ouvrages publiés à l'intention des membres de ces mouvements, voir Bahia AMMELLAL, *La Ruche de Kabylie, 1940-1975*, Préface de Karima Dirèche, Tizi-Ouzou, Éditions Achab, 2009.

assassiné fin 1994, n'hésite pas à utiliser le langage de la Croix, « la mission, notamment en monde arabo-musulman, est marquée par la faiblesse... Une telle attitude nous transforme. Attitude qui peut être radicalement incomprise... »[13]. Elle a pourtant permis à ses bénéficiaires d'apprécier la qualité des œuvres tant éducatives que sanitaires des missionnaires, qui représentaient à leur tour pour eux un véritable défi : « Comment ces hommes et ces femmes, avaient-ils pu quitter famille et pays pour venir les rejoindre au nom d'une foi différente » et cela d'une manière gratuite... Lequel de nos prédécesseurs modernes en Terre d'Islam n'a-t-il pas entendu cette phrase à la fois étonnée et pleine du regret de ne pas les voir devenir musulmans ? C'est ainsi que ce témoignage d'engagement chrétien respectueux des personnes rencontrées devient à son tour un défi pour les musulmans. Ses fruits ne se vérifient pas par des passages de l'islam au christianisme. Mais ils transparaissent à travers l'acquisition de valeurs sans doute plus universelles, faisant éclater en quelque sorte les frontières d'un islam plutôt replié sur lui-même, pour l'ouvrir à de nouveaux humanismes. La réflexion reçue d'un ancien élève des Pères connaissant bien sa foi, futur membre de l'*intelligentsia* de son pays, montre cependant que nul ne s'y trompe : « Pour nous, musulmans, Dieu n'est pas une Personne. C'est vous qui, dans vos écoles, nous avez parlé d'un Dieu personnel étranger à nos traditions... ».

Il n'empêche ! Le grand croyant musulman que fut l'Émir Abd-El-Kader l'Algérien, sans sombrer dans le relativisme, exprime son approche du mystère insondable de Dieu d'une manière qui ne manque pas d'ouvrir sur la méditation de la place de l'islam dans le dessein de Dieu. « Chaque fois que quelque chose te vient à l'esprit au sujet de Dieu, sache qu'Il est différent de cela... Si ce que tu penses et crois est ce que disent les gens de la *Sunna*, sache qu'Il est cela et autre que cela ! Si tu penses qu'Il est ce que croient les diverses communautés — musulmans, chrétiens, juifs, mazdéens, polythéistes et autres — Il est cela et Il est autre que cela ! Aucune de Ses créatures ne l'adore sous tous Ses aspects. Nul ne Le connaît sous tous Ses aspects ; nul ne L'ignore sous tous Ses aspects »[14].

En Algérie cependant, une telle ouverture s'est beaucoup réduite. La formation donnée dans les écoles privées tant catholiques que musulmanes qui s'était poursuivie pendant près d'un siècle a été brusquement interrompue lors de la nationalisation de toutes les œuvres privées, notamment les œuvres éducatives[15].

13. Christian CHESSEL, « Dans ma faiblesse, je prends ma force », *Voix d'Afrique*, mars 1995, n° 28.

14. Émir ABD-EL-KADER (1808-1883), *Le livre des Haltes*, *(Kitâb al-marâhîl)* n° 254, cf. *Écrits spirituels*, présentés et traduits de l'arabe par Michel Chodkiewicz, Paris, Seuil, 1982, p. 129-130.

15. Cf. Ord. 16 av. 1976.

La propriété de tous leurs locaux est alors transférée au Ministère de l'éducation nationale dans le but de promouvoir l'unité idéologique du pays. Or la Constitution algérienne établit l'islam comme religion de l'État, se fondant sur la *Charte Nationale* de 1976, qui définit l'islam comme l'un des éléments fondamentaux de la personnalité nationale. C'est alors que, le pays manquant de formateurs compétents en la matière, il faut faire appel à des enseignants du Moyen-Orient qui, souvent formés à l'École wahhabite, vont orienter l'éducation selon les principes de cette École. Une orientation qu'une étude des manuels de *tarbiya islamiyya* permet d'évaluer[16] : ces manuels n'inculquent pas une foi mais un système dépouillé des nuances qu'avait apportées la tradition séculaire de *l'ijtihâd.* À travers les enfants et le contrôle social aidant, les familles et le pays se « *wahhabisent* » ainsi comme par capillarité !

L'orientation se durcit avec l'Ordonnance du 28 février 2006[17] destinée à contrer le prosélytisme de chrétiens algériens venus de l'islam et appartenant à des Églises évangéliques : l'Algérie interdit toute manifestation de prosélytisme, aussi bien apparente que présumée et le passage de l'islam au christianisme devient un délit pénal. Comme le déclare au cours d'un séminaire de formation des imams et des *murshidât* M. Bouabdallah Ghlamallah, ministre des Affaires religieuses : « La liberté est assurée en Algérie. Seulement, cette liberté ne concerne que la politique et non la religion » et, poursuit l'article rapportant quelques points de ce séminaire, « Le ministre ne conçoit pas que l'on ait le droit d'être différent en religion... Une véritable 'déviation' encouragée par les opposants et les ennemis de l'Algérie[18] ».

L'enseignement diffusé à partir de 1976 à quoi s'est ajouté l'important chômage de jeunes sans qualification, a contribué pour une large part à la renaissance d'un mouvement xénophobe et islamiste devenu au fil du temps un islamisme violent contre tout ce qui n'est pas musulman. Une violence qui, entre 1994 et 1996, a touché directement ceux que notre Église appelle depuis cette époque, « martyrs d'Algérie », dix-neuf au total, l'évêque d'Oran, Mgr Claverie, quatre Pères Blancs, sept moines trappistes, un religieux et cinq religieuses, des personnes qui, chacune à sa place et à travers ses services, jouaient un rôle important dans la rencontre islamo-chrétienne

16. L. Pruvost, *Éducation religieuse – Quel croyant pour demain ?* Centre d'Études diocésain d'Alger, doc. polycopié, 1989-1991, 210 p.

17. Ord. 28 fév. 2006, fixant les conditions et règles d'exercice des cultes autres que musulman, cf. témoignages de chrétiens venus de l'Islam, *El-Watan Week-end*, 20 août 2010.

18. Bouabdallah Ghlamallah, « Liberté de culte – Pas de droit à la différence de religion ». Voir aussi Ali Bahmane, « La fin de la tolérance », et note d'un Collectif SOS Libertés « Ramadhan : appel au respect de la liberté de conscience », *El Watan* 10 août 2010.

quotidienne. Tous ont ainsi pu témoigner de l'espérance que ce défi fortifiait en eux. C'est par solidarité avec la souffrance de tout un peuple qu'ils avaient voulu rester sur place en dépit du danger croissant, alors que, dans le même temps, plusieurs centaines de milliers d'Algériens étaient eux-mêmes victimes de ces massacres sans nom. L'Église d'Algérie a vu ainsi confirmer dans le sang sa vocation à vivre le défi de la rencontre menée en dépit des risques et périls… À travers la quasi-totalité de ses membres, elle a néanmoins poursuivi sa présence et ses services tout en continuant à bénéficier du soutien et de l'aide discrète de ses nombreux amis dans les divers niveaux sociaux du pays.

D'une manière plus générale, comme par effet de boomerang, les chrétiens sont eux-mêmes appelés à élargir le cercle de leurs propres convictions pour découvrir, à leur tour, les valeurs de l'autre, s'en enrichir et « élargir l'espace de leur tente » (Is. 54,2). C'est bien ce sur quoi ouvre une longue expérience de vie au Maghreb. La rencontre avec les musulmans permet entre autre de s'inspirer de la qualité de leur accueil et de leur générosité envers leurs hôtes étrangers et non-musulmans. Elle appelle aussi à mieux saisir certaines dimension du dogme chrétien comme la place du Christ. Dans nos manières de prier et dans nos échanges, ne manifestons-nous pas parfois une forme de « christolatrie » masquant ainsi la relation de communication intime entre Père, Fils et Esprit[19] ? Un autre exemple intéressant, la « malédiction » de Jésus contre les Scribes et les Pharisiens et leurs nombreux rites de purification comme celui des coupes et des plats, qui permet à Jésus de rappeler le seul « rite » valable aux yeux de Dieu : « Donnez plutôt aux pauvres ce qui est dans vos coupes et vos plats, et tout sera pur pour vous » (Lc 11, 41)[20]. Or, « pureté », tel est bien le sens de *zakâ*, « être pur, sans tâche », qui a donné *zakât*, aumône légale chez les musulmans.

Un Père Blanc envoyé en Afrique du Nord, confirme cette expérience de l'ouverture que peut provoquer la relation entre les chrétiens et les musulmans non seulement pour Pères Blancs et Sœurs Blanches mais aussi pour les membres des autres Instituts aujourd'hui présents au Maghreb dans des conditions analogues. « Dans cette rencontre avec l'autre, écrit-il, Jésus, au cours des années, purifiait ma foi, me disait des choses nouvelles afin que je puisse devenir l'homme évangélique à la taille adulte (…). J'allais apprendre qu'en dehors des limites visibles de l'Église, vivent des hommes qui désirent eux aussi des cieux nouveaux, qui cherchent eux aussi à réaliser leur vocation… J'ai réalisé au cours des années que l'important était notre manière de vivre, de concevoir l'amitié. Je crois que l'Église est l'incarnation vivante du

19. Cf. Ch. SALENSON, *Christian de Chergé – Une théologie de l'espérance*, Paris, Bayard et *Chemins de dialogue*, 2009, p. 105, 107, etc.

20. Cf. Trad. « en français courant », Société biblique française, 1996.

Christ au-delà du temps et des frontières. Jésus continue sa mission en elle, tout en s'arrêtant sur l'autel de la conscience et de la liberté humaine. »[21]

La vie en contexte islamochrétien permet aussi d'approfondir et de sentir d'une manière nouvelle la fonction du témoignage dans la tâche d'évangélisation à laquelle tout missionnaire est appelé. La rencontre interreligieuse « contraint à distinguer la conversion à Dieu du changement de religion. Si la conversion reste le cœur du dialogue, il s'agit alors de la conversion de chacun non pas à un changement d'affiliation religieuse mais à Dieu lui-même »[22], un thème largement développé et porté *urbi et orbi* par les moines de Tibhirine[23]. Le testament si largement diffusé du P. de Chergé exprime bien la portée à la fois théologique et existentielle de sa vision de la rencontre avec des musulmans et surtout de l'ineffabilité du mystère de Dieu. « Ceux qui m'ont rapidement traité de naïf ou d'idéaliste (...) doivent savoir que sera enfin libérée ma plus lancinante curiosité. Voici que je pourrai, s'il plaît à Dieu, plonger mon regard dans celui du Père pour contempler avec Lui ses enfants de l'Islam tels qu'il les voit, tout illuminés de la gloire du Christ, fruits de Sa Passion, investis par le Don de l'Esprit dont la joie secrète sera toujours d'établir la communion et de rétablir la ressemblance, en jouant avec les différences... ». Ces paroles expriment d'une manière réaliste l'espérance fondée sur l'insondable profondeur du mystère de Dieu qui veut que tous soient sauvées par-delà les différences de foi et même en l'absence de foi.

C'est dans cette optique que les Églises du Nord de l'Afrique ont fait de la rencontre conviviale entre chrétiens et musulmans une priorité pastorale. Il faut noter que les populations auprès desquelles les évêques exercent leur charge, se sont assez substantiellement transformées en quelques années sous l'effet de mouvements de populations parfois définitifs. Dans l'ensemble de ces pays, la population autochtone reste majoritairement arabe et presque à 100% musulmane. Mais d'autres Africains tant chrétiens que musulmans, arrivant d'Afrique subsaharienne avec des motivations variées, y sont maintenant accueillis. Ce qui offre un terrain nouveau à la rencontre islamo-chrétienne qui se vit effectivement au niveau des étudiants, sachant que plus de 30 mille étudiants subsahariens musulmans et chrétiens sont accueillis dans les Universités et grandes Écoles du Maghreb.

S'y ajoute l'afflux de migrants en marche problématique vers l'Eldorado européen que des passeurs sans scrupules font miroiter à leurs yeux. Une population de pauvres où chrétiens et musulmans se retrouvent, tous logés à

21. E. BLADT, « Dieu est venu à ma rencontre » *Petit Écho*, Revue mensuelle des Missionnaires d'Afrique, 2010/8, p. 467-469.

22. Ch. SALENSON, *Christian de Chergé, op.cit.*, p. 198.

23. Voir entre autres, Ch. DE CHERGÉ, *L'invincible espérance*, textes recueillis et présentés par Bruno Chenu, Paris, Bayard éditions et Centurion, 1996.

la même enseigne. Pour les chrétiens, pasteurs, religieux, religieuses et laïcs engagés dans l'Église, tous, sans distinction de religion, font partie du peuple qui leur est confié, et ils font tout leur possible pour les soutenir dans leur détresse au risque parfois de mécontenter les autorités du pays. Tous les pays de la région ont à faire face à l'afflux massif de personnes qui tentent de rejoindre les pays du nord de la Méditerranée dans des conditions véritablement épouvantables. « Un phénomène d'Exodus, dit Mgr G. Martinelli, Vicaire apostolique de Tripoli, qui révèle un visage d'injustice et de crise sociopolitique dans l'Afrique… ». Ces migrants trompés dès le départ de leur pays forment « une communauté qui souffre mais qui est pleine de joie dans l'expression de la foi ! Et qui, dans un contexte social et religieux de type musulman, rend l'Église crédible. » De plus, formant une Église pèlerine et étrangère, ces hommes et ces femmes pratiquent le dialogue de la vie avec beaucoup de musulmans et, en tant que chrétiens, ils sont « lumière de Jésus et sel de la terre » pour leur entourage musulman[24].

Avec les autres Églises d'Afrique du Nord, l'Église d'Algérie a voulu opter pour la rencontre. En 1979 une lettre pastorale de la Conférence des Évêques de la Région Nord de l'Afrique parle même de « sacrement de la rencontre », insistant sur deux aspects, « dialogue de la vie » et « dialogue des œuvres »[25]. Le dialogue de la vie est effectif dans les quartiers des villes où cohabitent musulmans et chrétiens étrangers engagés au service du pays. Il se vit surtout et en permanence à travers les chrétiennes étrangères épouses de musulmans, à l'égard desquelles l'Église témoigne d'une attention toute particulière pour les soutenir dans leur foi. Quant au « dialogue des œuvres », il s'exerce de diverses manières. Ainsi par exemple, et grâce à l'aide de la *Caritas internationalis*, il est possible d'assurer financièrement une présence sociale animée par des services dans lesquels chrétiens et musulmans travaillent au coude à coude. En Algérie c'est cet organisme qui soutient diverses œuvres sociales et éducatives, en relation directe avec les personnels diocésains. Citons entre autre, le travail important réalisé grâce aux services de *Caritas* par les membres des Églises, catholiques et méthodistes, parfois en lien avec le Croissant Rouge, dans les camps de réfugiés sahraouis de Tindouf, ou la formation féminine en des lieux parfois reculés du pays, donnée par des laïques et des religieuses de divers Instituts, dont les Sœurs Blanches.

La rencontre conviviale prend aussi une forme intellectuelle grâce aux divers centres culturels ouverts par les Églises locales, parfois depuis de

24. Cf. Intervention de Mgr Martinelli au 2ème Synode pour l'Afrique (oct. 2009).

25. CERNA « Le sens de nos rencontres », 1979, *Documentation Catholique*, 1979, n° 1775. Voir aussi H. TEISSIER, *Église en Islam – Méditations sur l'existence chrétienne en Algérie*, Paris, Centurion, 1984, 313 p. P. CLAVERIE, *Lettres et messages d'Algérie*, Paris, Karthala, 1996, 222 p.

longues années. Ainsi à Tunis, depuis 1926, l'Institut des Belles Lettres Arabes tenu par les Pères Blancs et, plus récemment, la bibliothèque de religions comparées, organe de l'Église diocésaine tenu par des chrétiens et des musulmans. De même en Algérie, dans les quatre diocèses et au Maroc. Tous offrent aux étudiants et chercheurs nationaux ou étrangers de tous niveaux, tant musulmans que chrétiens, des documents parfois introuvables ailleurs ou même inédits. Ils proposent aussi une formation linguistique et islamologique aux étrangers travaillant dans le pays.

Évoquons enfin la « rencontre spirituelle » pratiquée par un certain nombre de chrétiens et de musulmans, qui fait partie elle aussi de la pratique de ces Églises. C'est en Algérie qu'est né le « *Ribât al Salâm* » (Lien de la paix) à la fin des années 1970, de l'initiative conjointe du Prieur de Tibhirine, Ch. de Chergé, et d'un Père Blanc, Claude Rault, actuel évêque du Sahara[26]. Le petit groupe des débuts a fait des émules en Tunisie et en Europe.

Ce projet d'un dialogue pleinement apostolique a été confirmé au cours du Synode pour l'Afrique d'octobre 2009 et intégré dans le *Message final du Synode*[27]. « L'Assemblée a écouté beaucoup de Pères synodaux témoigner de leur succès sur les chemins du dialogue avec les musulmans. Ils ont attesté que ce dialogue se passe et que la collaboration et souvent effective. En se basant sur les nombreuses valeurs entre eux, musulmans et chrétiens peuvent œuvrer ensemble à bâtir dans nos pays le règne de la paix et de la réconciliation. Le Synode encourage ces efforts et les prescrit pour les autres ». Le *Message* n'écarte pas pour autant les risques de fanatisme religieux dont les méfaits sont largement répercutés par les médias. Il regrette aussi l'absence de réciprocité dont témoignent certains pays musulmans par rapport au respect du droit humain fondamental de pratiquer et d'enseigner librement sa religion et de l'enseigner. Mais il relève que « beaucoup de Pères synodaux ont témoigné de leur succès sur les chemins du dialogue avec les Musulmans. Ils ont attesté que ce dialogue se passe et que la collaboration est possible et souvent effective... ». Témoin d'un désir de mettre sa foi à l'épreuve de la différence, le texte insiste enfin sur la nécessité absolue du respect mutuel[28].

« Absence de réciprocité de la part des musulmans », dit le *Message*. Cette réciprocité a cependant été exercée récemment, officieusement, un « officieusement » devenu « officiel » comme en témoignent deux *Lettres ouvertes* envoyées au St Père, la première en 2006 par 38 personnalités musulmanes de premier plan, laquelle semble ne pas avoir reçu de réponse adéquate, la

26. Cf. Claude RAULT, *Désert, ma Cathédrale*, Paris, Desclée De Brouwer, 2008, 201 p.
27. Seconde Assemblée spéciale pour l'Afrique du Synode des évêques (4-25 octobre 2009), *Message final* n° 38-41 « Mettons ensemble nos ressources spirituelles ».
28. *Ibid.*

seconde en 2007, par 138 personnalités de diverses tendances musulmanes, adressée à Benoît XVI et aux « Guides des Églises chrétiennes en tout lieu ». Intitulée « Une parole commune entre vous et nous », cette *Lettre* comprend trois chapitres portant, l'un sur « L'Amour de Dieu » et l'autre sur « L'Amour du prochain ». Le dernier chapitre intitulé « Venez à une Parole commune entre vous et nous »[29] se conclut avec cette invitation : « Ne faisons donc pas de nos différences une cause de haine et de querelles entre nous. Rivalisons les uns avec les autres dans la piété et les bonnes œuvres. Respectons-nous les uns les autres, soyons bons, justes et aimables entre nous, et vivons dans la paix sincère, l'harmonie et la bonne volonté ». Le thème est chaque fois explicité par des textes musulmans fondamentaux, Coran et Tradition du Prophète Muhammad puis par la Bible, Ancien et Nouveau Testament. Le Saint-Siège a répondu à l'appel en organisant à Rome en octobre 2008, un « Premier Séminaire catholico-musulman ». Selon la Déclaration finale « la discussion qui s'est déroulée dans un esprit chaleureux et convivial, s'est concentrée sur deux grands thèmes : 'Fondements théologiques et spirituels' et 'Dignité humaine et respect mutuel' ». Et si « des points de ressemblance et de divergence ont émergé », ces points « réfléchissent le génie spécifique et distinctif des deux religions. » Ce qui permet d'espérer une suite positive à cette première rencontre. Ici c'est vraiment de dialogue théologique qu'il s'agit, dans un climat de rencontre dont on peut dire que « c'est du jamais vu ! ».

* * *

Un ultime témoignage venu de France nous permet d'« élargir notre tente », celui de T. Oubrou, Imâm à Bordeaux, lors de l'inauguration d'une mosquée nouvelle dans la banlieue de Paris. Après avoir rappelé la nécessité de respecter la diversité des religions, il poursuit : « un ensemble de passages du Coran dit que la diversité est un vouloir divin : 'Si Dieu l'avait voulu, il aurait fait de nous une seule communauté'[30]. Il ne s'agit même pas de tolérer, il s'agit de respecter le sixième pilier de la foi, qui est le destin et de composer avec lui. La diversité est un signe de l'unicité de Dieu… Comment lire ma foi et Dieu à travers cette situation d'aujourd'hui, unique dans l'histoire de l'humanité. C'est la première fois que l'humanité se découvre dans sa complexité, dans sa diversité. Comment rebâtir une théologie à la lumière de cette réalité humaine ? Voilà le défi que nous devons affronter »[31].

29. Cf. Coran *Sourate* 3, *Āl Imrān,* 64.
30. *Sourate* 5, *al-Mā'ida*, 48.
31. *La Maison islamo-chrétienne*, Été-Automne 2010, n° 14 et 15, p. 23.

Tel est bien le défi posé par la rencontre interreligieuse. Au demeurant, c'est l'une des tâches essentiels du Conseil Pontifical pour le Dialogue Interreligieux au sein duquel Mgr Michael Fitzgerald, Père Blanc[32] a longtemps travaillé, comme Consulteur d'abord à partir de 1973 puis comme Secrétaire en 1987 avant d'en devenir Président de 2002 à 2006, mandat interrompu lors de la fusion de ce dicastère avec le Conseil Pontifical de la Culture.

32. Voir Mgr Michael FITZGERALD, *Dieu rêve d'unité, Les catholiques et les religions : les leçons du dialogue*, Entretiens avec Annie Laurent, Paris, Bayard, 2005, 213 p.

# A QUEST FOR SPIRITUALITY IN INTERRELIGIOUS DIALOGUE AND COOPERATION

*by*

Hans UCKO

'Wenn jemand eine Reise tut, so kann er was erzählen'. When I think of my involvement in interreligious dialogue, I often think of these well-known words by the German poet Matthias Claudius. Interreligious dialogue is indeed like a journey and there is a story to tell. It is today maybe less of a stirring journey of exploration along sinuous routes and alleys; it is probably more along a straight highway with much more traffic and the view is maybe less spectacular. Going back to my first explorations in dialogue, I think there are some particular avenues worth embarking upon as a way of telling a story and sharing experiences.

When I was first exposed to interreligious dialogue, it was like travelling into a new world, where one did not clearly understand the traffic signs, where one therefore had to travel carefully, looking properly to the right and to the left so as not to lose one's bearings and overlook the few landmarks one could relate to. Nothing could be taken for granted, and there was no manual for the interreligious dialogue. Only later on did Leonard Swidler formulate the Ten Commandments of Dialogue.[1] Upon coming home, there was a story to tell, an experience worth recounting to those who had not met people of other faiths. Meeting people of different faiths was certainly not part of everyone's experience. Jews, for the average Christian, were mainly associated with the stories of the Bible. Muslims belonged to the faraway countries of Orientalism.[2] Hindus and Buddhists were even farther away.

We met as religious people; we were Buddhists, Jews, Muslims, Hindus and Christians. Most of the dialogues were bilateral and the agenda was for a long time mostly one of listening to the other, grievances, histories of hurt, still-open wounds that one could see, scars that were still painful.

1. 'The Dialogue Decalogue, Ground Rules for Interreligious, Interideological Dialogue', last revised 2 February 1997 by Ingrid Shafer, http://www.usao.edu/~facshaferi/DIALOG00.HTML

2. Edward SAID, *Orientalism* (New York: Vintage Books, 1978).

The experience growing out of these encounters provided more than an experience of dialogue: etched into your experience were memories with images, shadows and silhouettes of situations, where in dialogue people had shared their hope and vision, their pain and despair, and throughout it all their commitment to that which above all brought them to the dialogue with the other. There are memories of having been invited into a space where the faith or religious tradition of the other was celebrated and affirmed. From these dialogues you carried an experience of something that was much more than can be contained in the concept of interreligious dialogue. The word that comes much closer to expressing the experience would be 'spirituality', a source of inspiration, a sense of awe.

The World Council of Churches (WCC), wishing to address the different expressions of interreligious dialogue, called a consultation, where people with experience in dialogues of personal and spiritual wanderings in the world of religious plurality could share their understandings. In their common statement they affirmed

> … the great value of dialogue at the level of spirituality in coming to know and understand people of other faiths as people of prayer and spiritual practice, as seekers and pilgrims with us, and as partners with us in working for peace and justice.[3]

Illustrating their encounters with people of different faiths with the story of the disciples on their way to Emmaus, they affirmed being struck with 'the experience of recognition'.[4] This deeply personal experience of dialogue was an experience where you found yourself involved in something that went beyond the encounter itself. You yourself, in the depth of your own being, were interacting with the dialogue and that which was beyond words, exchanges, debates, discussions and dialogue.

Participating in interreligious dialogue brought me into contact early on with the Christian pioneers in this venture, almost all of them with a background in mission, who knew other faiths because they were living with people of other faiths. This was their experience and horizon. This was how they came to define their mission, to be living with people of living faiths. The Anglican priest Murray Rogers expressed in the consultation 'Spirituality in Interfaith Dialogue' an insight that many others share with him precisely because of their experience of living with people of other faiths:

> Thanks to what the Spirit has managed slowly, slowly to teach me over the decades, chiefly through shared faith-experiences with friends of other spiritual

3. T. ARAI and W. ARIARAJAH, eds., *Spirituality in Interfaith Dialogue* (Geneva: World Council of Churches, 1989), 2.
4. Ibid., 2.

> paths, the eyes with which I look at them have now a different look… we are *all* 'on the way', we are *all* people of God.[5]

This seemingly simple experience has profound consequences. Christians reliving the memories of the almost tangible 'experiences of recognition' realised that the rationale for mission as bringing people of other faiths to the Christian faith needed to be revisited, rethought and re-imagined. The heritage of 'carrying the Gospel to all the non-Christian world' and the task articulated by John Mott as 'the evangelization of the world in this generation' were countered by these memories of awe.[6] Inside them grew the insight of the need for a vision which does not shy away from the complexities of contradicting truth claims that make up our world of religious plurality. This vision would try to articulate how one could at the same time and in the same embrace reckon with the inspiration of encountering people of different faiths living faithfully and the desire to continue in faithfulness a Christian journey of faith.

Needless to say, we here have only started to address the question of how to interact with each other and the reality of conflicting truth claims. The WCC, trying to deal with the issue of what to do with our experiences from interreligious dialogue and the concomitant 'experiences of recognition' and the ways used to express Christian self-understanding, struggled in the document 'Religious Plurality and Christian Self-understanding' to formulate a consensus for its member churches gathered for the Assembly in Porto Alegre, Brazil, in 2006. But fear and hesitation over the possible consequences of such a conversation among the member churches set the tone, and the document remained in the background in the sense that it was never revisited.[7]

Interreligious dialogue has only recently gained currency in society, and while the number of people involved certainly has increased, interreligious dialogue is still not a concern for more than a few. But the activity itself is much more frequent than before. Even if it is still not a mass movement today, it reaches more widely than before and there are more actors involved compared with what was previously the case. Interreligious dialogue has travelled a long way since Murray Rogers. Today, it is also known outside the contexts of religious communities; it is part of the discourse of secular society. The question of the experience with dialogue with people of other

5. Ibid., 14.

6. *Addresses and Papers of John R. Mott*, vol. 5, The International Missionary Council (New York: Association Press, 1947), 12, 13, 19.

7. 'Religious Plurality and Christian Self-understanding', World Council of Churches, Assembly, Porto Alegre, 2006, preparatory and background documents, Document date: 14 February 2006, http://www.oikoumene.org/fileadmin/files/wccassembly/documents/english/pb-14-religiousplurality.pdf

faiths is here not necessarily a given. The question of experience is different. One may know of dialogue, but the frame of reference is not always religious praxis and observance. One may not have necessarily lived through the process that led to the experience. One can be well-read, and thus experienced in one way, but not necessarily grounded in in-depth encounters. One can know (*savoir*) but it does not necessarily follow that one really knows (*connaître*).

It seems to me that the concept 'deep listening' in the Buddhist tradition illustrates what I am saying. The famous Zen koan, 'What is the sound of one hand clapping?', cannot be answered by thinking alone. It asks for deep listening, to listen not only with our ears but with our entire being. Deep listening asks us to quiet the body, the mouth and the mind. Even the sounds of our thoughts will be in the way of our listening. Deep listening is something like the hushed attention of the audience at a symphony when the lights go down and you are waiting for the pleasure of the first notes. It is a way of listening to energy rather than to words.

Interreligious dialogue really needs people who in dialogue have experienced 'deep listening' to the other. An ever-present danger is to think that the concept of Islam in its essence exhausts everything that relates to Muslims. It reduces the importance of context, seeing in a Muslim only a representative of Islam without considering time, geography, personal history, and so many other factors. The whole identity of a Muslim goes beyond essentialising Islam.

This discovery was fundamental as missionaries gathered for the first Mission Conference held in Edinburgh in 1910. One could say that this conference, in spite of using the student movement's watchword of 'the evangelisation of the world in this generation' as its raison d'être, opened the door much wider to interreligious dialogue and theological reflection, which perhaps before had been an issue mainly for a few concerned individuals.[8] A missiological reflection on religious plurality was launched, which illustrated a difference between an experience of dialogue and an experience with dialogue.

The conference was to deal with missionary work among non-Christian peoples, and was preceded by a set of questionnaires and responses from missionaries in the field. Although the overall conclusion of the conference was that Christ fulfilled every religion and there was no question about the absoluteness and finality of Christ, missionaries reported on the difference between being considered experts in Islam (*savoir*) and now having for the first time met (*connaître*) Muslims in real life. They were thought of as being experts in Hinduism and they were now realising that all this was of little

8. *Dictionary of the Ecumenical Movement*, ed. by N. Lossky, J.M. Bonino, J. Pobee, T. Stransky, G. Wainwright, P. Webb (Geneva: Wcc Publications, 1991), 526-529.

consequence when through deep listening they experienced what Hindus could tell them. They had been excellent students of other religions but they had been learning disembodied facts. As they encountered Hindus and Muslims, believed to be living in flawed religions, some missionaries realised that the library may have been an ideal place for learning but there is no substitute for face-to-face, heart-to-heart engagement, friendship and mutual exploration of important issues.[9]

Insights such as these may have contributed to the name given to the body assigned to interreligious dialogue in the WCC, the Sub-unit of Dialogue with People of Living Faiths and Ideologies (DFI). It is the term 'living' which is so remarkable. One could ask whether there was really a need to qualify, through the name of the sub-unit, the status and significance of the religions with which the WCC was to dialogue. It could as well have been named 'Sub-unit for Interreligious Dialogue'. Such a name would have been sufficient to indicate the thrust of the program. But this name was actually a statement to the effect that the member churches of the WCC should engage in and through dialogue with people of *living* faiths. The name at least signifies that Judaism should no longer be considered as something that had a value only before the coming of Christ. Islam should no longer be looked upon as a perverted aberration of Christianity. Hinduism should no longer be considered a senseless polytheism. They were living faiths to be reckoned with. The little word 'living' as a qualifier to faiths is not only a statement about the status and significance of other faiths, it also adds a complicating dimension to Christian self-understanding: what is the added value of Christianity when other religions are also regarded as living faiths?

The name reflected an experience of living in dialogue with people of different faiths. Those whom I met and who taught me about interreligious dialogue were people of faith exposed to other religious traditions and open to spiritual disciplines enabling them to understand their own faith in greater depth. They knew Judaism because they knew Jews. They knew Islam because they knew Muslims. They could refute traditional Western stereotypes of Hinduism as a polytheistic faith of 'castes, cows and curry'.[10] They were experienced in zazen, having studied and practiced Zen meditation in Japan. They were scholars and clergy, missionaries and monastics, who had spent years, if not decades, in the Middle East, Africa and Asia among people of other faiths. They told of their experiences, how they had come across people

9. Brian STANLEY, *The World Missionary Conference, Edinburgh 1910* (Grand Rapids: Eerdmans Publishing Company, 2009).

10. *Peace Next, Council for a Parliament of the World's Religions*, accessed 30 January 2011, http://www.peacenext.org/profiles/blogs/the-hindu-faith-has-been?xg_source=activity

of other faiths who in one way or another had made such an impression on them that they returned home never the same again. One story struck me: the story of the Christian missionary to New Caledonia, who returned to France after forty years and, when asked how many he had converted, looked at the inquirer, pointed to his heart and said: 'One! Myself!' They became, maybe without really being conscious of it, allies of another religious tradition often deeply influenced by it, while all the time remaining Christian and reinterpreting what it meant to be a Christian.

The example par excellence is for me Wilfred Cantwell Smith, who told the story of his experience as a missionary and how differently his experience was received at home:

> In mid-century many of us missionaries... returned to the West and reported that from our experience it was crystal clear that many Muslims, Hindus, and Sikhs... richly participate in the grace of God and in his bounty.... Many Christians at home were hesitant to credit the joyous report, so firmly were the old doctrines entrenched and so closely was it felt that only by those doctrines could salvation be ensured.... They might well have heard the report joyously, yet be held back through fear that it might not be true. (But) many reacted by rejecting the new vision with a fear lest it be true. To be afraid lest other people around the world be saved, to hope that they are not, is surely not a 'Christian' stance![11]

The missiological dimension has always accompanied the Christian involvement in interreligious dialogue. What is God doing in the religious traditions of the world? This perspective has characterised Christian participation ever since the missionary conference in 1910, but it is less present in today's discourse on interreligious dialogue. It is likely that this perspective has been put into the drawers of church history, to emerge only in academic research on mission history. Churches more closely related to evangelical traditions have of course always maintained that the reason for dialogue is mission, and dialogue is only a method to get to know Hindus and Muslims better in order to be more efficient in mission. I leave this particular rationale for dialogue aside, because I find it morally questionable to have a hidden agenda for involvement in dialogue. And yet, it is in this complex context that I want to say that we must not lose sight of the particular challenge in interreligious dialogue, which is related to the 'experience of recognition', being reminded of the road to Emmaus, encountering 'the other' and realising that he is not only an 'other', but part of you. Our religious traditions bear witness to histories, teachings, memories, experiences, where 'the other' was defined in ways that denied personhood and worth. Much of the interreligious dialogue still echoes these memories and experiences. Attitudes and behaviour

11. Wilfred CANTWELL SMITH, "Mission, Dialogue and God's Will for Us", in *International Review of Mission*, vol. 78, no. 307, 372. 1988.

towards 'the other' can only change when our self-understanding affirms that the other is someone travelling along the same routes and roads. It is a theological achievement when we affirm that 'human beings need others to limit their impulsive desire for expansion and domination'.[12]

We must not lose sight of a 'missiological' challenge in our involvement in interreligious dialogue. I do not mean 'missiological' in the sense of dialogue as a method for proselytism followed by conversion. I would rather here understand 'missiological' in the sense of being present as a person of faith with an obligation to meet the other as a person of faith. It is a 'missiological' challenge in relation to the other in the much deeper sense of being profoundly touched and moved when realising that the other is embraced by God. We must not lose sight of that 'missiological' challenge: that the other in his/her spirituality or religious tradition holds on to something that touches us in the very heart of our own faith, and yet we cannot understand it, never grasp it, as it will never be ours; there is no way to package and carry away this moment in time. It is a brief moment of encounter with a religion or spirituality that is not ours but that nevertheless embraces us and makes us stand up renewed and changed. The other is not only an other but a significant other, allowing us, through his/her commitment, sensitivity and attentiveness, to realise that there is more, always more, that we have not exhausted and could never exhaust regarding God. We must never lose sight of this 'missiological' thrust, seeing what God is doing in the other religious traditions, and the 'missiological' dilemma of how I am to live with my truth claims when I meet with people having contradictory truth claims.

A sentence from one of the assemblies of the Federation of Asian Bishops Conference (FABC) underlines this realisation and the way it articulates itself as an ongoing quest: 'Other religions are not walls to be stormed, but dwelling places for the Holy Spirit that we have not yet visited'.[13] This perspective of 'not yet' is important. It is the dimension which is needed in order for interreligious dialogue not to lose the necessary tension of living with religious plurality, with conflicting truth claims, the experiences of historical interactions and the wounds they have inflicted in our religious communities and memories. We are not yet able to straighten out the question marks, and we should not attempt to do so in order to achieve a climate for good results in interreligious dialogue and cooperation. When people of different faiths today are walking together, working together, cooperating, addressing peace and justice together, we should marvel at the achievements of interreligious dialogue but continue to prod ourselves not to forget the tension. This is the

12. Tariq RAMADAN, *Western Muslims and the Future of Islam* (Oxford: Oxford University Press, 2004), 202.

13. Statement from the Federation of Asian Bishops Conference (FABC), 1976.

only way to penetrate deeper into our religious traditions, towards the truth that confronts every religious tradition: the necessary interaction of truth claims with the reality of plurality. This challenge must not be swept away. It is the nerve needed in interreligious relations and dialogue. André Neher said about religion: 'La foi authentique ne peut être qu'inquiétude'. By this he did not mean anxiety or fear but rather restlessness, the realisation that we have not yet reached our goal, there is more to discover, more to see, more to assimilate into oneself. In short, it is the realisation present in all religious traditions, religion as a way of walking, the contradiction of home in homelessness and the paradox of home and homelessness coinciding.

The interreligious dialogue has its origin in a time when people who engaged in dialogue experienced it as something of a tentative exercise. This dimension is less present today. We have become too used to interreligious dialogue. Encountering people of other faiths meant careful journeying into unknown lands. Engaging in interreligious dialogue, meeting a person of another faith as a faithful Hindu, committed Muslim, observant Jew or practicing Buddhist presented an almost palpable experience of spiritual exposure, giving rise to helplessness and frustration. Without polarising or making simplistic comparisons between the interreligious dialogue of yesterday and the interreligious relations of today, the former provided an experience grounded in existential encounters. The call for interreligious relations and cooperation that we witness today contains a risk of instrumentalisation of religion — that is, treating religion as an instrument to remedy situations that may otherwise be spinning out of control. The concern for dialogue today seems to be less of a yearning from inside religion and more of a call, often of despair, from outside the world of religion.

Today interreligious dialogue has many promoters outside the realm of the religious communities. It has become a fashionable word and it finds patrons and sponsors in many walks of society, going beyond people of religion. It has become an issue in the world of politics, economics and the market.

Dialogue has become a concern for politicians. Former Prime Minister Tony Blair is promoting interfaith dialogue and cooperation. He says that this is 'how I want to spend the rest of my life… In an era of globalisation, there is nothing more important than getting people of different faiths and cultures to understand each other better and live in peace and mutual respect; and to give faith itself its proper place in the future'.[14]

14. *The Independent*: 'Religion is the New Politics: Blair Reveals Philosophy at Launch of Faith Foundation', 31 May 2008, http://www.independent.co.uk/news/world/americas/religion-is-the-new-politics-blair-reveals-philosophy-at-launch-of-faith-foundation-837402.html.

Interreligious dialogue has likewise become an issue for economists. The World Economic Forum involves itself in dialogue on Islam and the West and is concerned about the state of dialogue with Muslim communities in Europe, and Muslim leaders from a number of European countries stress the willingness of their communities to integrate into mainstream culture.[15]

Interreligious dialogue is on the agenda of the US administration engaged in its war on terror. A survey, 'Mixed Blessings: U.S. Government Engagement with Religion in Conflict-Prone Settings', has studied US government approaches to religion abroad, making sure that government energy and resources are better used in encounters with cultures and religions.[16]

UNESCO calls for enhanced dialogue between civilisations, cultures, religions and peoples, and its head noted that 'recent events have once again highlighted, in some cases tragically, the crucial importance of this issue'.[17]

The flurry of activities, the broad involvement of stakeholders not usually seen in the corridors of religion (temples, mosques, gurdwaras, synagogues, churches), communicates something important. Interreligious dialogue has proliferated because there is in the minds of politicians, economists and UN officials a realisation that religion is back from the margins and that it is a reality to reckon with in society and political life. Writing off religion, as may have been fashionable in the 1960s and 1970s, proved to be wrong; it has now been rediscovered as a factor to consider, for better or for worse. The picture is not easily definable. The various manifestations of religion in the public square and as an intensifier of political conflicts seem to announce another role for religion than its traditional one, making governments and non-governmental institutions, economists, political scientists, representatives of cities, countries and regions call for a dialogue that could calm the turbulent seas.

It goes without saying that we should do whatever we can to prevent religion from being used to fuel conflict, and in fact many of the interreligious dialogue initiatives are focused on peace-building. There are religious leaders who in concert have demonstrated against communalism, riots and civil war, with some success. There are symbolic actions for peace, where religious leaders have made an impact on the local population and have managed to quell unrest. Such initiatives, such interreligious cooperation, should definitely continue.

15. World Economic Forum, 25 March 2008, http://www.weforum.org/en/media/Latest%20Press%20Releases/IslamWestReportPR.

16. Center for Strategic and International Studies, http://www.csis.org/component/option,com_csis_pubs/task,view/id,3972/type,1/.

17. UN News Centre, 2 October 2006, http://www.un.org/apps/news/story.asp?NewsID=20100&Cr=UNESCO&Cr1=

But it is unfortunate if and when the call for dialogue is coloured mostly by the potentially perilous aspects of religion. Many of the calls for dialogue seem to betray a fear of religion per se. This fear easily takes over and becomes the very definition of religion. But religion running berserk in the world and being linked to violence is after all only a fringe of religion, albeit dangerous and certainly more visible. Religion has so many more dimensions, and the vast majority of religious people cannot fathom how religion can be regarded as a threat.

Needless to say, it is detrimental for dialogue when religion is looked upon only as something potentially dangerous and a threat to humankind. The call for dialogue must not be understood as a way of putting brakes on religion. Even when the intention is to make sure that religion does not run amok in the world, political and economic powerhouses, in their calls for dialogue, must take care that their agenda is not interpreted as an effort to tame religion. No one would be against any effort to ensure that religion is not used for conflict and war, but the concern for dialogue and cooperation needs to go beyond this kind of instrumentalisation of religion.

Interreligious dialogue today emphasises its role as a tool for cooperation between people of different religions, able to help address the many problems facing humanity: the debt crisis, the environment crisis, the question of poverty, the gender question, peace-making, HIV/AIDS. Our religious traditions and their resources should certainly be called into service in matters pertaining to human dignity, justice and the survival of our world. In this way interreligious dialogue has become part of a general discourse. Moral and ethical concerns springing out of the different religious traditions may enable the world to find new inspiration and paths towards a good and peaceful life together.

But in spite of the advances of interreligious dialogue, one can also sense a disappointment. The proliferation of interreligious meetings and encounters, initiatives and projects bears witness to expectations that dialogue be the panacea to address the ills of the world. And yet, it looks as if there are few tangible results to point to in terms of successes. Conflicts continue and religion does not seem to have lost its threatening appearance. In the midst of the enthusiasm for dialogue as a way of relating to people of other faiths, there are also voices of disillusionment, wondering whether dialogue is really an exercise able to deliver tangible results. There are many who say that interreligious dialogue is becoming ‘a business’ with regular agendas and annual reports that do not reach the level of engagement required to address the real dilemmas.

Looking for the least common denominator is of course a good thing in certain contexts, particularly if a situation is in absolute need of at least one concrete signal towards peace or if one needs to achieve something that is easily communicable. Calling upon religious leaders to agree on statements on peace and harmony is important in many respects. It can convey a sense of urgency in situations of conflict and impress upon the followers of the various religions involved the need to refrain from using religion as a weapon. It can bring home to society that religion is involved, and so create space for religion in situations where it has not always been considered a relevant player. But there is a risk that something vital could get lost, in the midst of all the causes, activities and actions. There is a risk when interreligious dialogue merely reads the script that is put before it. In trying to streamline the interreligious input in such a way that it can become a stakeholder in society when addressing this or that particular issue, one can easily forget that crucial and particular characteristic that is religion itself: the holy, the spiritual and numinous in its many different expressions and presence in theistic as well as non-theistic religious traditions. The awe that makes us speechless and silent enough to listen to 'the sound of one hand clapping' or sense the presence of 'a sound of sheer silence'[18] is ultimately what makes us open to the possibilities of interreligious dialogue and cooperation.

18. 1 Kings 19:12.

# UNE EXPÉRIENCE DE RENCONTRE ENTRE CHRÉTIENS ET JUIFS

## Récit et réflexions

*par*

Monseigneur Joseph DORÉ
Archevêque émérite de Strasbourg

J'étais très désireux d'apporter ma contribution personnelle à l'hommage que ces Mélanges veulent rendre à celui que j'ai connu comme Secrétaire du Conseil pontifical pour le dialogue interreligieux. De lourds imprévus d'emploi du temps et de santé ayant failli compromettre mon intervention, je me réjouis d'autant plus d'avoir pu, grâce à la compréhension des initiateurs de l'ouvrage, remettre malgré tout mon texte à temps ...

Mon propos sera doublement limité. Tout d'abord, il ne portera pas sur la question des rapports du christianisme ou de la foi chrétienne avec les religions en général ; il se concentrera sur les relations entre chrétiens et juifs. Par ailleurs, il sera très directement lié à ce que m'a appris en cette matière l'exercice de ma responsabilité épiscopale dans le diocèse de Strasbourg de 1997 à 2007.

Je commencerai (I.) par évoquer mon expérience quasi-quotidienne en Alsace pendant pratiquement dix ans. Je poursuivrai (II.) en mettant en valeur les deux points qui, du point de vue de la foi théologale comme telle, non seulement nous rapprochent, juifs et chrétiens, mais à la fois nous unissent fondamentalement et cependant nous interrogent le plus. Cela fait, je consacrerai une brève conclusion (III.) à l'évocation d'abord de quelques acquis définitifs, ensuite de quelques chantiers toujours ouverts.

## I. Dix années de fraternité et de partages en Alsace

Mon parcours antérieur, de théologien en particulier, m'avait évidemment déjà permis de faire connaissance avec ce que, pour la commodité, j'appellerai ici globalement le judaïsme. C'est pourtant lors de mon arrivée en Alsace en 1997 comme évêque, qu'il m'a été donné de rencontrer la réalité juive en son actualité effective et sa vitalité présente : rabbins, consistoires, communautés synagogales, etc. L'implantation juive est, on le sait, très ancienne en Alsace mais, depuis les grandes perturbations liées à la Seconde Guerre mondiale, elle s'est principalement concentrée dans les villes de Strasbourg et de Colmar. Elle atteint aujourd'hui environ 20 000 membres[1]. Tout au long de mon séjour, les contacts se sont multipliés, et à divers titres, avec un certain nombre des représentants du judaïsme alsacien — à commencer par M. Jean Kahn qui fut non seulement Président du Consistoire d'Alsace mais également, et de longues années, Président du Consistoire de France … et à continuer par le Grand Rabbin de chacun des deux départements alsaciens. Je reste à tous égards profondément marqué par des rencontres fréquentes, qui furent toujours des plus cordiales.

**1.** Dès mon arrivée, je fus invité par le Grand Rabbin René Gutman à donner une conférence au Centre communautaire de la Paix, rattaché à la Grande Synagogue de Strasbourg[2]. Il me salua en ces termes : « C'est Joseph [tel est en effet mon prénom] qui rend visite à ses frères ! » Par la suite, nous avons multiplié rencontres, visites, échanges de messages, et interventions communes. Dix ans plus tard, celui qui m'avait si fraternellement accueilli me saluait à mon départ en ces termes :

> « C'est […] avec émotion que je m'associe profondément à l'hommage qui vous est rendu aujourd'hui. Votre bienveillance, votre compréhension, votre désir d'aider spirituellement tout un chacun, comme votre esprit d'ouverture et l'amour sans faille du prochain qu'au cours de ces années vous avez voué à l'Alsace — jusqu'à votre récent message à la communauté juive après la déprédation de la Synagogue du Portail sud de la cathédrale — sont autant de gestes exceptionnels qui caractérisent votre personne et tout ce qui est conforme à la vocation d'un homme de Dieu : autant de dons que vous avez apportés comme une véritable grâce.
>
> […] Avoir exercé en même temps que vous avec une telle confiance et une telle « collégialité », au point que certains de mes fidèles sont persuadés que nous avons étudié ensemble … à la Sorbonne, me laissera, trop tôt, le souvenir du grand privilège de vous avoir connu, et une profonde reconnaissance pour l'extrême sollicitude que vous m'avez toujours témoignée.
>
> […] J'ai un œuf de Pâques (je l'ai fait venir exprès de Biélorussie). Mais [j'ai] également […] un pain azyme, car c'était un usage en Alsace d'en offrir à ses amis, à ses voisins – et qui est le meilleur ami et le meilleur voisin du Grand Rabbin, que l'Archevêque de Strasbourg ? »[3].

1. La première communauté juive s'est constituée en Alsace aux alentours de l'An 1000. 200 sites d'implantation ont été répertoriés. À elle seule, la communauté de Strasbourg compte environ 2000 familles (60% ashkénazes, 40% séfarades). Cf. COLL, *Le judaïsme alsacien : histoire – patrimoine – traditions*, Strasbourg, Éd. La Nuée Bleue, 1999.

2. La nouvelle synagogue a été inaugurée le 23 mars 1958, la précédente ayant été incendiée puis rasée par les nazis. Elle peut accueillir plus de 1200 personnes.

3. Le texte complet dans *L'Église en Alsace*, mai 2007, p. 44-45.

**2.** Cependant, si la qualité des relations personnelles entre les responsables que nous étions fut déjà significative, les modalités et les fruits de nos divers contacts et collaborations le furent davantage encore.

Il convient tout d'abord de signaler que, avec les responsables des communautés protestantes et orthodoxes d'une part, et musulmanes de l'autre, nous avons constitué une instance pluri-religieuse alsacienne destinée à se réunir à la fois selon une périodicité régulière et dès que l'exigeait une actualité locale particulièrement délicate. C'est ainsi qu'après avoir pris positivement position dès 1998 (cette fois-là sans les musulmans bien entendu) sur l'éventualité de la construction d'une Grande Mosquée à Strasbourg[4], nous avons tous participé à la pose de sa première pierre en 2006. Semblablement, à chaque fois qu'une agression ou une profanation se produisait au détriment de l'une ou l'autre communauté religieuse, ou bien encore à chaque fois que se préparaient des élections d'importance, tous les responsables religieux intervenaient de conserve.

Nous étions heureux d'être ensemble, chrétiens et juifs, soucieux de contribuer à faire toute leur place aux communautés musulmanes plus récemment apparues en cette région soumise à un régime concordataire qui n'a aucunement prévu de leur définir un statut puisqu'elles étaient inexistantes à l'époque dans la région.

**3.** Plus particulièrement entre catholiques et juifs, nous ne manquions aucune occasion significative de rencontre entre nous ou d'intervention commune ad extra. Dès mon arrivée, j'avais fondé pour le diocèse une commission qui, parmi d'autres consacrées aux autres groupes religieux localement représentés[5], fédérait l'ensemble des initiatives et institutions de dialogue et de rencontres avec les instances juives d'Alsace.

À l'invitation que j'avais reçue du Grand Rabbin de Strasbourg à faire à mon arrivée une conférence dans sa communauté strasbourgeoise, répondit celle que je lui adressai en retour moi-même. Nous avons ainsi, l'un et l'autre, pris la parole devant une belle assemblée — juive dans mon cas, chrétienne dans le sien — sur la manière dont Église catholique locale et judaïsme alsacien conçoivent respectivement leur présence et leur action au sein de la société civile et politique.

Une seule fois, nous avons frôlé le conflit. J'avais choisi d'inviter Mgr Sabbah, alors patriarche latin de Jérusalem, à donner une « conférence d'Avent » dans la cathédrale de Strasbourg. On me fit savoir que, compte

4. *L'Église en Alsace,* septembre 1998, p. 32-33. Repris dans *La Documentation catholique*, n° 2187, 2-16 août 1998.

5. Voir Vincent Jordy, *L'Église aux carrefours … des chemins religieux*, Strasbourg, Éd. L'Ami-hebdo, 2006, p. 78-89, spécialement 85-86.

tenu de l'engagement connu de ce prélat en faveur de la cause palestinienne, cela risquait de n'être pas bien perçu par la communauté juive. Je pris rendez-vous avec son représentant pour discuter avec lui du problème soulevé. Nous convînmes que je renoncerais à mon initiative pour l'année même, à charge à moi de justifier ma décision à l'égard tant de mon invité que de la communauté catholique. En revanche, mon partenaire juif prendrait ses dispositions pour faire comprendre à sa propre communauté que mon invité interviendrait dans notre cathédrale l'année suivante.

**4.** Lorsque eut lieu un grave attentat contre une communauté juive en Israël, je me rendis très officiellement à l'office qui fut célébré à la mémoire des victimes dans la Grande Synagogue de Strasbourg et y participai, tout au long, au premier rang de l'assemblée.

Corrélativement en quelque sorte, le Grand Rabbin tint à assister en la cathédrale, au premier rang lui aussi, aux célébrations que je présidai respectivement pour les obsèques de mon anté-prédécesseur, Mgr Elchinger[6], et à l'occasion du décès du Pape Jean-Paul II.

Un autre signe de la qualité de notre compréhension et de notre collaboration fut donné lorsque le Grand Rabbin Gutman et moi-même, Archevêque catholique, arrivâmes dans la même voiture sur le lieu où les officiels, parisiens et autres, s'étaient rassemblés pour une cérémonie nationale après la profanation d'une centaine de tombes dans le cimetière juif de Herrlisheim.

**5.** Mais peut-être le plus évocateur de nos rapports entre juifs et chrétiens en Alsace tels que je les ai vécus, sera-t-il encore tout simplement que je rapporte ici, à titre d'exemple spécialement parlant, l'échange de messages que nous avons eu en 2004, le même Grand Rabbin et moi, à l'approche de la célébration, cette année-là presque concomitante, de la Hanoucca juive et du Noël chrétien :

Mon message fut le suivant :

> « Alors que, nous chrétiens, nous nous disposons à fêter Noël dans deux jours, vous célébrez, depuis le 20 décembre et jusqu'au 27, les fêtes de Hanoucca. Permettez-moi de venir vous assurer que toute la communauté catholique se sent très proche de la vôtre dans notre commune foi, au nom de Dieu, en la victoire de la Lumière sur la nuit.
>
> Malgré tout ce qui nous sépare, juifs et chrétiens, et qu'il n'est pas question de minimiser, notre espérance fondamentale n'est-elle pas commune ? Lorsque les lumières de Noël, qu'ont déjà précédées celles de l'Avent, viendront se joindre à

6. C'est l'occasion de rappeler que Mgr Elchinger, mon anté-prédécesseur intervint significativement au concile Vatican II sur « l'importance et les conditions du dialogue judéo-chrétien ». Cf. Bernard XIBAUT, *Mgr Léon-Arthur Elchinger. Un évêque français au Concile,* Paris, Cerf, 2009, spécialement p. 53ss.

celles de Hanoucca, puissions-nous comprendre les uns et les autres combien est profond le lien spirituel qui nous unit ! Ensemble, nous proclamons que le Dieu que nous confessons ne nous abandonne pas dans la nuit, qu'il vient au-devant de nous dans nos ténèbres pour les illuminer de sa présence. Ensemble, nous croyons que l'amour peut l'emporter sur la haine, et que la nuit n'aura pas le dernier mot à jamais.

Elle est bien dense, pourtant, la nuit qui recouvre notre monde, alors que tant d'hommes se déchirent ou s'ignorent. Elle est bien dense, en particulier ces temps-ci pour vous, nos frères juifs, qui voyez avec inquiétude se réveiller sous de multiples formes un anti-sémitisme que l'on avait pu croire définitivement surmonté.

Célébrant ces jours-ci les fêtes de Hanoucca, sachez que vous n'êtes pas seuls, que vos frères chrétiens partagent votre espérance, qu'ils vous accompagnent de leur prière et de leur sympathie, tout autant qu'ils comptent sur les vôtres. »

Telle fut la réponse du Grand Rabbin de Strasbourg :

« C'est à Jérusalem, et en ce jour de Noël, que j'ai pris connaissance du message que vous avez eu la bonté de m'adresser à l'occasion de la fête Hanoucca et de la fête de Noël, qui se sont rencontrées dans la nuit profonde de l'hiver.

Vos paroles admirables ont mis en lumière cette même ferveur entre croyants, les uns pour annoncer la Nativité, les autres [pour célébrer] l'émergence de la lumière à partir des ténèbres, mais tous convaincus que seule la Lumière divine, en ce monde où les hommes ont trop souvent enfanté la violence, illuminera, un jour, l'humanité entière.

Qui mieux que vous, animé du zèle de la sagesse et du véritable amour de Dieu, pouvait, tel Joseph dans la Bible, « sortir vers vos frères », et être ainsi saisi et inspiré par Dieu pour le dire comme vous l'avez dit ? C'est un grand don, croyez-le, que de partager votre fraternelle amitié, et d'être les témoins de votre espérance au sein de notre cité. De Jérusalem, ville trois fois sainte, devant les vestiges du Temple de l'unique Dieu, j'implore la Providence pour vous-même et pour toute votre communauté, afin qu'il vous soit accordé une année nouvelle qui rayonne de l'éclat de la Lumière divine, vers ces temps "où la lumière de la nuit sera plus claire que celle du jour" »[7].

## II. Sur la base de convictions communes, des interrogations de chrétien

Avec ce que je viens de rapporter, il est déjà clair que, tels que je les ai vécus (dix ans en Alsace de 1997 à 2007), les rapports entre chrétiens — plus particulièrement catholiques — et juifs étaient loin de rester superficiels, protocolaires ou mondains. Certes, le contexte concordataire leur donnait un style et des modalités, des occasions et un intérêt, qui résultaient d'un rapport commun assez particulier à la société civile et politique. Le Concordat (de 1801) n'avait certes été contracté, par la puissance politique française

7. *L'Église en Alsace*, février 2004, p. 15-16.

(Napoléon) et le Saint Siège, que pour l'Église catholique. Il avait cependant été étendu par des « articles organiques » aux protestants dès 1802, puis élargi aux juifs par plusieurs décrets en 1808[8]. Nous étions dès lors les uns et les autres, et ensemble, invités et amenés à nous situer dans un régime socio-politique bien particulier. Ce dernier, tout en marquant bien la différence des compétences (et en faisant dès lors fonctionner à sa manière une vraie séparation entre Église et État — concrètement : entre les diverses instances, politiques d'un côté et religieuses de l'autre), faisait sa place, et même conférait un statut officiel, non seulement à la liberté de conscience *personnelle* mais également aux *communautés* religieuses comme telles. Et cela, tant à l'échelle des communes qu'à celle des deux départements alsaciens et de la Région Alsace tout entière. Nous n'en étions justement qu'en meilleure situation pour cultiver les rapports et la rencontre entre nous, dans le respect de nos différences.

À partir de là, j'ai beaucoup réfléchi à ce que nous pouvons reconnaître comme notre bien commun du point de vue même de la confession de la foi. Je résumerai en disant que juifs et chrétiens confessent à la fois, et c'est évidemment considérable :

– un Dieu qui se révèle pour le salut,
– et le rassemblement d'un peuple dans l'histoire.

1. *Un Dieu qui se révèle pour le salut*

Il n'a jamais fait de doute pour moi que, juifs et chrétiens, non seulement nous confessons bien le *même* Dieu, mais le Dieu *unique*, « vivant et vrai ». Plus précisément encore, je dirais que nous reconnaissons le Dieu qui se manifeste vrai et vivant précisément en ce qu'Il fait vraiment vivre qui l'accueille et se confie à lui.

**a)** À ce Dieu-là, juifs et chrétiens professent que l'on n'a véritablement accès que par et dans le salut qu'Il donne. Ils estiment donc ensemble qu'Il n'est reconnu pour ce qu'Il est *en lui-même* que si l'on confesse ce qu'Il fait *pour nous*. Aussi ne le nomme-t-on avec justesse que lorsqu'on le désigne selon le Nom qu'Il a révélé en Israël : « Je suis là pour vous ». Non pas seulement, donc : « Je suis qui je suis », mais bien : « Je suis *qui je suis pour vous* ». Il s'impose cependant d'ajouter ici une précision capitale : si nous confessons certes la toute-puissance et la grandeur qu'on associe spontanément et très généralement au nom de Dieu, nous, juifs et chrétiens, nous voyons

8. J. Doré et P. Raffin (ed.), *Le Bicentenaire du Concordat*, Strasbourg, Éd. du Signe, 2001.

ces attributs divins comme radicalement et totalement mis au service du tout petit, du pauvre, de l'humilié — de celui qui n'est rien.

Cette compréhension de Dieu comme de Celui qui se révèle Dieu dans le souci qu'Il prend de ce qui n'est rien, est précisément ce qui a conduit la foi d'Israël à le confesser comme *créateur*. C'est-à-dire non seulement comme démiurge organisateur d'une matière informe préexistante, mais bel et bien comme le seul producteur, à partir de rien (*ex nihilo*), de tout ce qui est.

Cette compréhension se confirme et s'accentue encore quand le même livre biblique — le IIe livre des Maccabées[9] — qui affirme ainsi que « Dieu a tout créé de rien » ajoute, en toute logique du reste, qu'Il peut aussi « ressusciter les morts ». Proposition que reprendra le fameux passage de l'épître aux Romains où Paul présente le Dieu de sa foi comme « Celui qui appelle le néant à l'existence et qui ressuscite les morts »[10]. Il est lourd de sens que dans ce verset, les deux relatives de la traduction française renvoient dans l'original grec à des participes présents qui viennent définir, en en explicitant la signification, le mot « Dieu » : Dieu se trouve là désigné, ni plus ni moins, comme « Le-appelant-le néant-à l'existence », et « Le-ressuscitant-les morts » !

Bref, selon la foi d'Israël et des chrétiens, Dieu est réellement tout-puissant, et même il l'est tellement que rien n'existe indépendamment de Lui et de sa souveraine capacité de création et de re-création ; mais Il ne se révèle authentiquement Lui-même que lorsqu'Il met cette toute-puissance au service de ce qui n'est rien, de ce qui n'est pas.

**b)** Je ne prétends bien entendu aucunement faire, à partir de là, la leçon aux fils d'Israël concernant leur propre foi en Dieu. Mais comment ne pas rapporter ici une circonstance particulière qui s'avéra pour moi source d'abondantes réflexions ? Voici : je fus très surpris, à mon arrivée à Strasbourg, d'entendre parler d'un épisode qui s'y était produit peu auparavant. À l'occasion de la visite du pape Jean-Paul II au Conseil de l'Europe en 1996, une rencontre avait été organisée dans le grand salon de l'archevêché avec les représentants qualifiés de la communauté juive. Or un membre du Conseil épiscopal de l'époque avait jugé bon de retirer pour l'occasion le grand crucifix qui ornait l'un des murs : il/on craignait que la présence de ce signe chrétien par excellence fût perçue comme offensante par les invités juifs. Je n'ai entrepris nulle enquête pour tenter d'obtenir plus d'informations sur l'incident. Mais c'est un fait que cet épisode mineur me porta à développer ma réflexion sur ce qui m'apparaît le premier point de débat majeur avec les

9. 2 Mc 7,9 et 28. Si les deux livres des Maccabées n'ont pas été intégrés au canon juif, ils furent rédigés en une époque tardive où se développa un sursaut fort significatif dans le souci de sauver le judaïsme devant la menace de l'hellénisation.

10. Rm 4,17.

juifs … à partir précisément de notre commune foi fondamentale au Dieu unique, vivant et vrai que j'évoque présentement.

Je suis en effet frappé par le fait que, si je vois bien, une bonne part au moins du refus juif d'accepter que Jésus soit la révélation et même l'incarnation de Dieu se motive du fait qu'alors Dieu n'apparaît pas d'emblée selon sa puissance et sa gloire, mais dans une condition humaine qui, l'ayant conduit à la Croix, ne peut, à des yeux juifs, que susciter le scandale (en même temps que sembler pure folie à des yeux grecs)[11]. Or cette remarque me conduit de soi à l'interrogation que voici : pourquoi donc faudrait-il que le salut apporté par Dieu ne puisse Le donner à reconnaître Lui-même que comme un infini de puissance, et non pas comme un infini de sollicitude et de bonté dans sa puissance même ? Ne se pourrait-il pas que la vraie *puissance* soit justement d'un autre ordre que ce que, en ce monde et à vues humaines, nous sommes toujours portés à reconnaître, nous, sous ce nom ? Faudra-t-il vraiment attendre la fin de l'histoire pour que Dieu puisse se révéler comme leur Sauveur à ceux dont l'existence est de part en part historique ? Faut-il considérer, autrement dit, que Dieu ne peut se faire connaître à/par l'histoire qu'en y mettant fin du même coup ?

**c)** Une telle interrogation m'a en tout cas paru présenter l'intérêt d'aider à cadrer quelque peu le débat entre juifs et chrétiens à propos de Jésus et de son lien au Dieu unique de notre commune foi.

- Ou bien Jésus, quelles que soient les particularités propres de son enseignement, de son comportement et de son destin, n'est qu'un juif, prophète, sage ou rabbi entre bien d'autres en Israël[12].
- Ou bien, parmi tous ceux qui peuvent lui être plus ou moins équiparés, il tranche par la manière dont il assume et exerce sa judéité, au point qu'on peut alors considérer au fond que la seule et vraie nouveauté qu'il apporte n'est autre que lui-même[13].
- Dans cette seconde hypothèse, un fidèle juif peut ne pas se laisser émouvoir, et trouver les moyens de réaligner Jésus sur les canons du peuple dont il est issu[14] … Mais, tout au contraire, il n'en faut pas davantage aux

11. 1Co 1,22-24.

12. On pourra par exemple se reporter à Dan JAFFÉ, *Jésus sous la plume des historiens juifs au XXe siècle*, Paris, Cerf, 2010.

13. C'est la position de Jacob NEUSNER, *A Rabbi talks with Jesus*, New York 1993, que Joseph RATZINGER/BENOÎT XVI cite avantageusement dans son ouvrage *Jésus de Nazareth I.*, Paris, Flammarion, 2006, p. 125s.

14. À titre d'exemple, voir Rivon KRYGIER, « La rupture du Chabbat par Jésus. Un regard rabbinique », in INSTITUT CATHOLIQUE DE PARIS, *De Jésus à Jésus-Christ, II. Christ dans l'Histoire*, Paris, Mame-Desclée, 2011, p. 133-165.

chrétiens pour estimer disposer avec cela d'une base qui les fonde à confesser Jésus comme à la fois vrai Sauveur des hommes et propre Fils de Dieu — et, à ces titres, comme Messie. On peut ici évoquer l'importance attribuée par les exégètes chrétiens du Nouveau Testament au critère de dissemblance et/ou d'embarras[15] : tout ce qui étonne dans l'enseignement et le comportement du juif Jésus, représente justement la base à partir de laquelle ses disciples en sont arrivés à reconnaître sa messianité. À charge alors, bien entendu, aux croyants et théologiens qui suivent ces exégètes, de s'expliquer d'une part sur la nature précise et sur le régime historique du salut qu'ils estiment recevoir de ce Jésus (ce qu'ils feront en invoquant une dialectique du « déjà » et du « pas encore »), et d'autre part sur une compréhension de Dieu capable de garantir sa réelle entrée et manifestation dans l'histoire (ce qui les conduira à faire état, au bout du compte, d'une « Trinité » de Dieu).

– Reste qu'une perspective résolument juive n'exclut peut-être pas totalement de pousser le sens de la grandeur et de la puissance de Dieu jusqu'au point où l'on pourrait Lui laisser la totale liberté des moyens et modalités de leur manifestation. En ce sens m'a frappé la position tenue par le juif Pinchas Lapide dans un débat avec le chrétien Hans Küng[16] (et que plusieurs de mes propres interlocuteurs ne récusaient pas) : comme juif, il n'estimait certes pas pouvoir reconnaître en Jésus la révélation de Dieu ; il n'excluait pour autant pas que lorsqu'à la fin de l'histoire s'accomplira la venue du Messie, il soit donné aux croyants de reconnaître qu'il ne s'agira alors de rien d'autre que de la pleine manifestation (« Retour » ou « Parousie ») de celui qui, déjà, s'était au cœur de l'histoire si étonnamment manifesté en Jésus.

## 2. *Le rassemblement d'un peuple dans l'histoire*

Quoi qu'il en soit de ses modalités de réalisation (en particulier dans le rapport à l'histoire), le salut que Dieu peut ouvrir à l'homme et par le don duquel Il peut se révéler à lui, n'a pas pour seule fin la libération et l'arrachement à la mort et au mal, d'individus néanmoins laissés à leur solitude et à leur isolement. Ce salut a au contraire pour but et pour effet, donc aussi pour sens, de rassembler ses bénéficiaires présents ou à venir en un peuple de vivants, et même de les *constituer* en un peuple dont l'identité ne se définira finalement par rapport à rien d'autre que l'octroi effectif du salut par Dieu.

15. Voir en particulier John P. MEIER, *Un certain juif Jésus, I. Les données de l'histoire*, Chap.VI : « Les critères : comment déterminer ce qui vient de Jésus ? », trad. fr., Paris, Cerf, 2004, p. 101-111.

16. Hans KÜNG et Pinchas LAPIDE, *Jésus en débat,* tr. fr. J. Doré, Paris, Beauchesne, 1976, p. 68s.

**a)** Il y a là, me semble-t-il, un second point d'accord fondamental entre juifs et chrétiens mais, de nouveau, sa compréhension s'est déployée de part et d'autre de telle sorte que s'est de fait introduit un autre écart. En effet, de même que la reconnaissance de la *révélation de Dieu* pose ensemble le problème de Sa *puissance* et celui de la modalité de la manifestation qu'Il est susceptible d'en faire, de même la *constitution du Peuple de Dieu* conduit à s'interroger à la fois sur son *amplitude* effective et sur la manière dont il est possible de s'y trouver intégré.

La foi juive répond ici par la notion d'*Alliance*. S'il y a possibilité pour l'homme d'être en rapport avec Dieu, cela ne vient et ne peut jamais venir que de Lui : que d'une démarche dont Il prend et garde tout au long l'initiative souveraine. Certes, l'entrée effective en relation avec Dieu suppose à chaque fois acceptation, adhésion, et engagement du côté du partenaire humain. Mais c'est Dieu lui-même qui définit ici les conditions de validité ; et tel est bien le sens de la *Loi* : la proposition de l'Alliance ne va pas sans la stipulation de modalités régulant tous les domaines de la vie humaine, et qui décideront de sa réalisation effective pour chacun et, concrètement, de son extension parmi les hommes.

Si « nouvelle » qu'elle puisse se vouloir ou apparaître par rapport à celle d'Israël, la foi chrétienne s'accorde avec elle pour estimer universelle la visée de cette Alliance de Dieu avec les hommes. Et elle souligne elle aussi, en l'occurrence, à la fois la primauté de l'initiative divine — son côté « grâce » — et la nécessité d'une réponse/responsabilité humaine. Mais à partir de là, les deux voies divergent notablement[17].

**b)** Ici non plus, je ne prétendrai aucunement faire la leçon aux fils d'Israël concernant la manière dont ils conçoivent leur élection. De nouveau, je ne souhaite que répercuter le cheminement de ma propre réflexion en la matière concernée. Or, une nouvelle fois, mon interrogation s'est de fait déclenchée à l'occasion d'un épisode mineur que je ne chercherai certes aucunement à disproportionner, mais qui m'a grandement étonné car — je dois bien le dire — je ne m'y attendais en aucune manière. Le régime concordataire que j'ai dûment évoqué entraînait la nécessité de diverses collaborations entre les responsables des différentes communautés religieuses auxquelles il s'applique. Cela se vérifiait en particulier en matière d'enseignement de la religion, et nous valait chaque année une rencontre autour du Recteur de l'Académie d'Alsace-Moselle. La coutume était que ce dernier nous invitât ensuite pour un déjeûner quelque peu festif dans le lycée hôtelier de son ressort. Je l'avoue à ma confusion, je fus fort étonné de constater que, pour ce repas, nous ne

17. Geneviève Comeau, « Le dialogue théologique entre juifs et chrétiens : questions d'avenir », *Théologiques* XI/1-2 (2003), p. 321-343.

pouvions pas faire véritablement table commune : des plats casher étaient servis à nos confrères juifs ... Pas un instant bien sûr, il ne m'est venu à l'idée même seulement de marquer la moindre réticence. Mais il est de fait que cet épisode mineur, vécu cette fois en direct, a été pour moi l'amorce d'une vraie réflexion sur nos différences. Différences qui ne portaient donc plus sur Dieu lui-même, mais sur la manière de comprendre les observances par lesquelles il est possible aux hommes d'accomplir Sa volonté, d'honorer son Alliance, donc d'être agrégé au Peuple qu'Il veut rassembler et, au bout du compte, d'exister en communion de vie avec Lui.

Mon interrogation s'est ici déployée de cette manière : comment Dieu pourrait-il définir les conditions de son Alliance — c'est-à-dire les observances qui permettront à la fois de s'y intégrer et de s'y maintenir — en des termes qui excluraient d'emblée de son bénéfice toute une part (ou des portions entières) de l'humanité ? Et si la réalisation de son projet a recouru un temps à des figures élues et envoyées pour à la fois en signifier le lancement et en permettre la poursuite en direction de la totalité des lieux et des temps humains, quel est et quel sera le rapport à tout le reste de l'humanité, de ces élus premiers (et qui resteront nécessairement toujours tels !), ainsi que du peuple progressivement constitué autour d'eux ? L'éventualité d'une extension constante et même éventuellement universelle supposera-t-elle des modifications, et de quel ordre ? Changera-t-on alors totalement de régime, et de nouvelles stipulations entreront-elles de ce fait en vigueur ? Si oui, comment se verront-elles notifiées ? Que pourra-t-il en résulter comme conséquences pour le régime originel ?

Ne peut-on faire l'hypothèse que puisse intervenir une disposition qui, sans remettre en cause ni l'élection ni son caractère par essence gratuit ni son aspect de privilège, en signifierait effectivement de quelque manière l'extension à la totalité de l'humanité, entraînant que la grâce déborderait (sans l'annuler) le champ de la Loi et que (restant privilège) le privilège pourrait, à certaines conditions, valoir désormais pour tous ?[18]

**c)** Sur un nouveau terrain, cette interrogation venait nourrir ma réflexion soucieuse de dialogue, me conduisant cette fois à interroger non plus sur Jésus comme Christ, mais sur l'Église comme Peuple de Dieu.

– Faut-il estimer que le groupe chrétien primitif qui donna naissance à l'Église n'était en réalité qu'une secte juive rejetée[19] par le (pluriel) groupe juif, appelé à se proroger pour sa part selon toutes les prérogatives de son élection comme s'il assumait à lui seul toutes les voies de la fidélité authentique à l'Alliance scellée avec Abraham ?

18. *Ibid.*

19. Titre d'un ouvrage de Henri CAZELLES, *Naissance de l'Église : secte juive rejetée* ?, Paris, Cerf, 1968.

– Faut-il au contraire prétendre que ce qui naissait comme un groupe nouveau non seulement représentait la réalisation de la Promesse ancienne d'une nouvelle Alliance et d'un nouveau Peuple de Dieu, mais était bel et bien du même coup appelé à en prendre le relais, donc à l'invalider et, même, à se substituer à lui ?[20]
– Ou convient-il de considérer que les juifs ne seraient réellement à comprendre ni comme les « frères aînés » des chrétiens ni comme leurs « pères » dans la foi. À vrai dire, les uns et les autres ne s'excluraient ni ne se disqualifieraient dès lors aucunement (à la différence de ce qui arrive dans les deux hypothèses précédemment formulées). Juifs et chrétiens ne seraient-ils pas plutôt à tenir pour des « frères jumeaux »[21] ? De sorte qu'on ne saurait estimer ni que les premiers seraient les seuls à continuer authentiquement l'Ancienne Alliance et ses promesses, ni que les seconds seraient désormais le substitut de l'Ancien Israël. Il faudrait simplement réaliser qu'au moment où naît ce qui sera le christianisme, l'Ancien Israël a lui-même été conduit de son côté à se donner une tout autre configuration, ne serait-ce que parce que son Temple était disparu, et avec lui tout le système sacerdotal, sacrificiel et organisationnel qui lui était lié.
– Quoi qu'il en soit, il est certes clair que les chrétiens ne peuvent s'identifier eux-mêmes sans assumer leur référence constitutive à Israël. Mais, de son côté, qu'est-ce qui fonderait ce dernier à exclure que le phylum chrétien puisse représenter pour sa part la poursuite effective d'éléments de l'espérance d'Israël que lui-même peine à honorer ?

## III. Acquis définitifs et chantiers ouverts

J'ai prévenu que je me limiterais à une sorte de témoignage tout entier rapporté à ma propre expérience de pasteur du diocèse d'Alsace. Certes, je n'ai pas manqué de réfléchir théologiquement cette expérience, et j'ai dit comment les rencontres, partages et dialogues que j'ai pu avoir entre Vosges et Rhin en sont venus à se concentrer sur deux questions théologiques fondamentales.

Reste que tout cela s'est déroulé sur un arrière-plan *général* dont je n'ai aucunement cherché à faire abstraction ! Il se trouve que, quelque temps

20. On peut renvoyer ici au classique Jules Isaac, *Genèse de l'antisémitisme : essai historique,* Calmann-Lévy, Paris 1956 ; mais aussi à Michel Remaud, *Chrétiens et juifs entre le passé et l'avenir,* Louvain, Lessius, 2000.

21. On sait que cette théorie des jumeaux a été présentée par André Paul. Parmi de nombreuses publications de cet auteur, *Jésus-Christ, la rupture. Essai sur la naissance du christianisme*, Paris, Bayard, 2001.

après mon départ d'Alsace — le 10 décembre 2009 exactement —, le Pasteur Marc Lienhard et moi-même avons été faits lauréats du prix Michel Stourm (qui venait d'être fondé) de l'Alliance France-Israël, section de Strasbourg. Cette distinction voulait « honorer [notre] action commune en faveur des communautés juives et, plus généralement, [nos] rapports avec les personnes et les institutions du judaïsme alsacien, durant le temps où nous avons [, l'un catholique et l'autre protestant,] exercé en Alsace [notre] responsabilité pastorale » à la tête de nos Églises respectives. Or le séjour en Israël en lequel consistait ce prix nous a donné l'occasion d'un rapport qui, au-delà des contacts et des découvertes de notre voyage, nous a amenés à faire le point sur les « grands pas accomplis [d'une manière générale dans nos Églises] en des étapes marquantes » dans l'ordre des relations entre juifs et chrétiens. Je ne puis ici que renvoyer à cette publication[22] qui, entre autres, met en perspective les principaux documents produits en ce domaine du point de vue chrétien, surtout depuis la Seconde Guerre mondiale et plus encore depuis Vatican II[23].

Je me contenterai, en conclusion de ces pages, d'enregistrer deux ordres de données.

**1.** D'une part, je relèverai trois types d'acquis irréversibles :

- On a définitivement renoncé et à l'accusation de déicide et à la théorie de la substitution[24].
- On a admis et la judéité de Jésus, de sa mère et de ses premiers disciples les Apôtres et la permanence de la dette du christianisme à l'égard d'Israël[25].
- On a reconnu et l'horreur absolue que représente la Shoah[26] et la légitimité de l'existence d'un État d'Israël[27].

22. Joseph DORÉ et Marc LIENHARD, *Deux chrétiens de France à Jérusalem*, Strasbourg, Éd. des Pays rhénans, 2010, 95 p.

23. Jean DUJARDIN, *L'Église catholique et le peuple juif. Un autre regard*, Paris, Calmann-Lévy, 2003, reproduit les textes les plus importants.

24. À titre d'illustration toujours liée à mon expérience, je me permets de renvoyer au message que j'ai adressé aux organisateurs strasbourgeois d'une grande exposition sur « Le juif et le judaïsme dans l'art médiéval en Alsace », in *L'Église en Alsace*, juillet-août 2003, p. 1-2.

25. Des affirmations fortes en ce sens déjà dans le texte précurseur produit à la fameuse Conférence de Seelisberg (Suisse) en 1947. On pourra le retrouver dans *Chemins de dialogue* n° 20, septembre 2002, p. 77ss.

26. Voir en particulier *Nous nous souvenons : une réflexion sur la Shoah* du 16 mars 1998, texte signé du Cardinal Cassidy, Président de la Commission pontificale pour les relations juridiques avec le judaïsme : J. DUJARDIN, *op.cit.*, p. 450-457.

27. Sur ce point, on peut signaler, du 30 décembre 1993, un *Accord fondamental entre le Saint-Siège et l'État d'Israël*, J. DUJARDIN, *id.*, p. 440-442.

Je puis attester pour ma part que (quoi qu'il en soit des deux grandes questions théologiques présentées ci-dessus en II.) tous ces points ont constitué la toile de fond incontestée de nos échanges et débats « alsaciens » durant dix ans.

**2.** D'autre part, je signalerai trois champs de réflexion qui demeurent ouverts et le demeureront sans doute longtemps[28] — c'est du moins ce qui nous est apparu à l'occasion de plusieurs débats animés.

- Pour chacun des deux partenaires en cause, il est inenvisageable de prétendre venir au clair sur leur *propre* mystère dans l'économie générale du salut de tous les hommes et de la révélation de l'unique Dieu[29] sans faire place à l'autre d'une manière ou de l'autre : aux juifs du côté chrétien (cela est évident) et aux chrétiens du côté juif (cela l'est sans doute moins[30]).
- Une question particulière est posée aux chrétiens par la *permanence du peuple juif*. Si, comme l'a fait Jean-Paul II à Mayence en 1980, ils vont jusqu'à estimer que « l'Ancienne Alliance n'a jamais été révoquée »[31], il leur revient de chercher à éclairer que, comment et pourquoi le fait de confesser que Jésus-Christ est l'« accomplissement » des Écritures pour la raison qu'il inaugure l'*exaucement* de la Promesse dont elles sont porteuses, n'entraîne pas l'« accomplissement » du judaïsme au sens où l'apparition de l'Église du Christ entraînerait la *disqualification* du peuple d'Israël[32].
- La nécessité de reconnaître au peuple juif un rôle toujours valide et fécond — quoique mystérieux — dans l'économie du salut, impose à la foi et à la théologie chrétiennes d'élargir au-delà de la religion juive leur réflexion sur la place à faire, plus généralement encore, à l'*altérité* en matière de religions et de salut. En effet, « la relation judéo-chrétienne, parce qu'elle empêche l'une et l'autre tradition de déclarer son identité sans inclure dans cette définition une altérité [...], constitue un fondement indispensable pour toute recherche théologique sur " le sens divin de ce qui humainement nous sépare " »[33].

28. Je recommande Maurice VIDAL, *Cette Église que je cherche à comprendre*, Paris, Éd. de l'Atelier, 2009, chapitre « L'Église et Israël, un autre regard », p. 147-165.

29. On pourra aussi Se reporter à *Communio,* t.XXXV, 2010/5, « Le mystère d'Israël », spécialement (sous le même titre) à une grande interview, introduite par Michel SALES, p. 21-37, du philosophe et théologien jésuite bien connu Gaston FESSARD.

30. On doit cependant évoquer ici la très belle « déclaration juive sur le christianisme et les chrétiens », *Dabru-Emet* du 10 septembre 2000, J. DUJARDIN, *ibid.*, p. 480-483.

31. *La Documentation catholique* n° 1798, décembre 1980.

32. Clémens THOMA, *Théologie chrétienne du judaïsme. Pour une histoire réconciliée des juifs et des chrétiens*, Éd. Parole et Silence, Paris 2005 (tr. fr. M. Vidal).

33. Jean-Marc AVELINE, « Les enjeux actuels des relations entre juifs et chrétiens. La différence en partage », *Études*, octobre 2010, p. 363.

# AN 'ASIAN' DIALOGUE DECALOGUE

## Principles of Interreligious Dialogue from Asia's Bishops

*by*

James H. KROEGER

The most influential body in the Asian Church since the Second Vatican Council is undoubtedly the Federation of Asian Bishops' Conferences (FABC). It has strengthened the bonds of communication among the bishops in the region and has contributed to Church renewal and the development of a shared vision about the Church and her evangelizing mission in Asia. Thus, one can validly assert that the FABC is truly 'Asia's Continuing Vatican II'.

The FABC is a transnational episcopal structure that brings together bishops from twenty-eight Asian countries; it grew out of the historic Asian Bishops' Meeting (ABM), when 180 bishops met with Pope Paul VI during his 1970 Asian visit. The bishops committed themselves to build 'bonds of brotherhood and love', to foster 'a true family of nations in this part of the earth', and to participate in building 'a true community of peoples' in Asia. [*Source:* ABM (Manila): 27, 12].

### Background

Aside from a modest central structure, there are nine FABC offices, which carry out many concrete initiatives and projects. The offices, purposely scattered among various Asian nations, are focused on evangelisation, social communication, laity and family, human development, education and student chaplaincy, ecumenical and interreligious affairs, theological concerns, clergy, and consecrated life. Through their diverse activities, each of these offices promotes the growth of the Asian local Churches. The supreme body of the FABC is the Plenary Assembly, which convenes every four years; to date FABC has held nine plenary sessions.

For the Church in Asia to truly discover its own identity it must continually engage in a 'three-fold dialogue' with the peoples (especially the poor), the cultures, and the religions of Asia (the focused subject of this presentation).

This programmatic vision of a 'triple dialogue' has guided the FABC for over three decades. One can assert that as the FABC pursues its vision and practice of dialogue, it forges bonds of unity and builds community in the Asian context.

## Methodology

This present study, focused on the broad area of religions and dialogue in Asia, is presented from the experience and perspective of Asia's bishops (FABC). The presentation will unfold in a systematic manner.

***First***, a clear *dialogue principle* (expressed in the form of a command or guideline) will be stated. There will be ten of these imperatives; thus, one arrives at a '*Dialogue Decalogue*'.

***Second***, a longer section will present the theological-missiological-pastoral *foundations* upon which this principle is based. In this section one will find extensively quoted FABC material; this is purposely done so that the original insights of the FABC will be retained. This author finds that the FABC texts themselves are very insightful and eloquent; they are poetic; they are visionary, inspiring, and soul-stirring.

Readers will find the quoted FABC material followed by a specific reference. The original FABC source will be identified by using abbreviations and numerical references; an example is the following: [*Source:* FABC I (Taipei): 8]. This reference enables a reader to find the original quote, regardless of the printed version or possible translation of the text.

Readers may wish to consult the four-volume collection of FABC documents, *For All the Peoples of Asia* [FAPA]; this series, published by Claretian Publications in Manila, is a standard reference tool for FABC sources. The FABC central secretariat publishes the *FABC Papers;* they are available on the FABC website; see numbers 100 and 125 for comprehensive indexes. Another two-volume resource, which presents all the FABC doctoral studies written from 1985-2008, can serve as a useful source-book; also published by the Claretians in Manila, it bears the title *Theology from the Heart of Asia.*

## I. To facilitate interfaith dialogue, know well the context of Asia, especially religious realities

**Foundations.** Concrete facts and statistics are most helpful in grasping the enormous diversity and challenges facing the Church in Asia. Current Asian statistics concretise the task at hand: *bringing the light and power of the Gospel into the multi-religious and pluri-cultural reality of contemporary Asia.*

Asia, the world's largest and most populated continent, constitutes one third of the land area of the whole world (17,124,000 square miles) and is home to almost 60% of humanity. It is a continent of the young (about 40% are below 15 years of age); there are more than 30 mega-cities in Asia with populations ranging from five to 20 million. The nine most populous nations (in descending order) are: China, India, Indonesia, Pakistan, Bangladesh, Japan, Philippines, Vietnam, and Thailand. The population of both China and India exceeds one billion. With this massive bulk goes a wide variety of diversity and contrasts — physical, ethnic, social, economic, cultural, political, and religious.

Asia is a continent rich in non-Christian cultures. It is the homeland of three eminent world religions: Hinduism, Buddhism, and Islam; 85% of all the world's non-Christians are in Asia and they adhere to several of the great religions. Hinduism, born about 5,000 years ago, has about 650 million followers, most of them in India and neighbouring countries. Buddhism was developed from Hinduism by Siddhartha Gautama, (the 'Enlightened One'); it has 300 million followers, mostly in Asia.

Islam, established by the prophet Muhammad in the seventh century, numbers some 700 million followers in Asia alone; the Catholics of Asia are slightly over 115 million. Significantly, well over 50% of Asian Catholics are found in one country alone — the Philippines; thus, Catholics in most Asian nations are a small — even tiny — minority (frequently less that 1%). The four largest Islamic nations in the world, each with over 100 million Muslims, are found in Asia: Indonesia (216 m), Pakistan (161 m), India 147 m), and Bangladesh (122 m) (2007 statistics). Other significant religious and philosophical-ethical systems in Asia are Confucianism, Taoism, Shintoism, as well as many indigenous, traditional belief systems.

Regarding the individual nations in the FABC region, abundant statistics are available; only two items are presented here (2007 statistics). For each FABC country the *estimated population* in millions is listed; this is followed by the *percentage of Catholics* in that nation: **Bangladesh** (158.6 m / 0.27%); **Bhutan** (0.6 m / 0.02%); **Burma/Myanmar** (48.8 m / 1.3%); **Cambodia** (14.4 m / 0.02%); **China** (1,322.5 m / 0.5%); **East Timor** (1.1 m / 97%); **Hong Kong** (7.2 m / 4.7%); **India** (1,131 m / 1.72%); **Indonesia** (231.6 m / 2.58%); **Japan** (127.7 m / 0.36%); **Korea-North** (23.7 m /?); **Korea-South** (48.5 m / 6.7%); **Laos** (5.8 m / 0.9%); **Macau** (0.48 m / 5%); **Malaysia** (27.5 m / 3%); **Mongolia** (2.6 m /?); **Nepal** (28 m / 0.05%); **Pakistan** (162 m / 0.6%); **Philippines** (88.7 m / 81%); **Singapore** (4.4 m / 6.5%); **Sri Lanka** (19.2 m / 8%); **Taiwan** (22.9 m / 1.4%); **Thailand** (62.8 m / 0.4%); **Vietnam** (87.3 m / 6.1%).

These few secular and religious statistics already indicate that 'being a missionary Church in Asia' demands creative, innovative, *dialogical* and *inculturated* approaches to Gospel proclamation. Local Churches must consider diverse cultural, religious, political, social and economic realities as they envision a pastoral program of integral and dialogical evangelisation. The task before the Churches is great; they must respond with enthusiasm and insight!

## II. Appreciate the FABC vision of integral, holistic evangelisation

**Foundations.** This task of evangelisation is holistic and comprehensive in its scope; Pope Paul VI noted: 'For the Church, evangelising means bringing the Good News into all the strata of humanity, and through its influence transforming humanity from within and making it new'. (*Source:* Paul VI, *Evangelii Nuntiandi* 18). FABC describes missionary evangelisation: 'Mission, being a continuation in the Spirit of the mission of Christ, involves a being with people, as was Jesus: "The Word became flesh and dwelt among us" (Jn. 1:14)'. [*Source:* FABC V (Bandung): 3.1.2]. 'Evangelisation is the carrying out of the Church's duty of proclaiming by word and witness the Gospel of the Lord'. [*Source:* FABC I (Taipei): 25].

The *content* of evangelisation is noted: '… mission includes: being with the people, responding to their needs, with sensitiveness to the presence of God in cultures and other religious traditions, and witnessing to the values of God's Kingdom through presence, solidarity, sharing and word. Mission will mean a dialogue with Asia's poor, with its local cultures, and with other religious traditions (FABC I)'. [*Source:* FABC V (Bandung): 3.1.2].

Local Churches, servant and inculturated, are the subject of the evangelizing mission…. The principal elements [are] as follows: 1) simple presence and living witness; 2) concrete commitment to the service of humankind; … 3) liturgical life … prayer and contemplation; 4) dialogue in which Christians meet the followers of other religious traditions; … 5) proclamation and catechesis…. The totality of Christian mission embraces all these elements. [*Source:* CTC (Hua Hin, 1991): 36].

Integral Evangelisation requires that we become witnesses in our lives to the values and norms of the Gospel.

## III. Acknowledge that interreligious dialogue is a key dimension of holistic, integral evangelisation

**Foundations.** Asia's bishops have a deep appreciation of the role of dialogue in the evangelisation process; they hold: 'Interreligious dialogue is another integral part of evangelisation which in the situation of our Churches needs to become a primary concern. We live in the midst of millions of people belonging to the great religious traditions.... In this context we believe that interreligious dialogue is a true expression of the Church's evangelising action in which the mystery of Jesus Christ is operative, calling us all to conversion.... We would wish to see interreligious dialogue become a reality at the grassroots level of our Church, through greater openness and reaching out of all their members towards their brothers and sisters of other religious traditions'. [*Source:* BIMA II (Trivandrum): 14].

The Church, the sacrament of God's message in the world, continues Christ's work of dialogue.... The Church is particularly concerned with man's religious experience, the motivating and leavening agent in his culture. This means that the Church must constantly be involved in dialogue with men of other religions (cf. *Nostra Aetate* 2). The Christian finds himself continually evangelizing and being evangelized by his partners in dialogue (cf. *Evangelii Nuntiandi* 13). [*Source:* BIRA II (Kuala Lumpur): 11].

Therefore, as noted by Asia's bishops:

It suffices for the present to indicate here the continued building up of the local church as the focus of the task of evangelization today, with dialogue as its essential mode, ... through interreligious dialogue undertaken in all seriousness. [*Source:* IMC (Manila): 19].

Indeed, since the Church in Asia is a 'small flock', the FABC insightfully asserts: 'Mission may find its greatest urgency in Asia: it also finds in our continent a distinctive mode: [dialogue]'. [*Source:* FABC V (Bandung): 4.1].

From our experience of dialogue emerged the conviction that *dialogue was the key we sought* — not dialogue in the superficial sense in which it is often understood, but as a witnessing to Christ in word and deed, by reaching out to people in the concrete reality of their daily lives.... [*Source:* BIMA I (Baguio): 5].

FABC asserts that dialogue is key for them in becoming an Asian Church.

FABC adds an important point of clarification:

'Dialogue does not call for giving up one's commitment, bracketing it or entering into easy compromise. On the contrary, for a deeper and fruitful dialogue, it is even necessary that each partner be firmly committed to his or her faith. [*Source:* BIRA IV/7 (Tagaytay): 10].

Dialogue within the Church is important and it is this attitude that will lead us to respect others and to understand evangelization as a process of listening to what they are expressing in and through their lives of the goodness of the Almighty God. It is clear that Dialogue is not for Conversion. [*Source:* FIESA IV (Kuala Lumpur): 12].

## IV. Discover God's saving design that is at work in the Asian reality

**Foundations.** FABC documents are premised on a broad vision of God's loving plan of salvation, a design expressed in the Judaeo-Christian tradition. In addition,

> Christians believe that God's saving will is at work, in many different ways, in all religions. It has been recognized since the time of the apostolic Church, and stated clearly again by the Second Vatican Council (cf. *Gaudium et Spes* 22; *Lumen Gentium* 16), that the Spirit of Christ is active outside the bounds of the visible Church (cf. *Redemptor Hominis* 6). God's saving grace is not limited to members of the Church, but is offered to every person.... His ways are mysterious and unfathomable, and no one can dictate the direction of His grace. [*Source:* BIRA II (Kuala Lumpur): 12].

FABC continues: 'In Asia especially this involves a dialogue with the great religious traditions of our peoples. In this dialogue we accept them as significant and positive elements in the economy of God's design of salvation'. [*Source:* FABC I (Taipei): 14]. Furthermore: "We are glad that Vatican II affirmed the presence of salvific values in other religions. We are grateful for the timely insights.... The Gospel fulfills all hopes, a Gospel which Asia and the whole world direly need." [*Source:* BIMA I (Suwon): 7].

Within the awareness of the Holy Spirit's action and their commitment to dialogue, Asia's bishops boldly state: "... we shall not be timid when God opens the door for us to *proclaim* explicitly the Lord Jesus Christ as the Savior and the answer to the fundamental questions of human existence." [*Source:* FABC V (Bandung): 4.3].

## V. Understand the Asian church's commitment to missionary evangelisation, including the announcement of the person and promises of Christ

**Foundations.** The Catholic Church in Asia is committed to bring the Good News to Asia. The FABC documents assert that: "... the preaching of Jesus Christ and His Gospel to our peoples in Asia becomes a task which today assumes an urgency, a necessity and magnitude unmatched in the history of our Faith in this part of the world." [*Source:* FABC I (Taipei): 8].

Asian Christians believe that: "... it is as *servants of the Lord* and of *humanity* that we Christians share the same journey with all the Asian peoples. The Church was not sent to observe but to serve — to serve the Asian peoples in their quest for God and for a better human life; to serve Asia under the leading of the Spirit of Christ and in the manner of Christ himself who did not come to be served but to serve and to lay down his life as a ransom for all (Mk. 10:45) — and to discern, in dialogue with Asian peoples and Asian realities, what deeds the Lord wills to be done so that all humankind may be gathered together in harmony as his family." [*Source:* FABC V (Bandung): 6:3].

The Churches of Asia see a clear Christological component to evangelization; they assert: "While we are aware and sensitive to the fact that evangelization is a complex reality and has many essential aspects — such a witnessing to the Gospel, working for the values of the Kingdom, struggling along with those who strive for justice and peace, dialogue, sharing, inculturation, mutual enrichment with other Christians and the followers of all religions — we affirm that there can never be true evangelization without the proclamation of Jesus Christ. The proclamation of Jesus Christ is the center and the primary element of evangelization without which all other elements will lose their cohesion and validity." [*Source:* BIMA I (Suwon): 5-6].

We affirm ... that 'the proclamation of Jesus Christ is the center and primary element of evangelization.'... But the proclamation of Jesus Christ in Asia means, first of all, the witness of Christians and of Christian communities to the values of the Kingdom of God, *a proclamation through Christ-like deeds*. For Christians in Asia, to proclaim Christ means above all to live like him, in the midst of our neighbors of other faiths and persuasions, and to do his deeds by the power of his grace. Proclamation through dialogue and deeds — this is the first call to the Churches in Asia. [*Source:* FABC V (Bandung): 4.1].

The local Churches of Asia will proclaim Jesus Christ to their fellow humans in a dialogical manner. [*Source:* CTC (Hua Hin): 51].

## VI. Adopt positive attitudes that foster dialogue in practice

**Foundations.** The commitment of Asia's bishops to interfaith dialogue is clear and consistent; the FABC enunciates foundational attitudes essential to this dialogue.

In Asia, the emphasis in interreligious dialogue falls not so much on academic or theological discussions, as on the sharing of life at all levels. Christians carry out the mission entrusted to them by Jesus Christ when they participate fully in the social and cultural life of the societies in which they live, enriching others by the values they have learned from the Gospel, and finding themselves enriched by the spiritual treasures of their neighbors of other faiths. Thus, the 'dialogue of life' is central to Christian life in Asia.... Christians in Asia are called to live their faith deeply, in openness and respect for the religious commitment of others. [*Source:* FIRA IV (Pattaya): 4].

Dialogue demands transformed attitudes:

... to be able to engage in genuine interreligious dialogue, we need to deepen our self-knowledge and continuously discover our personal identity.... we need to be continually healed of negativities like suspicion and fear.... in order to go deeper into ourselves in this inward journey to the God of the Ongoing Dialogue, we need to integrate Asian forms of prayer.... We acknowledge here the tremendous opportunities we have of learning from the other religious traditions of Asia, especially from the mystical traditions. [*Source:* FIRA I (Ipoh): 3.2-3.3].

[W]e should appreciate the commitment of the other.... That is why listening attentively with our heart to the personal commitment of faith and witness of the other partner can not only facilitate dialogue, but also enrich us and make us grow in our faith, and help us to reinterpret it. [*Source:* BIRA IV/7 (Tagaytay): 10-11].

## VII. Appreciate the specific FABC-fostered attitudes toward Asia's venerable religions

**Foundations.** The FABC in its first plenary gathering enunciated a profound — even poetic — appraisal of Asia's religions:

In this dialogue we accept them as significant and positive elements in the economy of God's design of salvation. In them we recognize and respect profound spiritual and ethical meanings and values. Over many centuries they have been the treasury of the religious experience of our ancestors, from which our contemporaries do not cease to draw light and strength. They have been (and continue to be) the authentic expression of the noblest longings of their hearts, and the home of their contemplation and prayer. They have helped to give shape to the histories and cultures of our nations." [*Source:* FABC I (Taipei): 14]. "How then can we not give them reverence and honor? And how can we not acknowledge that God has drawn our peoples to Himself through them? [*Source:* FABC I (Taipei): 15].

Only in dialogue with these religions can we discover in them the seeds of the Word of God (*Ad Gentes* 9). This dialogue will allow us to touch the expression and the reality of our peoples' deepest selves, and enable us to find authentic ways of living and expressing our own Christian faith. It will reveal to us also many riches of our own faith which we perhaps would not have perceived. Thus it can become a sharing in friendship of our quest for God and for brotherhood among His sons. [*Source:* FABC I (Taipei): 16].

## VIII. Develop a genuine 'spirituality of dialogue'

**Foundations.** For over three decades the FABC has asserted that spirituality is linked to authentic dialogue:

In Asia, home to great religions, where individuals and entire peoples are thirsting for the divine, the Church is called to be a praying Church, deeply spiritual, even as she engages in immediate human and social concerns. All Christians need a true missionary spirituality of prayer and contemplation. [*Source:* FABC VII (Samphran): C-2].

At the center of this new way of being Church [in Asia] is the action of the Spirit of Jesus, guiding and directing individual believers as well as the whole community to live a life that is Spirit-filled — that is, to live an authentic spirituality. It is nothing more and nothing less than a following of Jesus-in-mission, an authentic discipleship in the context of Asia. [*Source:* FABC V (Bandung): 9:1].

In Asia, the dialogue of prayer and spirituality is highly valued. Prayer together, in ways congruent with the faith of those who take part, is an occasion for Christians and followers of other faiths to appreciate better the spiritual riches which each group possesses, as well as to grow in respect for one another as fellow pilgrims on the path through life. Human solidarity is deepened when people approach the divine as one human family. [*Source:* FIRA IV (Pattaya): 8].

At the First Asian Mission Congress in 2006, the participants committed themselves to 'living and promoting a spirituality of the dialogue of life with the peoples of Asia.' [*Source:* AMC I (Chiang Mai): Orientations, Part One].

## IX. Believe that dialogue serves the growth of a new humanity and the Kingdom

**Foundations.** FABC asserts that dialogue is always oriented outward in service of people and God's kingdom. The involvement of the Church in dialogue can be seen as a blessing for all the peoples of Asia.

We build the Church in order to build the Kingdom in our Asian societies and cultures.... Our mission therefore must be a dialogue with those of other religious ways that will require us both to proclaim and be proclaimed to, to speak and to listen, to teach and to learn. Through such a dialogical mission, God's Reign will grow in Asia and the Church will become more truly an Asian Church, inculturated in Asian realities. [*Source:* FIRA II (Pattaya): 3.5].

The Kingdom of God is therefore universally present and at work. Wherever men and women open themselves to the transcendent divine mystery which impinges upon them and go out of themselves in love and service to fellow humans, there the reign of God is at work.... This goes to show that the Reign of God is a universal reality, extending far beyond the boundaries of the Church. [*Source:* *CTC* (Hua Hin): 29-30].

With clear resolve, Asia's bishops state:

Therefore, we commit ourselves: ...To take every opportunity to make Jesus Christ and his message known in a way that is acceptable to Asians, presenting him to them with an 'Asian face,' using Asian cultural concepts, terms and symbols; ... To present the Gospel message as humble servants of the Kingdom of God, always sensitive to the religious and cultural traditions of the people where the Spirit leads us to make Jesus known. [*Source:* AMSAL I (Tagaytay): 2].

'This age of journeying with sisters and brothers of Asian religions is a privileged moment (*kairos*) for the Church to return to its original call.' [*Source:* FEISA I (Pattaya): 7.5.1].

## X. Concretise a clear commitment to dialogue by establishing ministries and services within the local church that focus on this priority

**Foundations.** To promote and concretise this dialogical vision, the FABC links its implementation with Asia's local Churches and their ministries.

Each local Church is determined by her human context and lives in a dialectical relationship with the human society into which she is inserted as the Gospel leaven. Since each local Church should embody into the context the task entrusted to her by the servant Lord, she has to discover time and again what ministries and what ministerial structures she requires in order to fulfill her mission to offer to a human society the salvation brought about by Jesus Christ .... [*Source:* ACMC (Hong Kong): 25].

The renewal of our sense of mission will mean ... that the acting subject of mission is the *local church* living and acting in communion with the universal Church. It is the local churches and communities which can discern and work out ... the way the Gospel is best proclaimed, the Church set up, the values of God's Kingdom realized in their own place and time. [*Source:* FABC V (Bandung): 3.3.1].

The FABC forcefully asserts:

Asian Churches then must become truly Asian in all things. The principle of indigenization and inculturation is at the very root of their coming into their own. The ministry of Asian Churches, if it is to be authentic, must be relevant to Asian societies. This calls on the part of the Churches for originality, creativity and inventiveness, for boldness and courage. [*Source:* ACMC (Hong Kong): 26].

With great conviction, Asia's bishops state:

... the decisive new phenomenon for Christianity in Asia will be the emergence of genuine Christian communities in Asia — Asian in their way of thinking, praying, living, communicating their own Christ-experience to others. The consequences will be tremendous ... [in] all aspects of their life.... If the Asian Churches do not discover their own identity, they will have no future. [*Source:* ACMC (Hong Kong): 14].

## Conclusion

In addition to the copious FABC material provided in this presentation of an *Asian Dialogue Decalogue,* this author desires to close by citing his favorite quote from Pope John Paul II on dialogue. Speaking in Manila to all the peoples of Asia during his 1981 Philippine visit, the pope asserted that the goal of interfaith dialogue should be altruistic (not focused only on personal enrichment); he stated: "Christians will, moreover, join hands with all men and women of good will ... [and] work together in order to bring about a more just and peaceful society in which the poor will be the first to be served." Indeed, a key Asian way of mission is dialogical service of the needy. This approach can clearly reveal the face of Jesus in Asia today, strengthen bonds of relationship with Asia's burgeoning masses, and place the Church firmly on the side of the Asian multitudes.

## Abbreviations

| | |
|---|---|
| ABM | Asian Bishops' Meeting (Manila – 1970) |
| ACMC | Asian Colloquium on Ministries in the Church (Hong Kong – 1977) |
| AMC | Asian Mission Congress (Chiang Mai – 2006) |
| AMSAL | Asian-born Missionary Societies of Apostolic Life |
| BIMA | Bishops' Institute for Missionary Apostolate |
| BIRA | Bishops' Institute for Interreligious Affairs |
| CTC | Conclusions of Theological Consultation (Hua Hin – 1991) |
| EN | *Evangelii Nuntiandi* |
| FABC | Federation of Asian Bishops' Conferences |
| FABC I-IX | FABC Plenary Assembly Statements I-IX |
| FEISA | Faith Encounters in Social Action |
| FIRA | Formation Institute for Interreligious Affairs |
| IMC | International Mission Congress (Manila – 1979) |
| RM | *Redemptoris Missio* |

NOTE

All abbreviations used in the text refer to FABC documents can be found in the four volumes of *For All the Peoples of Asia*, produced by Claretian Publications in Quezon City (Metro Manila), Philippines (1992, 1997, 2002, 2007).

## RELIGIONS AND DIALOGUE IN ASIA
## A FOCUSED BIBLIOGRAPHY

AMALADOSS, M.
- "Dialogue between Religions in Asia Today", in *East Asian Pastoral Review* 42 (2005), 45-60.
- "Other Religions and the Salvific Mystery of Christ", in *Vidyajyoti* 70 (2006), 8-23.

BEVANS, S.
- "Inculturation of Theology in Asia: The FABC 1970-1995", in *Studia Missionalia* 45 (1996), 1-23.

CHIA, E. (ed.)
- *Dialogue Resource Manual for Catholics in Asia* (Bangkok: FABC. Office of Ecumenical and Interreligious Affairs, 2001).
- "Thirty Years of FABC: History, Foundation, Context and Theology", in *FABC Papers* 106 (2003), 1-55.

DUPUIS, J.
- "FABC Focus on the Church's Evangelizing Mission in Asia Today", in *Vidyajyoti* 56 (1992), 449-468; similar presentation in *FABC Papers* 64 (1992), 1-19.
- "The Church, the Reign of God and the 'Others'", in *FABC Papers* 67 (1993), 1-30.
- *Christ and the Religions: From Confrontation to Dialogue* (Maryknoll, NY: Orbis Books, 2002).

FABC:
- TAC (Federation of Asian Bishops' Conferences: Theological Advisory Commission), "Theses on Interreligious Dialogue", in *Being Church in Asia*, eds. J. Gnanapiragasam and F. Wilfred, (Quezon City, Philippines: Claretian Publications, 1994), 7-28 and in *FABC Papers* 48 (1987), 1-22.
- 'Asian Christian Perspectives on Harmony'. *FABC Papers* 75 (1996): 1-66 and *For All the Peoples of Asia II*, 229-298.

FITZGERALD, M.
- "The Spirituality of Interreligious Dialogue", in *Origins* 28:36 (February 25, 1999), 631-633.
- "Pope John Paul II and Interreligious Dialogue: A Catholic Assessment", in *John Paul II and Interreligious Dialogue*, eds. B. Sherwin and H. Kasimov (Maryknoll, NY: Orbis Books, 1999), 207-220.

JOHN-PAUL II
- "The Meaning of the Assisi Day of Prayer", in *Origins* 16:31 (January 15, 1987), 561-563.
- "The Spirituality of Interreligious Dialogue", in *Origins* 31:24 (November 22, 2001), 404-405.

KROEGER, J.
- "Cruciform Dialogue in Mission", in *Bulletin: Pontificium Consilium pro Dialogo Inter Religiones* 28 (1993), 147-152.
- "Milestones in Interreligious Dialogue", in *Review for Religious* 56 (1997), 268-276.
- *The Future of the Asian Churches* (Quezon City: Claretian Publications, 2002).
- *Theology from the Heart of Asia: FABC Doctoral Dissertations I-II* (Quezon City, Philippines: Claretian Publications, 2008).

LAROUSSE, W.
- "Dialogue in the Teaching of the Asian Church", in *Walking Together, Seeking Peace* (Quezon City, Philippines: Claretian Publications, 2001).

MACHADO, F.
– "Theology of Religions: A Reflection from a Catholic Point of View", in *Vidyajyoti* 64 (2000), 727-742.
MENDOZA, R.
– "Ray of Truth That Enlightens All: *Nostra Aetate* and Its Reception by the FABC", in *Studies in Interreligious Dialogue* 16 (2006), 148-172.
MICHEL, T.
– *A Christian View of Islam: Essays on Dialogue* (Maryknoll, NY: Orbis Books, 2010).
PAINADATH, S.
– "Theological Perspectives of FABC on Interreligious Dialogue", in *Jeevadhara* 27 (1997), 272-288.
PHAN, P.
– "Doing Theology in the Context of Cultural and Religious Pluralism: An Asian Perspective", in *Louvain Studies* 27 (2002), 39-68.
PIERIS, A.
– "An Asian Paradigm: Interreligious Dialogue and Theology of Religions", in *The Month* 26 (1993), 129-134; similar presentation in *Fire and Water: Basic Issues in Asian Buddhism and Christianity* (Maryknoll, NY: Orbis Books, 1996), 154-161.
POULET-MATHIS, A.
– "Ecumenical and Interreligious Dialogue in Asia: Concerns and Initiatives of the Federation of Asian Bishops' Conferences", in *Mission and Dialogue: Theory and Practice*. eds. L. Mercado and J. Knight (Manila: Divine Word Publications, 1989), 63-93; similar presentation in *FABC Papers* 49 (1987), 10-28.
TIRIMANNA, V.
– "Theologizing in Asia: Pluralism, Relativism and Subjectivism", in *Asia Journal of Theology* 14 (2000), 57-67.
– (ed.), *Sprouts of Theology from the Asian Soil: Collection of TAC and OTC* Documents (Bangalore: Claretian Publications, 2007).
WILFRED, F.
– "Jesus Christ in Today's Asia: An Interpretation of FABC Documents", in *From the Dusty Soil* (Madras: University of Madras, 1995), 161-175.
– "What the Spirit Says to the Churches (Rev. 2:7)" [various editors], in*Vidyajyoti* 62 (1998), 124-133.
ZAGO, M.
– "Dialogue in the Mission of the Churches of Asia — Theological Bases and Pastoral Perspectives", in *East Asian Pastoral Review* 19 (1982), 388-397; similar presentation in *Kerygma* 17 (1983), 185-206.
– "The Spirituality of Dialogue", in *Pro Dialogo* 101 (1999), 233-247.

# SOME URGENT CHALLENGES TO INTERRELIGIOUS DIALOGUE

*by*

Archbishop Felix MACHADO
Vasai, India

## Introduction

In Archbishop Michael Fitzgerald's extended interview, which has been published as *Dieu rêve d'unité: Les catholiques et les religions: les leçons du dialogue*, he speaks about 'how to situate interreligious dialogue in a troubled world as ours today'. He describes a world marked by numerous contradictions. We talk endlessly about respect for the rights of the human person, but attacks on the dignity of the human person keep on increasing as never before. All people aspire for peace, while conflicts between peoples never stop and are often sustained by easy access to various types of arms. Society is becoming more and more sensitive to the problems of ecological balance, but the radical change of attitude that is required of people never takes place. Health and happiness are becoming higher goals of human life, but paradoxically they are in danger because of our selfishness. The sense of a common responsibility about the future of humanity is often forgotten by the desire for immediate gratification. According to Archbishop Fitzgerald, it is in this context that interreligious dialogue questions our consciences or encourages us to hope. As Christians, we are struggling in a 'valley of tears', rendering thanks to God for the gifts of creation and for the talents people have received. However, fully aware of the destructive forces of evil and of sinfulness, we know that we are not alone and isolated: we are committed to journeying together with members of other religions, and if we are ready and willing to share our efforts with others, as pilgrims do, we can encourage one another to help make our life better. We can collaborate to face our common problems and stimulate each other to aim for things more important. I wish to spell out briefly some urgent challenges our society is facing today. I am sure our multi-religious society can make a difference by our commitment to interreligious dialogue. But before that, I wish to make our Christian position clear with regard to this practice which the Church teaches her faithful.

## How Does the Church Understand Interreligious Dialogue?

The Catholic Church has made a clear and irreversible option to enter into positive relations with people of other religions and their respective traditions. The reasons for this could be found both outside and inside the Church. For example, interreligious dialogue is postulated by the fact of religious plurality in our world; but it is also affirmed that the reasons for the Church's commitment to interreligious dialogue are not merely anthropological and sociological, but theological as well.

Based on clear, specific and precise guidelines rooted in the teachings of *Nostra Aetate* (*Declaration of the Church on Non-Christian Religions*, Vatican Council II), the Catholic Church understands interreligious dialogue with a definite meaning. In her practice the Church approaches interreligious dialogue in different ways: reciprocal communication, an attitude of mutual respect and friendship, constructive common action, obedience to truth which transcends all and respect for freedom of conscience.

The Catholic Church teaches that interreligious dialogue is part of the Church's evangelising mission. Thus, on the one hand, the Church encourages Christians to open themselves up to dialogue with people of other religions and their respective traditions. On the other hand, the Church also asks Christians to remain uncompromisingly rooted in their essential religious identity. The Church teaches that the more a Christian remains integrally faithful to his/her tradition — a faithful disciple of Jesus Christ, the Word become flesh and universal Saviour — without surrender or compromise in matters of faith, the more authentic and fruitful his/her dialogue will be.

According to the faith of the Church, 'the full and complete revelation of God's saving mystery is given in Jesus Christ, while the understanding of this infinite mystery is to be explored and deepened in the light of the spirit of truth, who guides us in the era of the Church "into all the truth" (Jn. 16:13)... (And) connected with the uniqueness of Christ's salvific mediation is the uniqueness of the Church he founded' (John Paul II, *l'Osservatore Romano*, Eng. ed., n. 5, 2 Feb. 2000). Consequently, the Church is fully aware that when interreligious dialogue is actually undertaken it does raise profound and fundamental theological questions (cf. *Dominus Jesus*, n. 3).

The Christian partner in dialogue must always remain faithful to his faith profession. To do this he/she need not claim to be superior to the other, nor should he/she try to present him/herself triumphally to the other. He must not forget that '*Equality*, which is a presupposition of interreligious dialogue, refers to the equal personal dignity of the parties in dialogue, not to doctrinal content, and even less to the positions of Jesus Christ — who is God himself made man — in relation to the founders of the other religions' (*Dominus Jesus*, n. 22).

## A Brief Assessment of Today's Society

Is today's society not marked by a shattered hope? In the year 2000 we thought that a new page was being turned — from two world wars (millions killed in Germany, Japan, Soviet Union, China) to an era of peace. We hoped that peace and prosperity would dominate our society. We had hoped that the fall of the Berlin Wall in 1989 would end all hostility and conflict, paving the way to democracy and solidarity. The events of 11 September 2001 and subsequent events (13 December 2001 in New Delhi, India; 16 May 2003 in Casablanca, Morocco; 11 March 2004 in Madrid, Spain; 7 July 2005 in London, United Kingdom; train bombings in Mumbai 11 July 2006 and the terrorist attacks on Mumbai on 26 November 2008) made it clear that conflicts were to continue. The deterioration of the situations in Iraq and Afghanistan and the urgent need for humanitarian aid in Africa add to our uncertainties. Religion is implicated, according to many; religion is said to be one of the principal causes of the troubles in our world. Should not followers of different religions manifest clearly that this is not so? By engaging in interreligious dialogue they can prove that the contrary is true.

## Some Issues of Common Interest in Post-modern Multi-cultural and Multi-religious Societies

I wish to present some pressing issues which society faces today. They are: 1) ethnic, cultural and religious identity; 2) Globalisation; 3) Secularism; and 4) religious freedom.

1. ***Ethnic, cultural and religious identity.*** Those who belong to a particular religious tradition — for example, Hindus in secular democratic India or Muslim immigrants in Western countries — may fear the loss of their cultural and religious identity. This, in turn, can breed lack of confidence on the part of believers. In the search for religious identity, one must keep several points in mind. First, no single criterion for meaning and coherence can be used, since every religious tradition extends across a long period of time and vast geographical space. Secondly, many religious traditions understand their truth claims as universal in nature and relevance. Coming to terms with one's own religious identity cannot be limited to negative sentiments arising from historical events (e.g., colonialism), but must take into account the religious tradition's achievements, the vitality of its thought and the creativity of its aspirations. Thirdy, the distinction between identity and identification must be maintained. They cannot be separated but they are not one and the same thing. Fourthly, the search for religious identity should be a 'return to

roots' and not the return to some ideology which is invented by reviving the past.

The task is to trace the stages of growth of a religious tradition as it makes its way through history. The search for religious identity must be a search for 'internal reform'. Through a 'return to roots', people can receive nourishment for a new growth in order to live in the present; they can discover new visions and new strategies for action. But when religion becomes a tool for manipulation in the hands of selfish politicians, the result is merely a 'revivalism' of the past. The goal of the search cannot be the primitive chaos, but an attempt to overcome the current fragmentation of life. It is a matter of re-establishing harmony among all the dimensions of the real. In a certain sense, religions are living entities. Their adherents need to engage continuously in a renewal of spirit by returning to their roots.

2. ***Globalisation***, as a self-imposing, powerful and apparently inevitable system, has intensified conflicts in different parts of the world. It may be providing opportunities for many of the developing countries, but it must be said that globalisation also means control of world economies by giant corporations which are accountable to no community or country. As a result, poverty has become deplorably acute in many parts of the world. Globalisation leads to an increased awareness of interdependence, because an important consequence of globalisation is an integrated system of markets and communication technologies. There are moral implications in this fact. Globalisation is also a cultural, a social, and even a religious phenomenon. It gives rise to a trans-national culture in competition with local cultures. Often this global culture is identified with American pop culture. Globalisation has to do with the hegemony of this trans-national culture.[1] Globalisation succeeds with the help of new communication technologies and a consolidation of control over global media by a relatively small number of corporations. The ethos of consumerism often asserts itself as a secularising force in society. The hegemony of global consumer culture requires the relocation of a society's religious traditions to the private sphere.

However, the hegemony of global culture is not going unchallenged. The intrusiveness of this global culture and its consumer ethos is being met by the resurgence of traditional identities rooted in ethnicity, region and, especially, religion. Can we see a relationship between the hegemony of global culture and the rise of fundamentalist religious movements like the Taliban, Al Qaeda or Hindutva? These new groups not only challenge the hegemony of global consumer culture, but also reject the multi-ethnic, pluralistic traditions of the

1. I am indebted to all the articles published in *Pro Dialogo*, 121, 2006/1, published by the Pontifical Council for Interreligious Dialogue, Vatican City.

nation-state: this amounts to a rejection of citizenship and a return to ethnic identity.

Lastly, the secularising power of global consumerist culture pushes religion into a private sphere. This is resisted by religious people, and this resistance to the privatisation of religion often takes the form of a resurgent, militant assertion of religious value and identity. Globalisation tends to separate religions from their traditional relationship with local realities. The result of all this can be found in the rise of religiously motivated violence. Globalisation is disruptive of traditional societies; this leads to attempts to revive religion (understood as nostalgia for a lost sense of community), sometimes in violent forms. The challenge of globalisation can be responded to by ensuring 'a globalisation in solidarity, a globalisation without marginalisation'. In this sense, the challenging yet also positive side of the process of globalisation is that we now have at our disposal numerous means for offering humanitarian assistance to our brothers and sisters in need, including modern systems of distributing food, clothing, housing and other forms of care. Concern for our neighbour transcends the confines of national communities and has increasingly broadened its horizon to the whole world. 'Among the signs of our times, the irresistibly increasing sense of the solidarity of all peoples is especially noteworthy' (*Apostolicam Actuositatem*, 8, Vat. II). Peace and, as its necessary condition, the development of the whole person and of all peoples, are also a *matter of religion*. The full achievement of both of these goals depends on our fidelity to our vocation as men and women of faith.[2]

Believers must explore the theme of peace in the context of the integral development of the person and peoples. Unless one seeks the good of all, peace is placed in jeopardy. Respect for the rights of every human person is the foundation of peace. Of course, there are always rights and duties, flowing directly and simultaneously from the human person's very nature. It is upon the correct anthropological foundation of these rights and duties, and upon their intrinsic correlation, that the true bulwark of peace rests.

The phenomenon of globalisation which is being imposed without respect to solidarity among all peoples must become a serious concern for all believers. Every believer must ask, 'What will be the effect of the changes taking place? Will everyone be able to take advantage of a global market? Will everyone at last have a chance to enjoy peace? Will relations between states become more equitable, or will economic competition and rivalries between peoples and nations lead humanity towards a situation of even greater instability?'[3] The late Pope John Paul II suggested that

2. Cf. JOHN PAUL II, Encyclical Letter, *Sollicitudo Rei Socialis*, Vatican: 1987, nn. 32-33.

3. JOHN PAUL II, *Message for the Celebration of World Day of Peace*, 1 January 1998, n. 3.

> for a more equitable society and a more stable peace in a world on the way to globalization, it is an urgent task of the International Organization to help promote a sense of responsibility for the common good. But to achieve this we must never lose sight of the human person, who must be at the centre of every social project.... This is the path for building a world community based on 'mutual trust, mutual support and sincere respect'. I repeat, the challenge, in short, is to ensure a globalization*in solidarity*, a globalization *without marginalization*. This is a clear duty in justice, with serious moral implications in the organizations of the economic, social, cultural and political life of nations.[4]

3. ***Secularism***. Globalisation and secularism are two dominant movements embedded within the fabric of contemporary society and civilisations. However, as the study of history amply demonstrates, civilisations are always destined to decline and be replaced by others. As they rise, they turn away from religion to science, but then decline because, without an underpinning of religious belief, the morality that holds society together inevitably falls away. The higher religions, claiming divine origin, always manifest an aura of permanence and durability, since they view history as linear and progressive. In this way they break through the vicious circle into which all civilisations fall. Thus, their role always remains that of recalling man's awareness of his transcendental goal and, consequently, of maintaining man's hope of building a better future for subsequent generations in the expectation of the fulfillment of God's plan.[5]

'Religion' implies not just a set of beliefs, but a *way of behaving* in the world; and this in turn reflects the values upon which people make the decisions and judgements, of everyday life. The essential difference between secularism and religious belief is that secularism conceives that the world in which we live may be understood entirely on its own terms. There is no need to refer to any other point beyond 'history', 'society' or 'the state' in order to understand their meaning value. No other reference point is required in order to understand one's own purpose and function within it and derive the values which will enable one to fulfill one's proper role in the universe. Secularism has not been forced to see itself through any eyes other than its own. Religious belief, on the other hand, insists that the true meaning and value of life in this world, indeed of the universe as a whole, can be discerned only by reference to some reality which is transcendent to the whole of the universe. It is this element of transcendence which unites all forms of religious beliefs, theistic and non-theistic, as distinct from the secularist world view.[6] The discussion around the word 'secular' must take into account conceptions such as the supernatural.

4. *Ibid.*, n. 3.
5. From an unpublished paper by Joseph ELLUL O.P.
6. Cf. Bert F. BREINER, "Secularism and Religion", in *Religion, Law and Society*, ed. Tarek Mitri (Geneva: WCC Publications, 1995), 92-99.

With the rise of the sociological and anthropological disciplines, religion came to be viewed more and more from within its social, economic, historical and cultural contexts. Earlier, religion was associated with an abstract set of ideas, values or experiences that was seen as separate from the total cultural matrix; later studies on religion have shown that many beliefs, customs and rituals can only be understood in reference to this matrix.

It must also be said that the meaning given to the word 'secularism' in the context of religion has been evolving according to different situations and times. The debate on *laïcité* in France, *sarva dharma-sahishnuta* in India or civil rights in the United States of America are not about the same thing, and yet they do have something in common. Often, secularism has essentially meant 'a process of decline in religious activities, beliefs, ways of thinking and institutions that occurs primarily in association with it'. This definition of secularism is linked to a certain definition given to the concept of religion, namely, 'beliefs, orientations, attitudes, activities, institutions, and structures, pertaining to the supernatural'. Thus it is assumed that it is possible to assess the extent to which religion declines or loses significance within the workings of a society.

The debate about secular/secularism, secularity/secularization will undoubtedly continue. I only wish to draw your attention to these two words, namely, religious and secular, which are interrelated and not opposed to each other. The wider society is influenced by religion; but religious institutions and behaviour are themselves increasingly influenced by the values and standards that prevail in a secular society. As society increasingly orders its affairs in accordance with technical and scientific criteria, religious institutions themselves are affected. We see this happening as the distance between sacred and secular appears to diminish.

The relation between religion and society is fundamental to the nature of religion and, according to long-standing intellectual claims, is intrinsic to the nature of society. Religion offers prescriptions for social order, individual behaviour and collective action.

Thus, all religions give expression to the relationship between what are acknowledged and understood to be the most compelling objectives of human life and day-to-day conduct. To a remarkable extent, the religions of the world can be distinguished from each other on the basis of their selective interpretations of this fundamental relationship and in terms of the attitudes toward society that they prescribe and honour. And yet, while the religious traditions of the world can be distinguished from each other on these grounds, they also share some common convictions about this fundamental relationship and what it entails.[7]

7. Walter H. CAPPS, "Society and Religion", in *Encyclopedia of Religion*, ed. Mircea Eliade (New York: Macmillan, 1987), vol. 13.

Of particular interest in this context is the connection between the concepts of 'sacred' and 'profane'. The word 'sacred' is generally connected with religion and the word 'profane' is often associated with the idea of the secular. Study of religious anthropology shows that, as in the case of the words 'secular' and 'religion', the words 'sacred' and 'profane' are also interrelated. For example, in their earlier usage, 'sacred' referred to ritual performed for the gods and 'profane' referred to the place — 'in front of the temple precinct' — where the offering was made. Although these two words are not to be confused, one would make a grave mistake by separating them.

That religion has a social function — that the role of the human person in the context of religion is equally important in relation to the Transcendent (because religions claim to be *viae salutis*) — became quite clear following the period known in Western history as the Enlightenment. At the end of the eighteenth century, humanity felt itself able to ensure for all a peaceful social existence and supreme dignity as an individual. In this period the human being as an individual came to be the focus and centre of concern.[8]

This revolutionary period of history gave birth to what later came to be known as 'Humanism', namely,

> a new sense of the human person and his problems, a new sense which finds multiform expressions, sometimes opposed but always rich and often very original, a new sense which culminates in 'human dignity', as a human person being an 'extraordinary' being in respect to all the cosmic order.[9]

This period introduced the process of the 'humanisation of society'. Even Karl Marx is said to have invented his socialist teachings in the context of the Christian Gospel, accusing the Church of not paying sufficient attention to that aspect. In other words, secularisation is related to the answers expected from religion. It implies a transformation of the religious system as it assumes religion's previous function as a form of communication to transform the structures of society.[10]

8. BREINER, "Secularism and Religion", 92–99: the 'concept of human rights is clearly based on the idea of the individual.... The primacy of the individual in the life of society... (the) inability of modern secular societies to deal with communal identity is inherent in the many forms of discrimination which the law must seek.... The problem facing the modern world is primarily how to integrate many different value-systems, social systems and communal identities into one society — the religious world is, potentially, in a better position to do so than is the secularist world-view.... Religious recapitulation has a transcendent reference'.

9. Giovanni REALE and Dario ANTISERI, *Il Pensiero occidentale dalle Origini ad Oggi, 2* (Brescia: Editrice la Scuola, 1983), 10.

10. Cf. Heinz KLAUTKE, "Religion and Secularisation", in *Religion, Law and Society*, ed. Tarek Mitri (Geneva: WCC Publications, 1995), 86-91: 'Secularisation is not atheistic,

Secularisation also threatens society with grave dangers, namely, the tendency among some to relativise the eternal truth, particularly through recourse to historical investigation, falling into the error of 'nihilism', which ultimately ends up in a sort of 'totalitarianism' of the ideological world. Complete absolutisation of the act of reason, when brought to its apex and applied to political and religious ideas, does not bring concord and peace but gives rise to atheism, i.e., positive denial of the Transcendent. God then is described as a 'conceptual idol'. In this view, as one becomes adult in reason, God is done away with; as people become obsessed with the project to emancipate man, religion is seen as the 'opium of the people', and therefore alienated from the structured socio-politico-cultural life of society.[11]

Some tend mistakenly to identify the process of secularisation in the religious context with atheism, agnosticism, indifference to the Transcendent Reality, materialism, and the like. In other words, for them religion no longer remains a point of reference which provides ultimate sense to man's life. They then go so far as to make the human person an 'autonomous' being. Here 'autonomy' is opposed to 'heteronomy', which admits of a law or a principle coming from beyond the human person. The 'autonomous' man, according to the Greek derivation of the word, gives himself his own law; in particular, he depends neither on the transcendent nor on religion nor on any authority beyond his own where his moral and ethical conduct are concerned).[12]

4. ***Religious Freedom.*** Samuel Huntington's thesis is well known: after the 'shock of nationalities' in the nineteenth century, the twentieth century has been characterised by the 'shock of ideologies'. The twenty-first century is said to be marked by the 'shock of civilisations'. Can we adhere to this thesis? I do not think so, for the following reasons. Experience shows that dialogue among religions is desired; the evidence for this is the increasing collaboration among religions. The causes of conflict are not always religious but often economic, political and historical. Religious plurality is an accepted fact, and in today's world this reality is being increasingly brought to our notice. There is a growing desire to meet across religious boundaries in modern society, which has become a 'global village'. In serious circumstances,

but stresses the plurality of views. Categories of secularisation are rationality, critical intelligence, scientific consistency, intellectual independence'.

11. Cf. Heinz KLAUTKE, "Religion and Secularisation", 86-91. The author sees secularisation as equated with rootless relativism. According to him, on the one hand, the age of Enlightenment and the resulting secularisation are seen as the source of all evil, immorality and perversion, especially in the Western world. On the other hand, because of secularisation in the Western world there is freedom to live in interreligious harmony.

12. Jean-Louis SCHLEGEL, "Le Strategie di Riconquista nella nuova Europa e lo scoglio della Secolarizzazione", in *Concilium* 6/1992 (*La Modernità in Discussione*), 137-148.

such as a disaster like a tsunami, this desire is particularly evident. It is increasingly recognised that the things people have in common are more important than what divides them. There is far better mutual knowledge of religions today than ever. The fact of the plurality of religions has also given opportunity for each religion to re-examine its true nature according to its tradition.

Harmony among religions is an imperative for post-modern society. To quote Jayaprakash Narayan (from a vernacular pamphlet):

> I cannot think of a greater blasphemy than those crimes that degrade man with the sanction of dharma (religion). Whatever of dharma is left in the present atmosphere of creeping materialism, benumbed ethical sensibility, pseudo-science, and indigested vulgar modernisation would surely bleed to death if brother continues to knife brother only because he worships God differently.

Selfishness and egocentrism continue to reign in our post-modern societies. The 'other' becomes a cause for fear; this leads to an obsession for security because selfishness and egocentrism cause distrust and suspicion, giving rise rise to prejudices which then end in hatred, violence and killing. How far can the desire of states to have religion contribute to social peace and harmony be justified? The motives for which states encourage interreligious dialogue are often preoccupations for security or electoral vote-bank, the first motive being instrumentalised in order to produce the second. Religions, on the other hand — because they are meant to serve as detached critics, prophets to society — do not do what the states expect of them. History teaches us the dangers related to attempts of by states to instrumentalise religion, and vice versa. It is the task of religion not to abandon God to Caesar. Religions cannot afford to lose their prophetic character of denouncing evil and opposing injustice. They must remember that what they gain in power, they lose in authority. Justice is both the aim and the intrinsic criterion of all politics. Politics is more than a mere mechanism for defining the rules of public life: its origin and its goal are found in justice, which by its very nature has to do with ethics.

Those engaged in dialogue do not change God or the religion they represent. They may change their understanding of God, who transforms them in the course of the dialogue and thus clarifies their understanding. The principle of religious liberty is the cornerstone of human rights. Thus freedom, for an individual as well as for the community, to profess and practise their religion forms an essential element of a peaceful and harmonious society. Respect for the innate dignity and freedom of the human person is based on the fact that humans are religiously oriented by nature. The Catholic Church explains its position in the following way:

> The human person has a right to religious freedom. This freedom means that all men are to be immune from coercion on the part of individuals or of social groups

> and of any human power, in such wise that in matters religious no one is to be forced to act in a manner contrary to his own beliefs. Nor is anyone to be restrained from acting in accordance with his own beliefs, whether privately or publicly, whether alone or in association with others, within due limits…. Freedom is the most noble prerogative of the human person and one of the principal demands of freedom is the free exercise of religion in society (*Dignitatis Humanae*, Vatican II, 3).

We need religious leaders who will accept the principle of religious freedom and communicate it to their respective communities. For example, 'the leading champion of religious freedom and human rights in the last quarter of the twentieth century is the Pope, the spiritual leader of the Roman Catholic Church' (Samuel Huntington, political scientist at Harvard University, 1990).

It must be said that freedom of conscience and of religion does not mean relativisation of objective truth, which every human being is morally obliged to seek. The state has no competence, direct or indirect, over a person's religious convictions. It cannot arrogate to itself the right to impose on it or to impede it. The rights of the human conscience are bound only to truth, both natural and revealed. No authentic progress is possible without respect for the natural and fundamental right to know the truth and live according to that truth. The guarantee and the promotion of religious freedom constitutes a 'test' of respect for the rights of others and is realised when the different religious confessions insist on it as part of their teachings, as a guarantee of their respective identities and their freedom. The state may not impose religion, yet it must guarantee religious freedom and harmony between the followers of different religions.

Trying to find the essence of religion means respecting its integrity without reducing any religion to a mere skeleton, or considering any religion to be nothing more than a form of human wisdom. Religious systems have a clearly soteriological character. They claim salvation and liberation for their adherents. For example, in its understanding of Jesus Christ as the sole Mediator and Saviour of all, the Catholic Church does acknowledge 'the seeds of the Word', the presence of the Holy Spirit, in other religions. Of course, the Catholic Church approaches each religion distinctly without putting them all in one indiscriminate and confused block.

Another question to be asked is this: Is a person's religion to be considered a 'private affair' of that individual? Is it not also a 'public reality'? What is necessary for a modern society is to guarantee that there is freedom to believe, while at the same time encouragement and insistence for the followers of all religions to live together. Legislation cannot achieve this, nor can the state regulate the public expressions of religions (as has been attempted by the 'French Council of Muslim Worship'). Religion cannot be reduced only to a way of worshipping. It is much more than that. Religions also have ethical and social dimensions. The state must favour the art of living together. What must also be taken seriously into account is that no religion, according to its practice throughout the world, is a monolithic block. Rather, every religion is a diversified and complex reality.

The role of religion in contributing to peace and harmony in modern society cannot be underestimated. Religion cannot relegate itself to the background in society. Still, the question is asked: Is religion part of the problem or is it part of the solution in our post-modern society? Religion must come to grips with the realities of the human condition on earth. Religion must meet challenges of alienation and reconciliation, of hurt and healing, of war and peace, lest it become marginal to life. The promotion of hatred, violence and war is the opposite of what true religion is all about. In each religion one hears of a golden rule, namely, do not do unto others what you would not want to be done to you (Hinduism, *Mahabharata*, 5.15.17; Buddhism, *Udanvarga*, 5:18; Confucianism, *Analects, Rongo*, 15:23; Judaism, Talmud, *Shabbat* 312; Christianity, Matthew 7:12; Islam, *The Forty-Two Traditions of an-Nawawi*; Rwandan proverb). Religion, to fulfill its true nature, must be an instrument of peace. Religion cannot become a pretext for conflict, particularly when religious, cultural and ethnic identity coincide.

While affirming its fundamental role in society, religion must address the bioethical questions raised by modern science and technology. Despite the great advances made in science and technology, each day we see how much suffering there is in the world because of different kinds of poverty, both material and spiritual. Scientific and technological progress, especially medical, needs to be praised. But one should not forget that this progress has to be judged always by the criterion of its service in the promotion of life and never its rejection, degradation or destruction. Subjectivism, the mistaken notion of freedom which exalts the isolated individual in an absolute way, is to be questioned. Ethical relativism is precisely this: that people think everything is negotiable, everything is open to bargaining, even the first of the fundamental rights, the right to life. The task of accepting and serving life involves everyone, and this task must be fulfilled above all towards life when it is at its weakest.

> Every crime against life is an attack on peace, especially if it strikes at the moral conduct of people.... But where human rights are truly professed and publicly recognised and defended, peace becomes the joyful and operative climate of life in society (Paul VI, 1976).

While people of different religious traditions increasingly feel the need to promote respectful, friendly and harmonious interreligious relations in our war-torn, conflict-ridden and violent world, the Catholic Church has always thought it necessary to emphasise the principle of religious freedom, which brings credibility to genuine religiosity and all interreligious relationships. Thus the Canon Law of the Catholic Church stipulates: 'It is never lawful to induce men by force to embrace the Catholic faith against their conscience' (Can. 748 §2).

Pope John Paul II, in his encyclical letter *Centesimus Annus* (Vatican, 1 May 1991, n. 29), writes about the rights of the human conscience, which are bound only to truth, both natural and revealed. In that document (section c) he reaffirms:

> in some countries new forms of religious fundamentalism are emerging which covertly, or even openly, deny citizens of faiths other than that of the majority the full exercise of their civil and religious rights, preventing them from taking part in the cultural process, and restricting both the Church's right to preach the Gospel and the rights of those who hear this preaching to accept it and to be converted to Christ. No authentic progress is possible without respect for the natural and fundamental right to know the truth and live according to that truth.

Religious freedom also contributes decisively to producing citizens who are genuinely free; it induces them to take up their duties with greater responsibility. An essential condition for peace is people's strong moral integrity and religious freedom. John Paul II also suggested some specific responsibilities for all believers in the context of religious freedom:

> The State's duties regarding the exercise of the right of religious freedom are matched by the precise and grave responsibilities of men and women for both their individual religious profession and the organization and life of the communities to which they belong. In the first place, the leaders of religious bodies are obliged to present their teaching without allowing themselves to be conditioned by personal, political or social interests, and in ways that conform to the requirements of peaceful coexistence and respect for the freedom of each individual.

In his message on the occasion of the World Day of Peace in 1988 (Vatican City, 1 January 1988, n. 4), Pope John Paul II invited the followers of different religions to contribute to world peace and harmony through their commitment to respecting the right to religious freedom. He wrote:

> The followers of the various religions should, individually and collectively, express their convictions and organize their worship and all other specific activities with respect for the rights of those who do not belong to that religion or do not profess any creed.
>
> With regard to peace, mankind's supreme aspiration, every religious community and every individual believer can test the genuineness of their commitment to solidarity with their brothers and sisters. Today, as perhaps never before, the world looks expectantly to the various religions, precisely in matters concerning peace.

Benedict XVI develops this teaching further in his message for the Celebration of the World Day of Peace, 2011, 'Religious Freedom, the Path to Peace'. In certain countries legislation has been introduced, or proposed, forbidding 'unethical conversions'. If what is banned is proselytism — that is, the use of undue means to bring about conversion to a particular religion — then such legislation may be considered justified. If, however, any passage from one religion to another is forbidden, then there is a radical contradiction of a fundamental aspect of the principle of religious freedom.

There is also the question of 'reciprocity', the equal treatment of religious minorities. This concerns first of all the possibility of having places of worship, or even more minimally, the possibility of gathering for worship without being harassed by security forces. It is also not sufficient for the civil authorities to say that people can pray at home. Religion has a communitarian aspect which has a right to find expression in common worship. Religious communities should also have the right to freedom of expression, the possibility to publish materials for the education of their members, and also to import such materials. Furthermore, these communities should have the right to propagate their views to others. There does need to be a respect for public order, so it is understandable that the authorities would ban any form of preaching or publication which is disrespectful of the religion of the majority, or indeed of any religious community. It is nevertheless a violation of the right to religious freedom if the communities are condemned to a clandestine existence.

Let me conclude this section by quoting a report of a regional consultation organised in India, in the fall of 2003, by the Network of Interfaith Concerns in the Anglican Christian Communion:

> We believe that it is crucially important that Christian interfaith work should embrace advocacy for the Church in places where it is under persecution, or where its freedom to propagate the Gospel, to engage in mission and ministry, and to welcome new members is denied. More widely, we recognise an obligation to be in solidarity with all religious minorities where their fundamental rights are under attack.... In divided societies and a divided world where religious difference is often used or perceived as a cause of conflict and destruction, we affirm that working for reconciliation between different faith communities is a responsibility laid upon us by God, and that as Christians we must do this in partnership with members of other faith communities, with secular organisations, and with all people of good will. Our vocation to share in God's work of reconciliation requires us to strive to build up open, trusting and honest relationships with our neighbours of other religions, even in situations where this is very difficult. We see such interreligious reconciliation as an integral part of the mission of God in which we share (*Pro Dialogo*, 115 (2004/1), 93-94).

## Conclusion

The final message of the Interreligious Assembly held in Rome from 25-28 October 1999, on the eve of the third millennium, appealed to followers of different religions to collaborate for peace. It declared, among other things: 'We know that the problems present in our society are so big that one cannot resolve them alone. That is why interreligious collaboration imposes upon us with all its urgency'.'

# AUX ORIGINES DU CONSEIL PONTIFICAL POUR LE DIALOGUE INTERRELIGIEUX

*par*

Maurice Borrmans

Le Concile Vatican II battait son plein. Le « bon pape » Jean XXIII, qui en avait eu l'initiative courageuse, était mort le 3 juin 1963. Paul VI avait aussitôt été élu, le 21 juin, et la 2ème session s'était conclue à la veille de Noël 1963. C'est alors qu'un événement inattendu s'était produit, les 4-6 janvier 1964 : le Pape était allé à Jérusalem et y avait rencontré le Patriarche Athénagoras, en même temps qu'il y manifestait son estime pour les responsables du judaïsme et de l'islam, avant qu'il ne se rende, à Bombay, dans l'Inde, patrie de l'hindouisme, pour le 38ème Congrès Eucharistique International (2-5 décembre 1964). Toutes choses qui laissaient présager des « ouvertures » inattendues de la part du Concile et du Saint-Siège. Le fait est qu'en cette même année 1964, Paul VI confirma, avec sa première encyclique, *Ecclesiam Suam* (6 août), sa volonté de voir l'Église entrer en dialogue avec les grandes religions du monde, et singulièrement celles qui témoignent d'un monothéisme de style biblique. C'est pourquoi, peu auparavant, Paul VI avait fait connaître, en son homélie de Pentecôte (17 mai), sa décision de créer à Rome un « Secrétariat pour les Non-Chrétiens ». « Ainsi aucun pèlerin, commentait alors le Pape, si éloigné que puisse être, religieusement et géographiquement, son pays d'origine, ne sera complètement étranger dans cette Rome, fidèle encore aujourd'hui à son programme historique de 'Patrie commune', que lui conserve la foi catholique ». La 2ème session du Concile avait, de son côté, ouvert de nouvelles perspectives à un texte élargi concernant les rapports de l'Église avec le judaïsme, les musulmans, l'hindouisme et le bouddhisme et la 4ème Session devait voir, le 28 octobre 1965, la promulgation de ce document définitif sous le titre de Déclaration sur les relations de l'Église avec les religions non chrétiennes (*Nostra Aetate*). Qu'est-il donc alors advenu de ce Secrétariat qui devait devenir, le 28 juin 1988, le Conseil Pontifical pour le Dialogue Interreligieux (CPDI)[1] ? Ses dix premières années furent des plus

1. Suite à la réorganisation de la Curie romaine, *Pastor Bonus*. Cf. *Bulletin* du Secrétariat, n° 69, 1988-xxiii/3, pp. 185-188.

importantes. Quels en furent les pionniers ? Quelle en était la charte ? Comment s'en présentait l'organisation ? Quel fut le rôle de son *Bulletin* ? Quelles en furent les diverses publications ? Quelles perspectives y pouvaient être envisagées ? C'est à ces six questions que voudrait répondre la présente étude dans le cadre restreint d'un article documenté et limité tout à la fois[2].

## 1. Quels furent les pionniers du Secrétariat ?

Le Cardinal Paolo Marella en fut nommé le président, aidé du Père Pierre Humbertclaude, comme secrétaire, de Mgr Pietro Rossano, comme sous-secrétaire, et du Père Joseph Cuocq, comme chargé des affaires musulmanes. Les deux premiers avaient longtemps travaillé ensemble à Tokyo et c'est leur commune réflexion sur la situation de dialogue avec la société japonaise qui a sans doute retenu l'attention des responsables romains dans leur choix, comme le démontre la publication, en 1967, de leurs *Visions d'espoir* de 1938. En effet, tous deux y avaient collaboré dans le cadre de la Délégation Apostolique, avant que celle-ci ne devienne Nonciature, Mgr P. Marella[3] comme Délégué de 1933 à 1948 et le Père P. Humbertclaude[4] comme attaché de 1940 à 1946, alors qu'il était chargé de cours à l'Université Impériale de Tokyo de 1932 à 1946. Mgr P. Marella avait ensuite été nommé Délégué apostolique en Australie, Nouvelle Zélande et Océanie (1948), puis nonce à Paris (1953), avant de se retrouver à Rome, cardinal (1959), et d'y participer aux travaux du Concile (1962-1965). Le Père P. Humbertclaude l'avait suivi à la nonciature de Paris en 1953, avant de le rejoindre plus tard à Rome.

2. Une première étude de cette période fut rédigée par le Père Michael L. Fitzgerald, « The Secretariat for non-christians is ten years old », in *Islamochristiana*, Pisai, Rome, n° 1 (1975), pp. 87-95.

3. Né à Rome, le 25 janvier 1895, Mgr P. Marella avait fait toutes ses études théologiques en sa ville natale. Ordonné prêtre le 23 février 1918, il avait servi dans son diocèse, puis à la Congrégation pour la Propagation de la Foi (1922-1924). C'est après avoir travaillé dans le cadre de la Délégation apostolique aux États Unis (1924-1933) qu'il s'était retrouvé en charge de celle de Tokyo (1933-1948). Il fut donc le président du Secrétariat pour les Non-Chrétiens de mai 1964 jusqu'au 26 février 1973, date à laquelle il se retira définitivement. Il devait mourir à Rome le 15 octobre 1984.

4. Né à La Bresse (Vosges), en France, le 13 mai 1899, le Père Pierre Humbertclaude, de la Congrégation des Pères Marianistes, ordonné prêtre en 1929, avait obtenu à Fribourg un doctorat en théologie (1929) et un autre ès lettres (1931). Après son séjour à Tokyo, il fut attaché à la Nonciature de Paris (1953-1955) et c'est le 18 mars 1964 qu'il fut nommé, par Paul VI, secrétaire du Secrétariat pour les Non Chrétiens, charge qu'il occupera jusqu'en septembre 1973. Cf. Mons. G. Pedretti, « A la mémoire du P. Pierre Humbertclaude, s.m. (1899-1984) », in *Bulletin*, n° 55, 1984-xix/1, pp. 114-115.

Mgr Pietro Rossano[5], quant à lui, après de solides études bibliques et autres, il s'était retrouvé à la Chancellerie Apostolique de Rome où Paul VI devait le nommer vers la fin du Concile à la Commission de la Nouvelle Vulgate ainsi qu'au Secrétariat pour les Non-Chrétiens comme sous-secrétaire : il devait en devenir le secrétaire, en 1973, lorsque le Père Humbertclaude s'en retira pour raison de santé. De son côté, le Père Joseph Cuocq[6] était à Rome depuis 1961, comme « addetto per l'Islam » auprès de la Congrégation des Églises Orientales, et y avait repris l'étude du dossier des « réponses à une enquête » de ce Dicastère, en 1939, sur les relations islamo-chrétiennes[7]. C'est donc tout naturellement qu'il fut nommé au Secrétariat en 1964 et y fut chargé de l'Ufficio per l'Islam, créé le 1er mars 1965, fonction qu'il y exerça jusqu'au début de 1974 pour la transmettre alors au Père François Abou Mokh, religieux salvatorien grec melkite syrien.

## 2. Quelle était la « charte » du Secrétariat et quel en était le but ?

Créé lors de la fête de la Pentecôte 1964, entre les 2ème et 3ème sessions du Concile Vatican II, le Secrétariat disposa donc très vite de tous les textes promulgués par celui-ci : Constitutions, Décrets et Déclarations. Au service

5. Il était né à Vezza d'Alba, près de Cuneo (Piémont), en 1923. Ordonné prêtre après d'excellentes études de philosophie et de théologie, il s'était spécialisé à l'Institut Biblique de Rome sous la direction du futur Cardinal Bea. Une thèse en théologie à la Grégorienne sur *L'ideale dell'assimilazione a Dio nello stoicismo e nel Nuovo Testamento* et une autre, en lettres classiques, à l'Université de Turin, sur les *Atti dei martiri* des premiers siècles chrétiens l'avaient amené à enseigner au Séminaire d'Alba de 1952 à 1959. C'est alors qu'il avait été appelé à Rome. Cf. pp. 9-11 in *Vangelo, Religioni, Cultura (Miscellanea di studi in memoria di mons. Pietro Rossano)*, Milano, San Paolo, 1993, 290 p.

6. Né le 23 mars 1917 à Saint-Didier-en-Velay (Le Puy, France), le Père J. Cuocq avait été ordonné prêtre de la Congrégation des Missionnaires d'Afrique (Pères Blancs) à Carthage (Tunisie), le 4 juin 1940. Au terme de ces études de théologie, puis de langue arabe et d'islamologie à l'Institut des Belles Lettres Arabes (Ibla) de Tunis, il s'était retrouvé professeur au Séminaire grec melkite de Rayak au Liban (1946-1948), mais bien vite il s'était vu transféré à Paris au service des migrants musulmans en France, puis à Alger pour y jouer un rôle important au Secrétariat Social des Églises d'Algérie (1954-1961). Cf. Jacques Lanfry, « À la mémoire du P. Joseph Cuocq, premier responsable pour l'Islam (1964-1974) », in *Bulletin*, n° 72, 1989-xxiv/3, pp. 383-390, et « Père Joseph Cuocq, 1917-1986 », in *Petit Écho* des Pères Blancs, Rome, n° 778, 1987/3, pp. 192-204.

7. Le Cardinal Eugène Tisserant, devenu préfet de la dite Congrégation en 1937, avait suscité tout un ensemble d'études, de rencontres et de projets au sujet du témoignage chrétien auprès des musulmans. Cf. sur la question Oissila Saaïdia, *Clercs Catholiques et Oulémas Sunnites dans la première moitié du xxème siècle (Discours croisés)*, Paris, Geuthner, 2004, 462 p., « L'islam vu de Rome », pp. 82-97.

d'une Église renouvelée en la connaissance de son mystère (*Lumen Gentium*) et en sa méditation de la révélation (*Dei Verbum*), tout en tenant compte des exigences de la mission (*Ad Gentes*) et de l'œcuménisme (*Unitatis Redintegratio*) ainsi que des collaborations nécessaires avec les Églises Orientales (*Orientalium Ecclesiarum*), le Secrétariat ne pouvait que faire sienne la Déclaration sur les relations de l'Église avec les religions non chrétiennes (*Nostra Aetate*), laquelle lui traçait tout un programme pastoral de réflexions et d'activités. On sait que l'émergence de cette Déclaration fut une surprise providentielle lors des premières sessions du Concile[8]. Son texte, initialement pensé par le Cardinal Bea pour les seuls juifs, s'était vu bien vite « conçu tantôt comme un appendice au Décret sur l'œcuménisme, tantôt comme un chapitre spécial de la Constitution sur l'Église, gonflé entretemps de déclarations analogues sur les relations de l'Église avec l'Islam et les autres religions » avant d'aboutir enfin au document promulgué, sous forme autonome, le 28 octobre 1965[9]. Mises à part les relations avec les juifs, réservées à un Office particulièrement institué pour eux dans le cadre du Conseil Pontifical pour l'Unité des Chrétiens, c'est donc l'ensemble des grandes religions du monde qui se voyaient ainsi confiées à l'attention du nouveau Secrétariat. La Constitution *Lumen Gentium* (§16) prenait déjà tous leurs membres en considération comme « ordonnés au peuple de Dieu », car après avoir parlé des juifs, elle ajoutait : « Mais le dessein de salut enveloppe également ceux qui reconnaissent le Créateur, en tout premier lieu les musulmans qui professent avoir la foi d'Abraham, adorent avec nous le Dieu unique, miséricordieux, futur juge des hommes au dernier jour ». Et, plus loin, elle concluait à propos des « autres » : « Ceux qui, sans qu'il y ait de leur faute, ignorent l'Évangile du Christ et son Église, mais cherchent pourtant Dieu d'un cœur sincère et s'efforcent, sous l'influence de sa grâce, d'agir de façon à accomplir sa volonté telle que leur conscience la leur révèle et la leur dicte, ceux-là peuvent arriver au salut éternel ».

8. Cf. Maurice Borrmans, « Les évaluations en conflit autour de *Nostra Aetate* » in *Communio*, n° xxv, sept.-oct. 2000, pp. 96-123, repris sous le titre « L'émergence inattendue de *Nostra Aetate* » in *Dialogue islamo-chrétien à temps et contretemps*, pp. 147-176, Versailles, Saint-Paul, 2002, 253 p., et élargi in « L'émergence de la déclaration *Nostra Aetate* », in *Islamochristiana*, Pisai, Rome, n° 32 (2006), pp. 9-28.

9. Pour un commentaire détaillé de son contenu, cf. *Les relations de l'Église avec les religions non chrétiennes,* sous la direction de A.-M. Henry, Paris, Éd. du Cerf, 1966, 325 p., avec les contributions de G. M.-M. Cottier, o.p., « L'historique de la déclaration » (37-80) ; de J. Dournes, m.e.p., « Lecture de la Déclaration par un missionnaire d'Asie » (81-118) ; d'H. Maurier, p.b., « Lecture de la Déclaration par un missionnaire d'Afrique » (119-160) ; de J. Masson, « Valeurs religieuses de l'Hindouisme » (161-180) et « Valeurs du Bouddhisme » (181-200) ; de R. Caspar, p.b., « La religion musulmane » (201-236) ; de G. M.-M. Cottier, o.p., « La religion juive » (237-274) et « La fraternité universelle excluant toute discrimination » (275-281).

Étant la « charte » du Secrétariat, la déclaration *Nostra Aetate* lui fournit, en effet, un cadre d'ensemble pour une théologie catholique des religions et pour une pastorale adaptée à chacune d'entre elles. Son préambule (§1) rappelle que « tous les peuples forment une seule communauté » ayant un même destin. C'est pourquoi « les hommes attendent des diverses religions la réponse aux énigmes cachées de la condition humaine [...] : Qu'est-ce que l'homme ? Quel est le sens et le but de la vie ? Qu'est-ce que le bien et qu'est-ce que le péché ? Quels sont l'origine et le but de la souffrance ? Quelle est la voie pour arriver au vrai bonheur ? Qu'est-ce que la mort, le jugement et la rétribution après la mort ? Qu'est-ce enfin que le mystère dernier et ineffable qui entoure notre existence, d'où nous tirons notre origine et vers lequel nous tendons ? » S'agissant des religions traditionnelles, de l'hindouisme et du bouddhisme, la Déclaration affirme, en son §2, que « l'Église catholique ne rejette rien de ce qui est vrai et saint dans ces religions » et qu'elle exhorte les chrétiens pour qu'« ils reconnaissent, préservent et fassent progresser les valeurs spirituelles, morales et socio-culturelles qui se trouvent en elles ». C'est son §3 qui déclare que « l'Église regarde aussi avec estime les Musulmans, qui adorent le Dieu un, vivant et subsistant, miséricordieux et tout-puissant, créateur du ciel et de la terre, qui a parlé aux hommes ». Et le texte de préciser alors ce que chrétiens et musulmans ont de commun au plan de la foi, du culte et de la morale[10], avant d'encourager les uns et les autres « à la compréhension mutuelle (pour) promouvoir ensemble, pour tous les hommes, la justice sociale, les valeurs morales, la paix et la liberté ». Il semble bien que les publications et les activités du Secrétariat ont tout simplement tenté de mettre en œuvre ce programme suivant les possibilités du lieu et du moment.

C'est bien ainsi que le Cardinal P. Marella, à la suite de Paul VI[11], en avait précisé les intentions et les recherches. Le dialogue envisagé par l'Église n'a pour but ni la conversion des personnes (ce qui relève d'un autre dicastère)

10. « Ils cherchent, poursuivait le texte, à se soumettre de toute leur âme aux décrets de Dieu, même s'ils sont cachés, comme s'est soumis à Dieu Abraham, auquel la foi islamique se réfère volontiers. Bien qu'ils ne reconnaissent pas Jésus comme Dieu, ils le vénèrent comme prophète ; ils honorent sa Mère virginale, Marie, et parfois même l'invoquent avec piété. De plus, ils attendent le jour du jugement, où Dieu rétribuera tous les hommes ressuscités. Aussi ont-ils en estime la vie morale et rendent-ils un culte à Dieu, surtout par la prière, l'aumône et le jeûne ». Le texte poursuivait encore : « Si, au cours des siècles, de nombreuses dissensions et inimitiés se sont manifestées entre les chrétiens et les musulmans, le Concile les exhorte tous à oublier le passé et à s'efforcer sincèrement à la compréhension mutuelle ».

11. Le 16 janvier 1967, celui-ci avait reçu, en audience privée, le président, les membres du Secrétariat et les consulteurs présents à Rome pour s'expliquer avec eux des possibles développements de leurs efforts et de leurs recherches cf. *Bulletin*, n° 4, mars 1967, pp. 1-2.

ni l'unification des religions (ce qui est impensable), mais bien plutôt la respectueuse connaissance réciproque pour une compréhension mutuelle qui tende à une émulation spirituelle dans les œuvres de bien et l'approche différenciée du mystère de Dieu. C'est dans ce sens que le Père P. Humbertclaude parlait de *prédialogue* (échange des esprits et des cœurs) et de *dialogue* (étude des convergences et divergences)[12]. Et Paul VI de s'en confier auprès des cardinaux, le 3 juillet 1970 : « Les contacts se font plus fréquents avec des représentants des religions non-chrétiennes, et surtout avec les juifs, les musulmans et les bouddhistes ; un dialogue difficile, complexe et délicat, se noue aussi avec divers représentants de l'humanisme de notre temps [...]. C'est le *dialogue du salut* à l'échelle du monde [...]. Ferme dans la foi, inébranlable dans l'espérance, et mue par un amour sans limites, l'Église rencontre les plus vieilles religions comme les idéologies les plus neuves et les problèmes les plus aigus, pour leur apporter son secret et son trésor [...]. Elle parle de vérité, de justice, de liberté, de progrès, de concorde, de paix, de civilisation »[13].

### 3. Qu'en était-il de l'organisation du Secrétariat ?

Les pionniers dont il a été parlé en furent les animateurs pour toute la période ici envisagée, qui s'achève avec le changement de présidence en 1973, le cardinal Sergio Pignedoli remplaçant alors le cardinal Marella[14] et Mgr P. Rossano devenant le secrétaire général. Les membres permanents du Secrétariat de Rome se voyaient aidés par des « membres » titulaires d'Églises locales et par des « consulteurs », experts en les diverses religions envisagées. Paul VI en avait déjà désigné un certain nombre (46) auxquels 5 autres leur furent adjoints le 1er mars 1968[15]. Quant aux « membres », ils étaient

12. Cf. son article « Le dialogue dans le monde », in *Bulletin*, n° 11, juin 1969, pp. 134-136.

13. Cf. *Bulletin*, n° 14, juillet 1970, pp. 67-68.

14. Cf. la « Lettre du nouveau président », in *Bulletin*, n° 22, 1973, 8ème année/1, pp. 12-16.

15. Voici la liste des précédents consulteurs qui furent confirmés le 1er mars 1968 : Jean Abd-el-Jalil, o.f.m. (Paris) ; Georges Anawati, o.p. (Le Caire) ; Roger Arnaldez (Paris) ; Giovanni Arrighi, o.p. (Roma) ; Giovanni Bakker, s.j. (Jogjakarta) ; Bernardo Bernardi, i.c.m. (Roma) ; Ugo Bianchi (Roma) ; Suso Brechter, o.s.b. (St. Ottilien) ; Giuseppe Butturini (Padova) ; Arnulf Camps, o.f.m. (Nijmegen) ; Robert Caspar, p.b. (Roma) ; Vincent Che Chen-Tao (Roma) ; Albert Cuttat (Athens) ; Abdallah Dagher, s.j. (Beyrouth) ; Jean Daniélou, s.j. (Paris) ; Henri de Lubac, s.j. (Lyon) ; Mariasusai Dhavamony (Roma) ; Henri Dumoulin, s.j. (Tokyo) ; Giovanni Filliozat (Paris) ; Louis Gardet (Toulouse) ; J. Lopez Gay, s.j. (Roma) ; Josef Glazik (Münster) ; Henri Gravrand, c.s.s.p. (M'Bour) ; Giuseppe Greco, s.j. (Roma) ; Bede Griffiths, o.s.b. (Kerala) ; Pietro Fallon, s.j. (Calcutta) ;

5 au début, choisis parmi les participants au Concile, auxquels six autres furent adjoints, le 26 juillet 1969 : c'étaient les archevêques Gregorio Pietro Agagianan (Rome), Jean Daniélou (Paris), Justinus Darmojuwono (Semarang), John F. Dearden (Detroit), Pietro Tatsuo Doi (Tokyo), Léon Étienne Duval (Alger), Valerian Gracias (Bombay), Joseph Malula (Kinshasa), Jérome Rakotomalala (Tananarive), Julio Rosales (Cebu), Stephan Sou Hwan Kim (Seoul) et Paul Yu Pin (Nankin)[16]. Avec le temps, le Secrétariat s'est de plus en plus structuré au point de se présenter comme suit lorsque le cardinal Pignedoli en assuma la présidence en 1973 : Mgr Pietro Rossano (segretario), Père Joseph Cuocq, pb (capo ufficio per l'Islam), Père Giovanni Bosco Shirieda, sds (addetto per l'Asia), Père Giuseppe Butturini, fsci (addetto per l'Africa), Père Paul Phichit (addetto per l'Asia), Mgr Giacomo Pedretti (aiutante di studio), Roma Rus (archivista), Sergio Roncaccia (scrittore), Lucia Bastianetto (scrittore)[17]. Très tôt, le secrétariat s'est également assuré le concours de « correspondants » au sein des Églises locales, si bien qu'en juin 1968 il pouvait déjà compter sur la collaboration de 52 correspondants nommés par 41 conférences épiscopales et 11 évêques résidentiels, représentant 44 pays[18]. Mais ce sont les consulteurs qui ont été appelés à travailler en

Rev. Ho Van-Hui (Saigon) ; Mgr Bernard Jacqueline (Roma) ; Nicole Klostermaier, s.v.d. (Bombay) ; James Kritzeck (Notre Dame, Usa) ; Thomas Rhee Ky-Yeng (Seoul) ; Olivier Lacombe (Paris) ; Mgr Stefano Lamotte (Louvain) ; Vittorio Maconi (Roma) ; Joseph Masson, s.j. (Roma) ; Luigi Pache, s.v.d. (Wien) ; Bernardo Cirillo Papali, o.c.d. (Roma) ; Maurice Quequiner, m.e.p. (Paris) ; Yves Raguin, s.j. (Taichung) ; Pietro Schmitt, s.m.a. (Roma) ; David L. Snellgrove (Herts) ; Giuseppe Spae, c.i.c.m. (Tokyo) ; Mgr Giuseppe Zabkar (Paris) ; Robert Charles Zaehner (Oxford). Et voici la liste de ceux qui leur furent alors adjoints : Joseph Gelot, p.b. (Roma) ; Josef Goetz, s.j. (Roma) ; Jacques Lanfry, p.b. (Roma) ; Auguste Luneau (Solignac) ; John Williams, s.j. (Roma). Cf. *Bulletin*, n° 8, juin 1968, 3ème année/2, pp. 63-67.

16. Cf. *Bulletin*, n° 12, décembre 1969, 4ème année/3, p. 161.

17. Cf. *Bulletin*, n° 23-24 (1973), 8ème année/2, pp. 89-91. Voici quels en étaient alors les « membres » : les cardinaux Jean Daniélou (Paris), Justinus Darmojuwono (Semarang), John Francis Dearden (Detroit), Léon Étienne Duval (Alger), James Darcy Freeman (Sydney), Valerian Gracias (Bombay), Stephan Sou Hwan Kim (Seoul) ; Joseph Malula (Kinshasa) ; Jérome Rakotomalala (Tananarive), Julio Rosales (Cebu), Agnelo Rossi (Roma), Paul Yoshigoro Taguchi (Osaka), Paul Yu Pin (Nankin), ainsi que les archevêques ou évêques William Wakefield Baum (Washington), Pietro Carretto (Surat Thani), André Collini (Toulouse) ; Paul Dalmais (N'Djamena), Patrik D'Souza (Varanasi), Oswald Thomas Colman Gomis (év. tit. de Mulia), Stanislaus Lokuang (Taipeh), Baptist Mudartha (Jhansi), Henri Teissier (Oran), Mário Teixeira Gurgel (Itabira), Tshinshiku Tshibangu (év. tit. de Scampa). Et la liste des consulteurs, presque entièrement renouvelée, en comprend 38.

18. Cf. *Bulletin*, n° 8, juin 1968, 3ème année/2, pp. 66-67. « Le rôle du correspondant, avait précisé le Père J. Cuocq, est complémentaire de celui du consulteur : celui-ci, nommé par le Saint-Siège, fait porter sa réflexion au niveau même du Secrétariat pour en définir les orientations et les activités ; celui-là s'applique à réaliser, sur le terrain, l'esprit

parfaite harmonie avec le Secrétariat, d'où les fréquentes « consultations » qui en ont rassemblé la plupart à Rome ou à Paris. Celle des 23-28 septembre 1966 en fut la première manifestation par sections spécialisées[19], où furent élaborés des projets de « directoires » pour un dialogue avec les diverses religions. Celle des 25-26 septembre 1968 rassembla 39 consulteurs qui y travaillèrent d'abord en sections spécialisées puis en assemblée générale pour débattre du *Bulletin*, d'un *Manuel des religions*, des diverses théologies des religions et du dialogue dans le cadre œcuménique[20]. Celle des 27-29 septembre 1971 s'est tenue à Paris avec une cinquantaine de consulteurs ou experts pour faire « un bilan général du dialogue avec les non-chrétiens sous les aspects qui intéressent le Secrétariat : de l'humano-social au théologico-culturel »[21].

## 4. Quelle fut l'importance du *Bulletin* du Secrétariat et de ses Suppléments ?

Sous l'égide du Secretariatus pro non Christianis, le *Bulletin*, dès son 1er numéro (mai 1966), s'est donné comme mission, comme l'annonçait alors le Cardinal Marella, de « servir de trait d'union entre nous et les Ordinaires puisque c'est en commun, en pleine harmonie, que nous devons et entendons travailler ». Une édition anglaise et une édition française ont ainsi vu le jour, jusqu'au moment où il fut décidé, au seuil de 1974, de les fondre en une seule édition bilingue[22], avec un rythme soutenu de 3 numéros par an, suivant une pagination continue. Le 1er numéro eut même l'originalité d'offrir un article

du Concile envers les Non-Chrétiens. Tous les deux collaborent, à des plans différents, à l'œuvre du dialogue » (cf. *Bulletin*, n° 1, mai 1966, pp. 24-25).

19. Cf. *Bulletin*, n° 3, décembre 1966, pp. 97-99.

20. Cf. *Bulletin*, n° 9, décembre 1968, 3ème année/3, pp. 126-136. Tous y bénéficièrent de la Communication du R.P. Raguin sur *Le bouddhisme à Formose*, du Rev. Ho Van Hui sur *Le bouddhisme au Vietnam*, du R.P. Zago, omi, sur *Le Laos*, du prof. Snellgrove sur *Une « Messe » dans le culte tibétain* et du R.P. Bakker, s.j., sur *Le réveil du bouddhisme en Indonésie*.

21. Cf. *Bulletin*, n° 18 (1971), 6ème année/3, pp. 139-223 : « Les participants ont travaillé en 4 sessions d'étude selon l'expérience et la compétence de chacun : islam, bouddhisme, hindouisme, religions africaines et primitives [...]. Nous publions dans ce numéro du *Bulletin* les exposés présentés dans les assemblées générales et les vœux formulés à la fin de la réunion par chacune des 4 sessions », d'où les articles de H. Dumoulin « Spiritualité et mystique bouddhistes » (140-153), de J. Jomier « La notion de prophète dans l'Islam » (154-168), de V. Mulago « Symbolisme dans les religions traditionnelles africaines et sacramentalisme » (169-203) et d'A. Camps « La personne et la fonction du Christ dans l'hindouisme et dans la théologie hindou-chrétienne » (204-217).

22. Cf. l'Avertissement du *Bulletin*, n° 25, 1974-ix/1. Les références au *Bulletin* que fournit le présent article jusqu'à cette date sont celles de l'édition française.

de base de Mgr Rossano en latin, « Quid de non Christianis Oecumenicum Concilium Vaticanum II docuerit » : il fut le seul jamais proposé en cette langue[23] ! C'était déjà le fruit d'une première concertation, car le Cardinal Marella avait profité de la présence à Rome des Pères conciliaires pour les réunir plusieurs fois et solliciter leurs conseils sur les possibles initiatives du Secrétariat : évêques et experts ne manquèrent pas de partager leurs expériences avec ses responsables, d'autant plus que des « consulteurs » y avaient déjà été nommés par le Pape en 1964. Bien vite, le *Bulletin* trouva sa structure éditoriale : d'abord des extraits des discours du Pape, suivis d'un rapport d'activités du secrétariat, puis des articles de réflexion théologique ou de description pastorale, et enfin des éléments de bibliographie. Il apparut ainsi comme étant la tribune où s'exprimaient les responsables du Secrétariat et ses divers consulteurs ou correspondants. C'est ainsi que le Père Humbertclaude y publia « Dialogue dans le monde », « Jésus et la Samaritaine (Un modèle divin du dialogue) », et « Rôle spécifique du Secrétariat pour les non Chrétiens et sa place dans l'Église », Mgr Rossano, outre le titre déjà signalé, « Expérience chrétienne et spiritualité orientale », « La Bible et les religions non chrétiennes », des « Indications bibliographiques » et « Le dialogue », et le Père Cuocq « Pour un dialogue islamo-chrétien » et « Bibliographica »[24]. Les consulteurs ou correspondants qui y ont le plus souvent publié des articles sont Mgr Étienne Lamotte et les Pères Robert Caspar, Henri Gravrand, Henri Dumoulin, Joseph Masson et Giuseppe Butturini. On les retrouve d'ailleurs tous à collaborer aux diverses publications du Secrétariat.

Mais le *Bulletin* se vit adjoindre bien vite des *Suppléments* en forme de modestes instruments de travail. Le *1er Supplément*[25] avait pour titre *L'espérance qui est en nous (Brève présentation de la Foi catholique)*. Ce faisant, les responsables du Secrétariat eurent comme premier souci de pouvoir offrir à leurs partenaires en dialogue, en 1967, « une brève présentation de la Foi catholique », d'où ce Supplément « préparé par Mgr Rossano avec la collaboration et les avis de divers consulteurs. Le but était d'offrir une information simple, fidèle et objective, sur la vie du chrétien [...]. L'exposition se présente sous forme concise et simple ; le langage s'inspire des sources bibliques comme aussi de l'expérience, évitant les formules trop techniquement théologiques [...]. Le Christianisme y est représenté sous trois aspects, on pourrait

23. In *Bulletin*, n° 1, 1966/1, pp. 15-22.

24. Respectivement, in *Bulletin*, pour le Père Humbertclaude, n° 1, pp. 28-32, n° 2, pp. 84-88 et n° 5, pp. 118-121 ; n° 2, pp. 68-75 ; n° 4, pp. 29-39 ; pour Mgr Rossano, n° 2, pp. 52-67, n° 4, pp. 18-28, n° 5, pp. 104-117 et 122-127, et n° 6, pp. 134-145 ; pour le Père Cuocq, n° 1, pp. 23-27 et n° 3, pp. 149-150.

25. Typographie Polyglotte Vaticane, 1967, 38 p., accompagné d'une édition anglaise, *The Hope that is within us*, 1967, 38 p. Une traduction arabe en fut assurée en 1968, *al-Masîhiyya 'aqîda wa-hayât wa-'amal*, Rome – Le Caire, Matba'at al-'âlam al-'arabî, 63 p.

dire trois degrés ; chacun appelle intimement les autres »[26]. Le *2ème Supplément*[27] a pour titre *Seconda raccolta di testi di S.S. Paolo VI concernenti i rapporti con le religioni non cristiane* et rassemble les diverses interventions du Pape sur la question du dialogue, d'octobre 1963 à janvier 1967[28]. Un *3ème Supplément*[29], des plus importants, suivit, en 1967, pour accompagner les catholiques *Vers la rencontre des Religions (Suggestions pour le dialogue),* brochure représentant la 1ère partie (partie générale) d'un guide pour le dialogue et annonçant des introductions aux diverses religions, lesquelles seront, en fait, des livres totalement autonomes. Comme le rappelait le Cardinal P. Marella dans la Préface : « On trouve exposé, en cette brochure, l'esprit et la mentalité qui doit être la nôtre, puis les données indispensables sur les religions en général, tant du point de vue de notre foi que de celui de la science des religions ; enfin des conseils pratiques pour éviter des erreurs regrettables. Une bibliographie volontairement sommaire termine l'ouvrage ». Le tout s'articulait en huit chapitres et Mgr P. Rossano en était l'auteur principal : on y passait de « quelques points doctrinaux » et de « quelques principes généraux de la science des religions » à ce que sont « les hommes de dialogue », ce qui suppose une « formation au dialogue » et un « devoir de témoignage » dans les divers « domaines du dialogue »[30].

26. Extraits de la *Préface* du Cardinal Marella. L'ensemble de ce petit traité de la foi chrétienne se développe comme suit : L'événement chrétien (Jésus-Christ, Les disciples de Jésus, L'histoire du salut avant Jésus-Christ, L'histoire du salut après Jésus-Christ), La sagesse chrétienne (La sagesse du chrétien, Les documents de la sagesse chrétienne, Le mystère de Dieu, Le mystère de la création, La grandeur et la misère de l'homme, Le mystère du salut dans le Christ, L'Esprit-Saint et le salut personnel, Le mystère de l'Église, Les sacrements du salut, Les non-chrétiens, La vie éternelle), La vie chrétienne (Qui est le chrétien ? Dispositions essentielles du chrétien, La norme de la raison et de la conscience, Les états de vie du chrétien, Les sources de la vie chrétienne, Le colloque du chrétien avec Dieu, Le comportement du chrétien). Appendice sur la structure externe de l'Église catholique.

27. Typographie Polyglotte Vaticane, 1967, 78 p. Il semble qu'il n'y ait eu qu'une édition italienne de ce *2ème Supplément.*

28. « En 1965, le Secrétariat pour les non-Chrétiens publia un (1er) opuscule qui groupait les pages des documents pontificaux concernant, directement ou non, les contacts et le 'dialogue' entre l'Église Catholique et les religions non chrétiennes » (*op. cit.*, p. 4), d'où le titre de « 2ème série de textes ».

29. Typographie Polyglotte Vaticane, 1967, 48 p. L'édition anglaise avait pour titre *Towards the Meeting of Religions*, 1967, 49 p.

30. En voici le sommaire avec tous ses sous-titres : *ch. i, Plan général* : la voie du dialogue, voie de charité, voie de foi, non opposées mais complémentaires ; *ch. ii, Quelques points doctrinaux* : origine, nature et but de la foi chrétienne dans le monde, situation des non-chrétiens par rapport au salut, rôle des éléments bons et mauvais des religions, appel de l'Église à un dialogue humain, degré de préparation évangélique d'une religion donnée ; *ch. iii, Quelques principes généraux de science des religions* : la religion sous l'aspect subjectif et en tant qu'objective, le mythe, le symbolisme et l'idolâtrie,

Le *4ème Supplément*[31], contemporain des précédents, fut la reprise des *Visions d'espoir* formulées à Tokyo en 1938 par Mgr P. Marella et jugées toujours actuelles en leur sous-titre *Vers le Dialogue il y a trente ans*. Un *5ème Supplément, L'homme et la religion*[32], allait suivre en 1968 et devenir bien vite la 1ère partie du livre dont il sera bientôt parlé.

## 5. Quelles furent les publications du Secrétariat ?

Il s'agissait de fournir enfin aux hommes de dialogue un manuel qui relèverait en même temps de la science des religions et de l'approche spirituelle, sinon théologique de celles-ci. C'est ce que réalisa le traité intitulé *Religions, thèmes fondamentaux pour une connaissance dialogique*[33], paru en 1970, qui eut alors un succès bien mérité[34] puisqu'il était le premier du genre. Divisé en quatre parties (L'homme et la religion, La recherche du salut, Dieu ou l'absolu dans les religions, Le concept du bien et du mal dans les religions) ayant chacune de quatre à sept chapitres et s'achevant parfois par d'excellentes bibliographies, ce livre voulait être une introduction à des ouvrages plus spécialisés. « De telles indications pratico-existentielles [il s'agit de ceux-ci], y disait le cardinal P. Marella dans la *Présentation*, pourront difficilement être assimilées et avoir une efficacité sans une préparation mentale adéquate et sans une étude systématique et comparée des essentielles composantes de

le rite et la magie, la philosophie religieuse, les dogmes, le sacrifice et la prière, morale et loi naturelle, ascèse, contemplation et mystique ; *ch. iv, Les hommes du dialogue* : leur universalité, le laïc, les mouvements d'action catholique, le rôle de la femme, entre ces agents spécialisation plus que subordination ; *ch. v, La formation au dialogue* : nécessité, préparation de foi, méthode ad hoc, préparation de charité, adaptation dans les manières et dans le mode de penser et la philosophie propre ; *ch. vi, Le devoir du témoignage* : de foi, de conduite intègre, de détachement, de charité et de pardon, de joie et de bonheur (mentalité requise : esprit de souplesse et d'ouverture, d'humilité, d'appréciation et d'estime, de juste discernement, de patience et de regard surnaturel) ; *ch. vii, Les domaines du dialogue* : simples rapports de société, milieu familial, l'atelier et le bureau, de citoyen à citoyen, contacts culturels, dialogue religieux proprement dit ; *ch. viii, Organisation du dialogue.*

31. Typographie Polyglotte Vaticane, 1967, 45 p., avec une édition anglaise intitulée *Vision of Hope, a Dialogue in Japan thirty years ago*, 45 p. Quant à la traduction italienne, *Speranza di Cristiani in Giappone*, elle avait déjà été publiée à Rome, en 1939, par Mgr Ennio Francia, avec une introduction de Mgr Giuseppe De Luca.

32. Typographie Polyglotte Vaticane, 1968, 53 p., avec son édition anglaise, *Man and Religion*, 53 p.

33. Editrice Ancora, Roma-Milano, 611 p., avec son édition anglaise, *Religions : Fundamental Themes for a Dialogistic Understanding*, 611 p.

34. Ce n'est qu'en janvier 1984 que devait paraître la 1ère édition du *Dictionnaire des religions* sous la direction du Cardinal Paul Poupard aux Puf, Paris, 1830 p.

l'espérance religieuse de l'humanité ». En effet, « espèce de Manuel pour la formation scientifique au contact et au dialogue interconfessionnels », l'ouvrage proposait « une réflexion préliminaire sur la nature et les attitudes générales de l'*homo religiosus*, qui est à la base de toutes les religions ».

Traitant de *L'homme et la religion*[35], Mgr P. Rossano, l'auteur de la *1ère partie*, y précisait que « si l'on met continuellement en relief dans ces pages la profonde solidarité dans la nature religieuse de l'homme — elle se manifeste en fait dans l'histoire — et l'analogie fondamentale de ses expressions, on ne veut par là favoriser ou ouvrir la porte ni au relativisme, ni au syncrétisme, ni à l'agnosticisme, ni non plus à un soi-disant panchristisme qui ne tienne pas compte des différences spécifiques des diverses religions, mais on veut uniquement mettre en lumière la nature religieuse de l'homme, comme elle apparaît dans une analyse historique et psychologique ». D'où un ch. I, *Contestation et affirmation de la religion*, un ch. II, *La disposition fondamentale religieuse*, un ch. III, *L'expérience religieuse*, et un ch. IV, *Expressions et structures religieuses*. En ce regard d'ensemble sur les réalisations historiques de l'*homo religiosus*, l'auteur constate « l'existence de quelques grandes religions universalistes qui annoncent le salut à tous et à chacun. Quelques unes d'entre elles, en particulier les grandes traditions de l'Hindouisme et du Bouddhisme, se présentent comme des voies vers le chemin de libération du présent douloureux dans le cadre de la nature immuable du tout ; et elles cherchent cette libération au moyen d'un approfondissement de l'expérience de la contingence du monde empirique et avec l'introspection. D'autres religions, qui sont plus en harmonie avec l'expérience religieuse commune d'un Dieu compris à la fois comme transcendance suprême et providence et amour, se présentent comme un appel positif du Dieu transcendant dans la trame vivante de l'histoire ; ce Dieu prend l'initiative d'une histoire du salut qui s'étend de la pénombre des origines jusqu'à la plénitude eschatologique. Tels sont le Judaïsme, l'Islam et surtout le Christianisme »[36].

C'est bien là ce que viennent expliciter les études monographiques des trois autres parties, toutes introduites par Mgr P. Rossano. Dans la *2ème partie*, il s'agit de *La recherche du salut* dans le christianisme (P. Rossano), dans l'Islam (R. Caspar), dans les religions primitives (V. Maconi), dans le Bouddhisme (J. Masson), dans l'Hindouisme (M. Dhavamony) et dans le Confucianisme et le Taoisme (V. Che-Chen-Tao). S'agissant de *Dieu ou l'absolu*, avec la *3ème partie*, il est question de « Dieu et l'absolu chez les primitifs » (P. Bernardi), de « Dieu et l'homme dans le Taoisme primitif » (J. Shih), de « L'absolu dans l'Hindouisme » (O. Lacombe), des « Réalités suprêmes dans

35. Cf. *Religions*, pp. 7-92.

36. Cf. *Religions*, p. 92. Pour une présentation détaillée de l'ouvrage par Mgr P. Rossano, cf. *Bulletin*, n° 16, 1971, 6ème année/1, pp. 38-42.

le Bouddhisme » (J. Masson), de « Dieu et le croyant en Islam » (L. Gardet) et du « Dieu vivant de la révélation chrétienne » (F. Festorazzi). Quant au *Concept du bien et du mal* dont traite la *4ème partie*, il est envisagé dans les Religions d'abord (U. Bianchi), puis dans les sociétés illettrées (V. Maconi), dans l'Hindouisme (B.C. Papali), dans le Bouddhisme (J. Masson), en Islam (J. Gelot) et dans des perspectives chrétiennes (J. Greco), avant que Mgr P. Rossano n'en donne une vue rétrospective. Tel est donc le riche contenu de ce manuel qui représentait alors le fruit des longues années d'études préparatoires entre les membres du Secrétariat et leurs consulteurs et experts.

Ce manuel annonçait la parution simultanée d'introductions plus spécialisées relatives au dialogue avec les diverses religions. De fait, dès 1969, étaient publiées des *Orientations pour un dialogue entre chrétiens et musulmans*[37], œuvre conjointe des Pères J. Cuocq et J.-Md Abd-el-Jalil ainsi que de L. Gardet, qui furent bien vite rééditées avant d'être mises à jour, plus tard, après plus de dix ans d'expérience[38]. Parallèlement étaient édités *A la rencontre des religions africaines*[39] par le Père H. Gravrand, *A la rencontre du bouddhisme*[40], par

37. Editrice « Ancora », Roma, 1969, 161 p. Ses chapitres se développaient comme suit : i. L'attitude du chrétien dans le dialogue (rappel des conditions générales, quelques attitudes pratiques, attitude religieuse du chrétien) ; ii. Connaître les valeurs de l'Islam (l'Islam est religion et communauté, religion d'un Livre, commenté par une tradition, attestation et témoignage, qui a ses œuvres et son credo) ; iii. Les divers interlocuteurs musulmans (diversité, modernité) ; iv. Comment se disposer au dialogue (reconnaître les injustices du passé, nous libérer de nos préjugés les plus notables, tenir compte de la représentation du christianisme que se fait notre interlocuteur) ; v. Perspectives du dialogue islamo-chrétien (promotion de la personne humaine, instauration d'une société plus fraternelle) ; vi. Spiritualité du chrétien engagé dans le dialogue (Dieu très-grand et Dieu amour, Livre et Parole de Dieu, Prophètes et vocation prophétique, Communauté et Eglise, prière du musulman et prière du chrétien). Indications bibliographiques sommaires. Ce livre connut immédiatement une édition anglaise *Guidelines for a dialogue between Christians and Muslims*, Ancora, Roma, 152 p., une autre en espagnol, *Musulmanes y Cristianos. Orientaciones para un dialogo entre Cristianos y Musulmanes*, Madrid, 1971, 146 p., et une autre en italien, *Cristiani e Musulmani : Orientamenti per il dialogo fra Cristiani e Musulmani*, Roma : Ancora, 1971.

38. En 1981, cf. Maurice Borrmans, *Orientations pour un dialogue entre Chrétiens et Musulmans*, Paris, Cerf, 191 p., « nouvelle édition entièrement revue et corrigée », avec traductions en allemand, en néerlandais, en arabe, en turc, en anglais et en italien.

39. Editrice « Ancora », Roma, 1969, 187 p. L'ouvrage présentait d'abord une 1ère partie, doctrinale (1. La sagesse africaine, 2. Les Religions africaines, 3. Le dynamisme religieux, 4. Un « nouveau » regard), puis une 2ème partie, pour le dialogue (1. L'esprit de dialogue, 2. Obstacles au dialogue, 3. Le dialogue religieux, 4. Terminologie), et enfin des « textes sacrés africains » et une riche bibliographie. L'édition anglaise avait pour titre *Meeting the African Religions*, 189 p. Un nouveau tirage de l'édition française eut lieu en 1970, 131 p.

40. Editrice " Ancora ", Roma, 1970, 2 vol., 154 et 147 p. Le 1er volume contenait *L'introduction historique et doctrinale* de Mgr E. Lamotte et une annexe sur le *Tantrisme*

Mgr E. Lamotte en collaboration avec le Professeur D.L. Snellgrove et les Pères J. Masson et P. Humbertclaude, et *Pour un dialogue avec l'hindouisme*[41], par les Pères M. Dhavamony, R. Fallon et B.C. Papali, et le Docteur V.A. Devasenapathi.

## 6. Quelles furent les activités du Secrétariat et quelles étaient leurs perspectives ?

Convaincus qu'ils étaient de l'importance des Églises locales pour prendre toutes initiatives en matière de dialogue, les membres du Secrétariat, outre ces études, recherches et publications réalisées à Rome, visitèrent très souvent le Père J. Cuocq en Afrique, Mgr P. Rossano et le Père P. Humbertclaude en Asie, leurs correspondants locaux et les aidèrent à organiser sur place des « commissions pour le dialogue » : 25 furent ainsi suscitées au sein des Conférences épiscopales nationales de ces deux continents. Dès 1967, le Père J. Cuocq avait pris l'heureuse initiative d'adresser un message de fête aux musulmans pour la « fête de la rupture du jeûne » (*'Îd al-Fitr*) à la fin du mois de ramadân, ce qui est devenu une habitude jamais démentie du Secrétariat[42]. Des contacts furent également pris avec le Working Unit for People of Living Faiths and Ideologies du Conseil Œcuménique des Églises, qui

*Tibétain* du professeur D.L. Snellgrove (pp. 123-152). L'introduction s'y développait en 5 chapitres : I. Le Bouddhisme de Sakyamuni (Le Buddha, Le Dharma ou la Loi, le Samgha ou la Communauté) ; ii. Le Bouddhisme des Srâvaka (historique) ; iii. Le Mahâyâna (aperçu doctrinal, historique, les Mahâyâna-sûtra) ; iv. Le Vajrayâna (doctrine et expansion) ; v. Déclin du Bouddhisme en Inde. Quant au 2ème volume, il comprenait l'étude du Père J. Masson sur *Le Bouddhisme jusqu'à nos jours* (surtout hors de l'Inde, dans les divers pays d'Asie) et des *Suggestions pour le dialogue* du Père P. Humbertclaude, suivies d'un « lexique bouddhique ». L'édition anglaise, *Towards the Meeting with Buddhism*, 1970, comprenait également 2 volumes, 144 et 140 p.

41. Editrice " Ancora ", Roma, 1970, 187 p., avec son édition anglaise, *For a Dialogue with Hindouism*, 183 p. L'ouvrage s'articulait comme suit : I. Védisme et Hindouisme classique (par Cyril B. Papali) ; ii. L'Hindouisme moderne (par M. Dhavamony) ; iii. Pour un vrai dialogue entre chrétiens et hindous (par René Fallon), le tout suivi d'un lexique détaillé et d'une riche bibliographie. En annexe, le Dr V.A. Devasenapathi s'expliquait sur « L'Hindouisme et les autres religions » (167-186).

42. Régulièrement publiés dans le *Bulletin* du Secrétariat et dans la revue *Islamochristiana* du Pontificio Istituto di Studi Arabi e d'Islamistica (Pisai) de Rome, ces messages de « fin de ramadân » ont été rassemblés par le Conseil Pontifical pour le Dialogue Interreligieux (Cpdi), puis édités sous le titre *Un Lieu d'Amitié. Messages aux Musulmans pour la fin du mois de Ramadan (1967-2000)*, Cité du Vatican, 2000, 72 p., *Meeting in Friendship. Messages to Muslims for the End of Ramadan (1967-2000)*, Vatican City, 2000, 77 p.

travaillait dans le même sens[43], ce qui permit la participation de certains membres du Secrétariat au colloque islamo-chrétien de Broumana (Liban) des 12-18 juillet 1972 « A la recherche de la compréhension mutuelle et de la coopération »[44]. D'autres auparavant s'étaient retrouvés à celui d'Ajaltoun (Liban), du 16 au 25 mars 1970, pour un « Dialogue entre croyants de religions diverses »[45]. Qui plus est, une délégation du Conseil suprême des Affaires Islamiques du Caire a été l'hôte du Président du Secrétariat du 16 au 20 décembre 1970, ce qui fut l'occasion d'une déclaration commune en faveur de collaborations futures[46]. Et tout en participant à ces activités, voyages et études, les membres romains du Secrétariat en ont tiré informations et réflexions qui se sont exprimées en forme d'articles et ouvrages qui sont autant d'outils précieux pour le dialogue ainsi entrepris[47]. L'œuvre ultérieure de Mgr P. Rossano en témoigne à sa manière[48].

Car il devait devenir le secrétaire du Secrétariat lors de la démission du Père P. Humbertclaude, en 1973, et ce jusqu'à sa nomination au rectorat de l'Université Pontificale du Latran en 1983 et son élévation à l'épiscopat

43. Cf. John B. Taylor, « The Involvement of the World Council of Churches (W.c.c.) in International and Regional Christian-Muslim Dialogues », in *Islamochristiana*, n° 1, 1975, pp. 97-102.

44. La « déclaration commune » en a été publiée, pp. 52-61, in *Déclarations Communes Islamo-Chrétiennes (1954 c.-1995 c./1373 h.-1415 h.)* sous la direction de Augustin Dupré la Tour et Hisham Nashabé, choix de textes présentés par Juliette Nasri Haddad, Beyrouth, Dar el-Machreq, 1997, 376 p. La version anglaise se trouve in *Meeting in Faith, twenty years of Christian-Muslim Conversation sponsored by the W.c.c.*, compiled by Stuart E. Brown, Geneva ; Wcc Publications, 1989, pp. 21-29.

45. Cf. J. Lopez-Gay, « Dialogue entre croyants de religions diverses : Ajaltoun (Liban), 16-25 mars 1970 », in *Bulletin*, n° 14, juillet 1970, 5ème année/2, pp. 80-87.

46. Le texte en est proposé in *Déclarations Communes*…, pp. 48-51, repris in *Proche Orient Chrétien*, 1971, vol. 1, pp. 56-57.

47. C'est grâce à ses voyages en Afrique et à ses études poursuivies à Rome que le Père J. Cuocq fut ainsi capable de publier, par la suite : *Les Musulmans en Afrique* (1975, 524 p.), *Recueil des Sources Arabes concernant l'Afrique Occidentale du viiième au xvième siècle* (1975, 490 p., 2ème éd., 1986), *L'Islam en Ethiopie des origines au xvième siècle* (1981, 287 p.), *Histoire de l'Islamisation de l'Afrique de l'Ouest, des origines à la fin du xvième siècle* (1984, 347 p.), *Histoire de l'Islamisation de la Nubie chrétienne* (1986), *Jaberti. Journal d'un notable du Caire durant l'expédition française D'Égypte en 1798-1801* (traduit et annoté) (1979, 429 p.), *L'Église d'Afrique du Nord du iième au xiiième siècle* (1984, 211 p.).

48. Ainsi son *Il problema teologico delle religioni* (Roma, Ed. Paoline, 1975, 120 p.), son *Vangelo e Cultura* (Roma, Ed. Paoline, 1985) et son *Una Fede pensata* (Ed. Camunia, 1988), sans parler de ses ouvrages d'exégèse néo-testamentaire et de ses commentaires scripturaires. Ses principaux articles sont présentés et commentés in *Sulle strade di S. Paolo : Pietro Rossano*, Fossano, Ed. Esperienze, 1992, 238 p., et son œuvre est analysée par ses amis in *Pietro Rossano : la sfida del dialogo*, a cura di Paolo Selvadagi, Milano, San Paolo, 2003, 278 p.

comme évêque auxiliaire de Rome en charge du monde de la culture. Le Secrétariat allait alors connaître une nouvelle période de son histoire. Le Cardinal P. Marella s'était retiré le 26 février 1973, et le Cardinal Sergio Pignedoli prenait sa place. Quant au Père J. Cuocq, il se retirait au début de 1974 et se voyait remplacé, sur ses suggestions, par le Père François Abou Mokh, prêtre salvatorien grec melkite de Syrie. Après des années de « mise en place » institutionnelle et d'études approfondies en science et en théologie des religions, le Secrétariat se trouvait capable d'oser bien des initiatives grâce au renouvellement de son personnel. Et son nouveau président pouvait alors en brosser les perspectives : « Notre espérance s'exprime avec une inégalable clarté dans la Déclaration conciliaire *Nostra Aetate* ainsi que dans le souci pressant et heureux du pape Paul VI, et de tant d'évêques et de fidèles, de porter la présence de l'Église dans le monde d'aujourd'hui. Le monde spécifique de notre Secrétariat est celui des non-chrétiens, peuple immense que rien n'attache au christianisme et qui nous est pourtant uni dans une recherche sincère de la Vérité ultime et libératrice [...]. Ce dessein de Dieu de former de tous les hommes une famille unique, dessein toujours entravé et jamais achevé de par la faute des hommes, nous en croyons la réalisation possible même si elle ne devait pas être prochaine »[49].

## Conclusion

Telle est, dans ses grandes lignes, l'histoire des tout débuts de l'actuel Conseil Pontifical pour le Dialogue Interreligieux. Suite à l'intuition providentielle de Paul VI en 1964 et dans l'esprit même du Concile, il avait fallu créer une équipe de penseurs et structurer une institution dans le cadre même de la Curie romaine. Ses premiers membres ont réussi à sensibiliser les Églises locales à un dialogue rendu d'autant plus nécessaire que le statut de minoritaires des communautés chrétiennes et le renouveau culturel des grandes religions historiques constituaient un double défi au lendemain d'un Concile qui s'était voulu sensible aux « signes des temps ». Ils furent donc des « pionniers » auxquels on est redevable d'avoir fait de la Déclaration *Nostra Aetate* leur « charte » et ainsi précisé quels sont les buts du dialogue interreligieux : la « rencontre, partout, de l'*homo religiosus* ». On leur doit aussi d'avoir su organiser, avec peu de moyens, la structure du Secrétariat et la collaboration des consulteurs et des correspondants. Il convenait d'insister sur le rôle essentiel du *Bulletin* et de ses *Suppléments*, comme lien permanent de concertation avec les uns et les autres dans le cadre des Églises locales,

49. Cf. S. Pignedoli, « Perspectives du Secrétariat », in *Bulletin*, n° 23-24, 1973, 8ème année/2, pp. 86-88.

tout comme il faut reconnaître que le manuel *Religions : thèmes fondamentaux pour une connaissance dialogique* a pu utilement aider les chrétiens engagés un peu partout dans le « dialogue du salut », commenté qu'il fut par les quatre livres d'*Orientations* pour la rencontre des autres religions et de ceux qui y adhèrent. Quant aux activités du Secrétariat, elles étaient prometteuses des développements qu'allaient connaître les étapes successives de son histoire. Les bases étaient ainsi posées pour que le dialogue entrevu par Paul VI prenne toutes ses dimensions culturelles et spirituelles là où la rencontre se révélait possible et enrichissante. Comme le répétait le Cardinal S. Pignedoli en ses *Perspectives*, « l'Église reconnaît les valeurs authentiques contenues dans les Religions non-chrétiennes [...]. Cela ne veut évidemment pas dire que l'Église s'immerge dans la mer des religions non-chrétiennes et se laisse absorber par elles. Aucune équivalence, aucune fusion n'est possible. L'Église demeure telle que Jésus-Christ l'a voulue et se présente à elle. Mais elle entre dans un dialogue respectueux et plein d'amour avec les non-chrétiens ».

# III. MUSLIM-CHRISTIAN RELATIONS

# L' « HISTOIRE SAINTE » SELON YA'QŪBĪ : LES SOURCES, NOTAMMENT LA BIBLE, ET LEUR INTERPRÉTATION

*par*

André FERRÉ

Ayant eu, dans le passé, l'occasion de m'intéresser à l'œuvre de Ya'qūbī[1], il m'a semblé que cet historien pourrait trouver sa place dans le présent recueil d'hommages, par le biais très général du dialogue des cultures et des religions. Nous verrons, en effet, que dans la première partie de son Histoire universelle, il a largement puisé aux traditions juive et chrétienne, et que, par ailleurs, il avait une sérieuse connaissance de la culture de la Grèce et de l'Inde.

Commençons par rappeler brièvement quelques éléments concernant la biographie et l'œuvre de Ya'qūbī.

Tout compte fait, nous savons peu de chose de sa vie. Aḥmad b. Ja'far al-Ya'qūbī, connu aussi sous le nom d'Ibn Wāḍiḥ, par référence à l'un de ses ancêtres qui fut gouverneur d'Égypte, est né à Bagdad à une date incertaine. Il semble avoir quitté assez tôt cette ville, d'abord pour l'Arménie (berceau probable de sa famille), puis pour le Khurâsân où il servit les Tâhirides dans leur capitale Nîshâpûr. La chute de cette dynastie de gouverneurs, en 259/873, entraîna le départ de Ya'qūbī, qui se rendit alors en Égypte. C'est là qu'il mourra en 284/897 (ou, selon d'autres sources, en 292/905). Ce long séjour fut-il entrecoupé de voyages en Inde et au Maghreb ? Cela n'est pas impossible et correspondrait assez bien à la soif de connaître dont il a fait état dans ses écrits, comme nous le verrons plus loin.

Parmi les ouvrages qui lui sont attribués, trois nous sont parvenus :

- *Kitāb al-Buldān* (*Le Livre des Pays*), ouvrage géographique terminé en Égypte en 278/891), dont seule une partie a été conservée, du moins dans l'état actuel de nos connaissances[2].

1. André FERRÉ, « L'historien al-Ya'qūbī et les Évangiles », in *Islamochristiana* 3 (1977), 65-83 ; « L'Histoire des Prophètes d'après al-Ya'qūbī : d'Adam à Jésus », *Études Arabes* (PISAI) n° 96, Rome, 2000.

2. Edit. M. J. DE GOEJE, in *Bibliotheca Geographorum Arabicorum (BGA)* VII, Leiden, Brill, 1892. Trad. G. Wiet sous le titre *Les Pays*, Le Caire, IFAO, 1937, XXXI-291 p.

– *Kitāb mushākalāt al-nās li-zamānihim*, un très bref opuscule qui aborde, en quelques pages, la question du conformisme en matière de politique et de culture. Qu'il s'agisse d'architecture, de vêtement ou de règles d'étiquette, les administrés ne font que suivre le modèle établi par le prince régnant[3].

– *Tārīkh* (ou *Tawārīkh*), objet de la présente étude[4].

Le *Tārīkh* se présente comme une Histoire universelle. Il compte deux parties bien distinctes : avant et après l'Islam ; une division que consacre l'édition de Goeje en deux tomes. Sur les 315 pages de texte imprimé que comporte la première partie, près de 90 traitent de l'histoire des patriarches, des prophètes et des rois d'Israël, d'Adam à Jésus. Vient ensuite un aperçu historique des peuples anciens et de leurs souverains : Assyriens, Grecs, Byzantins, Romains, Chinois, Égyptiens, Berbères, Abyssins, Syriens. Les Grecs sont l'objet d'une étude plus développée (près de 60 p.), dans laquelle l'auteur souligne leur apport dans le domaine des sciences et des arts, en analysant avec soin les ouvrages d'Hippocrate, Pythagore, Euclide, Aristote, Ptolémée…[5]. Les 100 dernières pages s'intéressent à la péninsule arabique, à l'histoire des royaumes et des peuples arabes, avec une attention particulière portée aux traditions religieuses et culturelles et aux coutumes.

Les quelques auteurs musulmans qui ont entrepris d'écrire une histoire universelle n'avaient à leur disposition qu'un nombre limité de sources. En premier lieu, la Bible, dont les toutes premières pages racontent la création du monde et les débuts de l'humanité. Puis, une abondante littérature à laquelle les récits bibliques donnèrent naissance dans le monde juif et, plus tard, dans le christianisme, et qui fut considérée comme apocryphe lorsqu'on eut fixé définitivement les Canons des Écritures. Enfin, le Coran, qui reprend à titre de « rappel » et de « confirmation » nombre d'éléments présents dans les écrits précédents, canoniques ou non. Ce sont donc à ces sources-là que puiseront des historiens comme Ṭabarī et Ya'qūbī, entre autres, pour élaborer une vision proprement musulmane de l'histoire du monde et des peuples, l'originalité de chacun d'eux tenant à l'importance respective qu'ils accordent à ces sources, à leur méthode de recherche et au but qu'ils se proposent en entreprenant leur audacieux projet.

3. Edit. William G. Millward, Beyrouth, 1962, 47 p., trad. par le même : "The Adaptation of Men to their Time : an historical Essay by al-Ya'qūbī", *JAOS*, vol. 84 (1964), 329-344. Autre édition : M. Kamāl al-Dīn 'Izz al-dīn, in *Majallat ma'had al-makhṭūṭāt al-'arabiyya*, vol. 26/1, mai 1980, 139-165.

4. *Ibn Wâdih qui dicitur al-Ja'qûbî, Historiae*, éd. Th. Houtsma, 2 vol., Leiden, Brill, 1883.

5. Cf. M. Klamroth, " Über die Auszüge aus griechischen Schrifstellern bei al-Ya'qūbī ", *ZDMG* 40 (1886), 189-233 ; 612-638 ; 41 (1887), 415-442.

Une lecture attentive des 90 premières pages du *Tārīkh* de Ya'qūbī confirme ce qui vient d'être dit. Elle nous permet de discerner assez aisément quatre sources : la Bible, le Coran, un livre apocryphe connu sous le nom de *Caverne du Trésor*, et des éléments empruntés probablement à la littérature des *Isrā'īliyyāt*. Dans la présente étude, on ne se référera qu'occasionnellement à la section du *Tārīkh* consacrée aux Évangiles et à l'histoire des Apôtres après le départ de Jésus, cette partie ayant fait l'objet d'une précédente recherche[6]. De plus, elle se limitera à la période qui va d'Adam à l'exil des Juifs à Babylone. En effet, Ya'qūbī ne dit rien de l'histoire d'Israël après le retour de l'exil ; il se contente de mentionner le « roi Zorobabel fils de Salatiel, qui rebâtit la ville de Jérusalem ainsi que le Temple »[7], et, après avoir exposé en quelques pages la Loi (*sharī'a*) des Israélites, il passe directement à la présentation des quatre Évangiles. Il est permis de supposer que notre historien s'est trouvé à court de documentation pour la période hellénistique (peut-être a-t-il ignoré l'existence des Livres dits deutérocanoniques, notamment I et II *Macchabées*)[8].

## Le Coran

Les citations textuelles du Coran sont relativement peu nombreuses dans cette partie du *Tārīkh* : on les rencontre surtout à propos d'Adam (3), d'Abraham (8) et de Moïse (3). Les pages consacrées à Noé contiennent une seule citation, qui concerne son âge : « Mille ans moins cinquante ans »[9] et ce, malgré les nombreux versets du Coran qui l'évoquent. La première partie du récit sur Abraham (sa lutte contre les idoles et la persécution de Nemrod) est composée sur la base de versets coraniques épars[10] que Ya'qūbī paraphrase brièvement, de manière à présenter un exposé suivi. Par contre, la suite de l'histoire d'Abraham relève d'autres sources. En d'autres endroits, Ya'qūbī se contente d'écrire : « Comme Dieu l'a rapporté dans son saint Livre », ou quelque expression équivalente. Il semble donc supposer ses lecteurs suffisamment avertis pour suppléer d'eux-mêmes le texte coranique.

Aucune référence à la Bible n'est perceptible dans l'histoire d'Abraham et d'Ismaël, telle que le *Tārīkh* nous la présente.

6. A. Ferré, *art. cit.* in *Islamochristiana* 3 (1977), 65-83.
7. Cf. *Tārīkh,* éd. Houtsma, I, 71.
8. Quelques siècles plus tard, Ibn Khaldûn se trouvera dans la même situation, mais, plus heureux que Ya'qūbī, il découvrira la Chronique de Josippon (qu'il appelle Yūsuf b. Kuryūn) et il l'intégrera à la seconde rédaction de son Histoire universelle.
9. *Cor.* 29 :14.
10. Par ex. *Cor.* 6 :76 et suiv. 21 :69 ; 26 :86 ; etc.

## Les *Isrā'īliyyāt*

Rappelons que, sous ce terme, on désigne un ensemble de traditions relevant d'apocryphes juifs et chrétiens, mais également du folklore juif, et qui visent à étoffer les récits bibliques jugés trop succincts. Ces traditions sont passées dans le monde musulman grâce à des juifs convertis tels Abdallāh b. Salām (contemporain de Muhammad), Ka'b al-Aḥbār (devenu musulman en 17/638) ou descendants de convertis comme Wahb b. Munabbih (né en 34/654-655). Ce dernier notamment, à qui est attribué un *Kitāb al-Mubtada'* (sur la création et l'histoire des Prophètes), est à l'origine de nombreuses traditions reproduites par des auteurs aussi marquants que Ṭabarī ou Ibn Qutayba[11].

En ce qui concerne Ya'qūbī, les emprunts à cette source se rencontrent dans une partie de l'histoire d'Adam et de celles de Noé et d'Abraham, celle des prophètes non bibliques Hūd et Ṣāliḥ, et encore dans quelques récits sur le règne de Salomon. Comme Ya'qūbī ne nous livre le nom d'aucun de ses informateurs et qu'un certain nombre de ces traditions sont absentes des autres ouvrages d'histoire, il n'est pas aisé d'en retrouver l'origine[12].

## La source apocryphe

À plusieurs reprises, Ya'qūbī utilise les expressions : « Les Gens du Livre affirment… » (*za'ama ahl al-kitāb*), « d'après ce que disent les Gens du Livre » (*fī-mā yaqūl ahl al-kitāb*), etc. Or, les citations qu'elles introduisent ne figurent pas dans la Bible, mais nous les retrouvons dans un écrit connu sous le nom de *Caverne du Trésor*[13].

Ce livre appartient au cycle apocryphe d'Adam, qui contient aussi le *Combat d'Adam*, le *Livre des Révélations* et la *Vie d'Adam et Ève*. Il relève à

11. On pourra consulter, dans l'*Encyclopédie de l'Islam*, les articles consacrés à ces divers personnages, ainsi que l'art. *Isrā'īliyyāt.*

12. Il a été possible de repérer un certain nombre de ces légendes dans le grand recueil de L. Ginzberg, *The Legends of the Jews,* 7 vol., Philadelphia, The Jewish Publication Society of America, 1909-1938 ; trad. franç. : *Les légendes des Juifs*, trad. G. Sed-Rajna, 7 vol., Paris, Cerf, 1997-2006.

13. Édité, dans ses versions arabe et syriaque, par C. BEZOLD : *Die Schatzhöle, aus dem syrischen Texte dreier unedirter Handschriften,* Leipzig, Hinrichs, 1883 ; *Die Schatzhöle, nach dem syriaschen Text der Handschriften zu Berlin, London und Rom, nebst einer arabischen Version nach den Handschriften zu Rom, Paris und Oxford,* Leipzig, Hinrichs, 1888. Les deux recensions syriaques ont été rééditées plus récemment par SU-MIN RI, in *CSCO, Scriptores Siri*, Tome 207, Louvain, 1987, XXX-462 p. Trad. française : SU-MIN RI, *ibid.*, Tome 208, Louvain, Peeters, 1987, XXVII-208 p.

l'origine de la littérature apocryphe juive, et il est censé nous raconter le destin du corps d'Adam après sa mort. Adam aurait, en effet, recommandé à son fils Seth « de conserver son corps et de le déposer dans la Caverne du Trésor »[14]. De plus, chaque Patriarche avait le devoir de le transmettre à son successeur. Le corps, recueilli par Noé, fut embarqué dans l'arche, puis inhumé de nouveau, cette fois « au centre de la terre ». La légende du corps d'Adam et l'identification du lieu de sa sépulture ont connu bien des avatars au cours des siècles ! Une tradition juive affirme qu'Adam fut enseveli sur le lieu même de sa création, à savoir le mont Moriah, là où Abraham avait reçu l'ordre d'immoler Isaac, là aussi où Salomon édifiera plus tard le Temple. Une tradition chrétienne reprit ce récit légendaire, mais en affirmant que les événements précédents se situaient sur la colline du Golgotha, lieu de la crucifixion de Jésus. A leur tour, les musulmans inclurent la légende dans leur patrimoine. Ṭabarī, par exemple, se fait l'écho d'une tradition selon laquelle Adam « fut enseveli à La Mecque, dans la caverne d'Abū Qubays, que l'on appelle aussi la Caverne du Trésor »[15]. Quant aux shî'ites, ils identifient le lieu de la sépulture avec le site de la ville sainte de Najaf[16].

On pense que cet apocryphe aurait été compilé, dans sa version « chrétienne », aux environs de 350, et qu'une traduction syriaque en aurait été effectuée au début du VIème siècle. On en connaît aussi plusieurs autres : arabe, éthiopienne, copte, géorgienne, qarshuni. Il est difficile de savoir si Ya'qūbī a pu avoir un accès direct à cet écrit ou bien s'il l'a cité à travers des informateurs[17]. Des citations identiques faites par Ṭabarī, qui dit les tenir de Wahb b. Munabbih, pourraient nous orienter vers ce Yéménite. Il n'est pas invraisemblable que celui-ci ait eu connaissance du récit légendaire qui forme la trame de la *Caverne du Trésor* ; cet ouvrage serait alors à inclure parmi les sources des *Isrā'īliyyāt*.

Quoi qu'il en soit, le texte de Ya'qūbī présente des affinités certaines avec la version de la *Caverne* dite « syriaque orientale ». Quant à l'ampleur des emprunts, elle est loin d'être négligeable. Ainsi, l'essentiel des pages consacrées à Adam repose sur le texte de l'apocryphe, à part les trois citations coraniques indiquées précédemment. À partir de Seth et jusqu'à Tèrah, père d'Abraham, Ya'qūbī dépend presque exclusivement de l'apocryphe. Par contre, la suite du *Tārīkh* ne doit plus rien à cette source.

14. *Tārīkh,* éd. Houtsma, I, 5.
15. *Tārīkh al-rusul wa-l-mulūk,* éd. Beyrouth, 1991, I, 101.
16. E. KOHLBERG, « Some Shî'î view of the Antediluvian World ", in *Studia Islamica*, vol. 52 (1980), 41-66 (ici, p. 58).
17. Sur l'utilisation de la *Caverne du Trésor* par Ya'qūbī, voir A. GÖTZE, « Die Nachwirkung der Schatzhöle, 6 : al-Ja'qûbî », in *Zeitschrift für Semitistik*, vol. 3 (1924), 60-71.

## La Bible

Nous allons nous arrêter plus longuement à cette source du *Tārīkh.*

Si le recours à la Bible reste très ponctuel pour l'histoire des patriarches jusqu'à Isaac, se limitant souvent à des précisions sur l'âge du personnage où l'âge auquel il a donné naissance à son héritier, il n'en est plus de même par la suite. La Bible devient la source principale pour l'histoire d'Isaac, celles de Jacob et de ses descendants, de Moïse après sa sortie d'Égypte. L'institution du rituel des Hébreux, les Dix Commandements, la législation mosaïque, etc., sont un fidèle résumé des parties correspondantes de l'*Exode*, des *Nombres* et du *Deutéronome*. L'histoire des Juges est empruntée au Livre du même nom ; celles de Samuel et de David, aux Livres I et II de *Samuel.* Une partie de l'histoire de Salomon renvoie au Ier Livre des *Rois* ; celle de ses successeurs jusqu'à Joachaz, aux deux Livres des *Rois*[18].

On voit que les références à la Bible représentent un large éventail qui englobe le *Pentateuque* et les Livres historiques. Voyons de plus près en quoi consistent ces références. Et, tout d'abord, s'agit-il d'une traduction du texte de la Bible ?

Avant de répondre à cette question, rappelons la méthode que Ya'qūbī s'est fixée. Ayant délibérément choisi de nous offrir un récit suivi et concis, d'une part il s'interdit toute digression (ce qui le distingue d'un auteur comme Mas'ūdī, toujours prêt à nous conter des anecdotes curieuses) ; d'autre part, il ne cherche pas à accumuler les informations (se démarquant en cela de Ṭabarī, qui n'abandonne une question qu'après nous avoir transmis toute la documentation qu'il a pu rassembler sur le sujet). Dans l'Introduction à son ouvrage géographique, il nous a dit sa conviction « qu'on ne peut rien savoir à fond et que nul homme n'a le moyen de parvenir à la connaissance absolue » ; et il ajoute, faisant sienne la réflexion qu'il attribue à « un sage » : « Je me borne à vouloir connaître les faits qu'il n'est pas permis d'ignorer et qu'un homme raisonnable ne peut décemment contester »[19]. Il n'est pas interdit de penser qu'il a voulu appliquer la même ligne de conduite à sa recherche historique. Les destinataires de ses ouvrages étaient vraisemblablement les *kuttâb*, les fonctionnaires de l'administration abbasside, qui avaient besoin d'un maximum d'informations en un minimum de pages.

Par conséquent, d'une façon générale, Ya'qūbī évite le recours aux anecdotes et, quand il y sacrifie, il le fait avec beaucoup de sobriété[20] ; et plutôt

18. Rappelons que le chapitre consacré à Jésus est presque entièrement redevable aux *Évangiles*, dont Ya'qūbī reproduit de longs extraits. Cf. A. FERRÉ, « L'historien al-Ya'qūbī et les Évangiles », *art. cit.* ci-dessus note 2.

19. YA'QŪBĪ, *Les Pays,* trad. cit., p. 2-3.

20. Par ex. à propos d'Ismaël (*Târîkh,* 24 ; trad., 28) et de Josué (*Tārīkh*, 47 ; trad., 56).

que de traduire, il préfère résumer ses sources. S'agissant de la Bible, le *Tārīkh* ne contient que deux exceptions à cette règle : la vie de Jésus, pour laquelle l'historien nous offre une traduction remarquable de plusieurs pages des *Évangiles*[21] ; et, à propos de la vie de David, la traduction partielle de quelques Psaumes, sur laquelle nous allons revenir. Pour le reste, notamment la vie de Moïse et celle des « prophètes et rois d'Israël après Moïse », il est facile de vérifier, à partir du texte biblique, la fidélité du résumé qui nous est proposé. La traduction des Évangiles ayant été présentée dans un précédent article[22], nous nous arrêterons donc ici à celle des *Psaumes*.

C'est à l'occasion de l'histoire de David que Ya'qūbī traduit quelques psaumes. En effet, résumant le *2nd Livre de Samuel*, il en arrive au chapitre 22 où il est dit que David, après avoir été délivré de ses ennemis, prononça un cantique d'action de grâces. Le texte du cantique reproduit, avec beaucoup de variantes, le Psaume 18 (17). Sur les 51 versets que comporte le psaume, Ya'qūbī en traduit seulement quelques-uns. Il reprend tout d'abord l'introduction qui se trouve dans le texte biblique : « Quand le Seigneur l'eut délivré [de ses ennemis], il se mit à célébrer la sainteté et la grandeur du Seigneur en disant… ». Puis il insère, à la suite de l'extrait du Ps. 18, les Ps. 1, 148, 149, 150, 151 (ce dernier, propre à la LXX).

La présence du Psaume 151 laisse entendre que la traduction des Septante est à la base de celle de Ya'qūbī. D'autres indices viennent confirmer cette impression. Il semble toutefois qu'il y ait eu un texte intermédiaire entre le grec des LXX et la version arabe donnée par Ya'qūbī. Les travaux déjà anciens de M. Klamroth et G. Smit ont souligné, en ce qui concerne les Évangiles, l'affinité de son texte avec les recensions syriaques[23] ; en est-il de même pour l'Ancien Testament et notamment les Psaumes ? Pour tenter une réponse, il conviendrait de procéder à une confrontation directe entre le texte du *Tārīkh* et les versions syriaques faites sur le grec des LXX, recherches qui excèdent les limites du présent article. On trouvera ci-dessous, pour le Ps. 18, la traduction du texte de Ya'qūbī accompagnée, en italique, d'une traduction faite sur le grec des LXX ; et pour le Ps.151, toujours en italique, une traduction faite à partir du syriaque[24].

21. *Tārīkh*, 75-87 ; trad., 92-107.

22. Cf. note 2 ci-dessus.

23. M. KLAMROTH, " Der Auszug aus den Evangelien bei dem arabischen Historiker Ya'qūbī ", in *Festschrift zur Einweihung des Wilhelmsgymnasium in Hamburg*, Hamburg, 1885, 117-128 ; G. Smit, *Bijbel en Legende bij den Arabischen schrijver Ja'kubi*, Leiden, Brill, 1907. Cf. A. FERRÉ, in *Islamochristiana* 3 (1977), *art. cit.*, pp. 78 suiv.

24. Pour le Ps. 151, trad. L. FILLION, in *Dict. de la Bible*, vol. V, col. 839 (art. « Psaumes apocryphes »).

Psaume 18 (17)
*v2. Je t'aimerai, Seigneur, ma force.*
C'est toi, Seigneur, que j'adore, et c'est à toi que j'offre mon amour,
*3. Le Seigneur est mon appui, mon refuge et mon libérateur.*
Car tu es ma force et ma protection, mon refuge et mon libérateur.
*5. Les douleurs de la mort m'environnaient,*
Alors que les torpeurs de la mort m'avaient encerclé et s'étaient approchées de moi,
*6. Et les torrents de l'impiété me troublaient*
Que les signes de la perdition s'assemblaient contre moi,
*7. Dans mon affliction, j'ai invoqué le Seigneur et j'ai crié vers mon Dieu.*
Je t'ai invoqué dans mon angoisse ; j'ai imploré ton secours, ô mon Dieu !
*De son saint temple il a entendu ma voix.*
Et tu as entendu ma voix.
Tu m'as délivré de ceux qui me persécutaient.
Tu as été mon secours et tu m'as fait passer de l'angoisse à la consolation.
*31. Mon Dieu, son chemin est parfait.*
Comme tu es juste, Seigneur,
*Il est un protecteur pour tous ceux qui mettent en lui leur espoir.*
Et combien tu secours ceux qui s'en remettent à toi !
*32. Car qui est Dieu sinon le Seigneur ? Qui est Dieu sinon notre Dieu ?*
Car il n'y a pas d'autre Seigneur que toi.
*33. C'est Dieu qui me ceint de force et qui a rendu mon chemin droit.*
Inspire-moi la force et montre-moi le chemin de la rectitude,
*34. Qui a affermi mes pieds comme ceux du cerf, … qui a instruit mes mains pour le combat*
*35. Et a fait de mes bras un arc d'airain.*
Affermis mon pied devant toi, consolide mon bras,
*38. Je poursuivrai mes ennemis…, je les mettrai en pièces,*
*39. Ils ne pourront résister et ils tomberont sous mes pieds.*
Ne donne pas à mes ennemis pouvoir sur moi,
*44. Un peuple que je ne connaissais pas m'a servi,*
*45. À ma voix, ils m'ont obéi.*
Accorde-moi l'obéissance des fils d'Israël et fais d'eux des serviteurs soumis.
*50. Aussi je te louerai chez les païens, Seigneur, et je jouerai pour ton nom.*
Inspire-moi de te rendre grâce.

Psaume 1
*1.* Heureux l'homme qui n'a pas suivi la voie des pécheurs,
Et qui ne s'est pas assis dans la compagnie des railleurs,
*2.* Mais dont la passion est la « sunna » de Dieu,
Et qui étudie sa « sunna » nuit et jour.
*3.* Il est comme un arbre planté au bord de l'eau,
Qui donne son fruit en tout temps et dont le feuillage ne tombe pas.
*4.* Ils ne seront pas ainsi les hypocrites au Jugement,
*5.* Ni les pécheurs à l'assemblée des justes.
*6.* Car Dieu connaît le chemin des justes,
Et il anéantit le chemin des pécheurs.

Psaume 148
*1.* Qu'ils louent Dieu ceux qui sont dans le ciel,
Qu'ils le louent, ceux qui sont dans les hauteurs,

*2.* Qu'ils le louent, tous ses anges,
Qu'elles le louent, toutes ses armées,
*3.* Qu'ils le louent, le soleil et la lune,
Qu'ils le louent, les astres et la lumière.
*4.* Qu'elle loue le nom de notre Seigneur, l'eau qui est au-dessus du ciel.
Car il a dit à toute chose « Sois », et elle fut.
*6.* Il a créé et formé tous les êtres et les a fait exister pour toujours ;
Pour chacun d'eux il a décrété sa destinée,
Lui fixant une limite et un terme à ne pas dépasser.
*7.* Qu'ils louent Dieu ceux qui sont sur la terre,
*8.* Le feu, le froid, la neige et la glace,
Car il a créé le vent de tempête par sa parole.

Psaume 149
*1.* Adressez à Dieu une louange nouvelle dans l'assemblée des justes.
*2.* Qu'Israël se réjouisse de son Créateur,
Que les fils de Sion célèbrent la grandeur de leur Seigneur,
*3.* Qu'ils louent son nom par le tambourin, les timbales et le tambour
Et qu'ils célèbrent sa grandeur.
*4.* Car Dieu se complait en sa Loi
Et il donne aux pauvres la victoire.
*5.* Que les justes chantent sa générosité,
Qu'ils le louent sur leurs couches,
*6.* Qu'ils célèbrent la grandeur de Dieu à pleine voix,
Et tenant en mains l'épée à deux tranchants,
*7.* Pour vaincre les peuples et pour que les nations soient averties,
*8.* Pour entraver les pieds de leurs rois et lier les nobles avec des chaînes de fer,
*9.* Pour exécuter sur eux la sentence écrite.
Gloire à Dieu pour tous les justes.

Psaume 150
*1.* Louez-le dans son sanctuaire,
Louez-le au ciel de sa puissance,
*2.* Louez-le pour sa force et sa puissance,
Louez-le pour sa grandeur !
*3.* Louez-le par la voix du cor,
Louez-le par la cithare et le tambour,
*4.* Louez-le par les luths et le chant,
Louez-le par les cordes et le tambourin,
*5.* Louez-le par les claquettes,
Louez-le par vos voix et vos cris.
*6.* Adressez à notre Seigneur une louange sincère, tous les êtres qui respirent !

Psaume 151
Et David dit dans le dernier Psaume :
*1. J'étais le plus jeune parmi mes frères et un jeune homme dans la maison de mon père.*
J'étais le dernier de mes frères et le serviteur de la maison de mon père.
*Je faisais paître le troupeau de mon père,*
J'étais le berger du troupeau de mon père.
*Et je trouvais un lion et un loup, et je les tuais et les mettais en pièces.*

*2. Mes mains firent une flûte et mes doigts fabriquèrent une harpe.*
Ma main fabriquait le tambour et mes doigts taillaient les flûtes.
*3. Qui me montrera mon Seigneur ?*
Qui donc a parlé de moi à mon Seigneur ?
*Lui, mon Seigneur, est devenu mon Dieu.*
Il est mon Seigneur, et c'est lui qui a entendu parler de moi.
*5. Il m'a envoyé son ange et il m'a pris derrière le troupeau de mon père, et il m'a oint avec l'huile d'onction.*
Il m'a envoyé ses anges et il m'a arraché au troupeau [de mon père].
*6. mes frères étaient beaux et grands,*
Mes frères étaient plus grands et plus beaux que moi,
*Le Seigneur ne s'est pas complu en eux.*
Mais mon Seigneur ne s'est pas complu en eux.
*7. Et je sortis à la rencontre du Philistin,*
Alors il m'a envoyé à la rencontre des troupes de Goliath (*Jâlût*).
*Et il me maudit par ses idoles.*
Quand je le vis adorer ses idoles, il m'accorda de le vaincre.
*8. Mais je tirai son épée et je coupai sa tête,*
*Et j'enlevai l'opprobre des fils d'Israël.*
Alors je pris son épée et je lui coupai la tête.

La traduction effectuée par Ya'qūbī de ces quelques psaumes appelle notre attention sur la méthode de l'historien et sur le but qu'il s'est proposé dans son approche de la Bible.

Il semble bien que cette traduction était destinée à donner au lecteur simplement une idée du contenu du Livre des Psaumes. D'ailleurs, dans le plan général d'une Histoire universelle extrêmement concise, l'historien ne pouvait guère faire plus. Il opérera de la même façon pour sa présentation des Évangiles, dans laquelle il s'arrêtera sur quelques épisodes de la vie de Jésus : la naissance, les aspects de son message qui lui paraissent plus significatifs, ainsi que le récit de la Passion. Si l'on y regarde de plus près, on s'aperçoit qu'il a sélectionné, dans les Évangiles, principalement ce qui a son correspondant dans le Coran.

Car l'ouvrage de Ya'qūbī est celui d'un musulman qui écrit pour des musulmans, — la classe des secrétaires (*kuttāb*) en l'occurrence —, en leur fournissant, sur l'histoire des prophètes, l'essentiel des informations nécessaires à leur fonction. Ce faisant, il prend en compte la culture générale de ces fonctionnaires, et notamment leur connaissance du texte coranique. Cela apparaît jusque dans le choix de tel ou tel mot, de telle ou telle expression. En voici plusieurs exemples :

Psaume 18 (17)

Dans le verset 2, « Je t'aimerai, Seigneur » devient « C'est toi, Seigneur, que j'adore » (*iyyā-ka a'budu yā Rabb*), qui renvoie clairement le lecteur à la *Fātiḥa*. Au v. 5, « les douleurs de la mort » sont remplacées par « les torpeurs de la mort » (*sakarāt al-mawt*), dont l'expression figure (au singulier) en *Cor*. 50 : 14.

Psaume 1
Au v. 2, la « Loi de Dieu » est traduite à deux reprises par *Sunnat Allāh,* une expression familière aux lecteurs du Coran. De même, au v. 4, le terme « hypocrites » (*munāfiqūn*) est utilisé pour traduire « impies ».

Psaume 148
Le v. 4 reprend presque textuellement les mots bien connus qui décrivent, dans le Coran, l'acte créateur de Dieu : « Il a dit à toute chose : Sois, et elle fut » (*qāla li-kulli shay' : kun, fa-kāna*). Au v. 6, le texte des LXX dit, en parlant des êtres créés : « Il les posa pour l'éternité de l'éternité et pour les âges des âges ; il a émis un ordre qui ne sera pas transgressé ». La traduction de Ya'qūbī s'inspire de plusieurs versets coraniques : « Pour chaque être il a décrété sa destinée » (*qaddarahu taqdīran*, *Cor.* 25 : 2), « lui fixant une limite (*muntahā*) à ne pas dépasser (cf. *Cor.* 53 : 42 et 80 : 44). Enfin, au v. 6 : « Il a créé le vent de tempête par sa parole » renvoie à *Cor.* 21 : 81.

Psaume 149
Dans ce psaume, plusieurs termes ont une saveur coranique : *ṣiddīqūn* pour traduire « justes », *karāma* là où les LXX ont « gloire ». Et surtout, au v. 4, « le Seigneur se complaît dans son peuple » devient « Dieu se complaît dans sa Loi (*sharī'a*) ».

Psaume 150
Alors que le texte original du v. 2 invite à louer Dieu « pour ses hauts faits », Ya'qūbī introduit la modification suivante : « Louez-le pour sa force et sa puissance, *bi-ḥawli-hi wa-quwwati-hi* », une expression toute proche du *Lā ḥawla wa-lā quwwata illā bi-Llāh !*

## Conclusion

Pour écrire son histoire des patriarches et des rois d'Israël, Ya'qūbī a donc combiné quatre sources : la *Caverne du Trésor*, la *Bible*, le *Coran*, et quelques légendes relevant du genre *Isrā'īliyyāt*, la part respective de chacune variant en fonction du personnage dont il est question. L'historien entrelace ses sources de manière à obtenir un récit fluide, un exposé suivi, sans digressions inutiles. Son apport personnel réside d'abord dans les choix qu'il s'est imposés, notamment quand il s'agit du texte biblique ; mais aussi et surtout, dans les interventions personnelles qu'il s'autorise et qui nous paraissent révélatrices du dessein général de l'auteur. Ce dessein pourrait être formulé ainsi : montrer comment l'histoire religieuse de l'humanité, depuis les origines et jusqu'à Muhammad, est fondamentalement une ; comment, en dépit de l'infidélité de telle ou telle génération, sous la conduite d'un chef lui-même infidèle, la profession d'un Dieu unique s'est transmise, sans solution de continuité, jusqu'à son épanouissement et sa consécration dans l'islam. Dans cette perspective, le contenu de la foi des patriarches, celle des prophètes et des rois qui leur ont succédé, est la même que celle des musulmans, à savoir : adorer le Dieu unique et obéir à ses préceptes.

Pour étayer cette vision, Ya'qūbī n'hésite donc pas à intervenir par rapport à ses sources, d'une façon discrète le plus souvent, mais parfois au prix d'un véritable détournement de sens. Nous avons déjà noté, à propos de sa traduction des Psaumes, un certain nombre de termes et d'expressions qui vont au-delà de la simple interprétation (par ex. *Psaume* 149, 4 : « Le Seigneur se complaît dans son peuple », qui devient : « Le Seigneur se complaît dans sa Loi, *sharī'a*). On pourrait y ajouter, dans l'Évangile de Jean, l'annonce par Jésus de la venue du Paraclet. Ya'qūbī rassemble en quelques lignes trois passages du texte évangélique[25], en y introduisant une addition significative : « Le Paraclet viendra à vous ; il sera avec vous **en tant que Prophète** » (*yakūnu ma'akum* ***nabiyyan***). En ajoutant ce simple mot de « Prophète », qui ne figure nullement dans le 4ème Évangile, Ya'qūbī se fait naturellement l'écho de l'annonce supposée de Muhammad par Jésus, telle qu'elle apparaît dans le Coran (61 : 6). Ainsi le message coranique s'inscrit-il directement dans le sillage de celui de Jésus.

Un autre exemple vient confirmer ce que nous venons de dire. La biographie succincte de chaque patriarche commence par des phrases telles que « il excella dans l'adoration de Dieu et la pratique de ses commandements », ou bien « il pratiqua l'adoration (*'ibāda*) et l'obéissance (*ṭā'a*) à Dieu » ; expressions qui se retrouveront à propos de plusieurs rois d'Israël : Ozias et Ezéchias/*Hizqīl* entre autres[26]. Autrement dit, tous ces personnages se conduisent déjà en bons musulmans. D'autres, au contraire, comme les rois Yoram et Achaz, sont tombés dans l'infidélité (*kufr*) en instituant le culte des idoles ; ce sont des *kāfirūn*[27].

D'autre part, comme nous l'avons déjà noté, le personnage d'Abraham n'a, dans le *Tārīkh*, pratiquement aucun rapport avec le texte biblique. Par contre, à travers les citations coraniques et d'autres traditions, il est en relation directe avec La Mecque et les rites du Pèlerinage[28]. C'est d'ailleurs au cours de son

25. *Jean* 14 : 16-17 ; 14 : 26 ; 16 : 7-15.
26. *Tārīkh*, 67 et 69.
27. *Tārīkh*, 66 et 68.
28. *Tārīkh*, 25-26 ; trad., 29-30.

Pèlerinage (*hajj*) qu'il lui est commandé de sacrifier son fils. Si Ya'qūbī ne prend pas parti dans la question de savoir si ce fils est Isaac ou bien Ismaël, il donnera à ce dernier toute sa dimension d'ancêtre des Arabes et de prophète lorsque, avant d'aborder l'histoire des tribus d'Arabie, il écrira : « Si nous avons placé l'histoire d'Ismaël et de sa descendance après celle des nations, c'est uniquement parce que Dieu a clos avec eux l'ère de la prophétie et de la royauté et qu'il a relié leur histoire à celle de l'Envoyé et des califes »[29]. On ne saurait exprimer plus clairement la continuité de la prophétie, d'Adam à Muhammad.

Quant aux critères qui ont présidé aux choix effectués par l'auteur dans ses références à la Bible, ils relèvent de la même vision : ainsi l'insistance sur le rituel et les peines prévues par la Loi[30], ou sur des détails comme le recensement chiffré des douze tribus par Moïse[31], alors que le contenu des Livres prophétiques, pour ne prendre qu'un exemple, est totalement laissé de côté. De même, dans la présentation des Évangiles, on note l'absence de toute une partie du message de Jésus que les chrétiens jugent essentielle. Cela dit, quelles raisons peuvent invoquer les lecteurs non musulmans pour contester certaines de ces options ? Si la cohérence interne de la Bible, telle que peuvent la concevoir des croyants juifs ou chrétiens, n'est pas perceptible dans l'approche qu'en fait le *Tārīkh*, devons-nous en faire grief à son auteur ? Ya'qūbī, répétons-le, est un musulman qui écrit pour des musulmans. Le regard qu'il porte sur l'histoire du monde et des peuples est fidèle à la vision coranique qui est la sienne.

Sans doute est-il préférable de s'en tenir aux aspects positifs de son travail de recherche. Bien rares sont les auteurs musulmans des premiers siècles qui ont pris une connaissance directe de la Bible plutôt que de se contenter de ses avatars tels que les *Isrā'īliyyāt* et autres *qiṣaṣ al-anbiyā' !* Tout compte fait, nous pouvons affirmer que le *Tārīkh* a été composé avec le même sérieux que Ya'qūbī dit avoir apporté à l'élaboration de son *Kitāb al-Buldān :* « A la fleur de ma jeunesse, à l'âge où je possédais une pleine acuité d'esprit et une grande vivacité d'intelligence, je me suis efforcé de connaître l'histoire du monde… Ce goût me vint à la suite des voyages ininterrompus que j'effectuai depuis ma tendre enfance… Lorsque je rencontrais un homme originaire d'une des contrées lointaines, je lui demandais le nom de sa patrie et de sa capitale…, [je l'interrogeais] sur la race de la population, si elle était Arabe ou non Arabe … J'allais jusqu'à m'enquérir de leur costume…, de leurs opinions religieuses et de leurs doctrines. Ensuite, je vérifiais auprès d'un homme de confiance les dires de mon informateur, et je poursuivais cette

29. *Tārīkh,* 252.
30. *Tārīkh,* 35 et 43-44, trad., 42 et 51-52.
31. *Tārīkh,* 37-38 ; trad., 44-45.

recherche sans arrêt, arrivant à questionner une foule considérable d'individus, tant de l'Orient que de l'Occident… Je mettais enfin par écrit leurs renseignements et colligeais leurs récits »[32].

Tunis, février 2011
IBLA

32. *Les Pays,* trad. G. Wiet, p. 1-2.

# 'LET US LEAVE THE PAST ASIDE' REFLECTIONS ON THE CHRISTIAN OBLIGATION TO RECONCILIATION, FORGIVENESS AND JUSTICE IN MUSLIM-CATHOLIC RELATIONS

*by*

Sandra Toenies KEATING

It gives me great pleasure to contribute to the *Festschrift* in honour of Archbishop Michael. Over the years he has been a great inspiration to me, and I am forever grateful for the support and encouragement he has given me, first as a student of Arabic at the PISAI, then as I became an active participant in Catholic-Muslim dialogues, often as the only lay woman. His unwavering optimism and trust in the Holy Spirit have truly given me a model for the way forward in when overcoming the 'quarrels and hostilities that have arisen' (NA 3) has seemed nearly impossible. The reflections that follow come out of my own experience and thinking in light of conversations I have had with Archbishop Michael over the years.

Reconciliation is a universal desire — we think of the necessity of reconciliation for peace, for harmony in our families, community, and world, for balance and harmony in our interior spiritual lives, the necessity of reconciliation so that we can leave the pain of our past experiences behind and move forward toward fulfilling and productive lives. We recognise intuitively that un-reconciled pain and conflict weigh us down and paralyse us from imagining and effecting lives directed toward happiness; that pain and conflict become an obstacle in our search for the Good, the True, and the Beautiful, for God. Any yet, in spite of our recognition of this truth, we are often trapped in our inability to bring about reconciliation because of the complexity of conflicts. Reconciliation seems to require justice and perhaps forgiveness, which are notoriously difficult to achieve. As a consequence, these are often neglected in favour of the *status quo*. But Christians have long maintained the unambiguous need for both as an implication of Jesus Christ's command that 'As I have loved you, so you also should love one another' (Jn 13:34) and as the implication of the conclusion of Jesus' teaching on the Torah, 'be perfect, just as your heavenly Father is perfect' (Mt 5:48), while simultaneously acknowledging that neither justice nor forgiveness is a simple matter and times seem to be in direct conflict with each other.

This dilemma can be seen quite clearly in the relations between Muslims and Christians. One need only scratch the surface of the long, complex and often obscured history of the interaction of these two religious communities to come to the conclusion that no single, clear generalisations can be made. Although one may be able to identify particular trajectories in history, within those trends we always find individuals who questioned the wisdom of the majority and whose ideas became the seeds of change, for good or for ill. Different places, different times and different personalities led to a plethora of interpretations and applications of principles central to the lives of Muslims and Christians, each with unique consequences. This simple fact necessitates looking at each instance of the relationship separately if we are to give a fair evaluation and bring about justice and forgiveness where it is needed. But the vastness of such a project makes it impossible.

Does this mean there is no hope of authentic reconciliation between Muslims and Christians or of overcoming the quarrels and hostilities to which *Nostra Aetate* refers? I believe the answer to this cannot be 'no'. For the Christian at least, it is a requirement if one is to stand blamelessly before God in worship. Jesus said to his disciples, "'if you bring your gift to the altar, and there recall that your brother has anything against you, leave your gift there at the altar, go first and be reconciled with your brother, and then come and offer your gift' (Matt 5:23-4; cf. Mark 11:25). Jesus does not make allowances for excuses; rather the Christian obligation to reconciliation is presented as an absolute and as the responsibility of the individual. This leads us to an important point concerning the locus of the activity of reconciliation. When all is said and done, reconciliation might be encouraged or facilitated on the level of the communities and institutions; it can, however, only be effected on a personal level.

In the following paragraphs, I wish to reflect on the contribution that Christians, and particularly Roman Catholics, can bring to the table in the conversation about reconciliation. Before we begin, I wish to clarify some important aspects about my reflections here. First, my intention is to draw out what I see as the key teachings of Jesus Christ for *Christians* in this discussion. This does *not* imply that Christians should expect adherents of other religions to accept these teachings (although it certainly does not preclude their doing so), or that similar teachings are not found in other religions. In fact, I would argue that Christians must continue to hold fast to these teachings regardless of whether those with whom we are in conversation accept them or see their value. Second, this position is a theological framework from which I believe practical implications flow. There is obviously an important debate about the relationship between theory and practice that should not be ignored, and in many cases, simply focusing on a practical task at hand may be the Christian mission. For our purposes, however, I am taking the position that without a theological foundation coherent with the biblical narrative no proper action can result. The importance of this will be summarised below.

## The Exhortation of *Nostra Aetate*

To begin our reflection on the duty of reconciliation between Muslims and Christians, we must first turn to the *Declaration on the Relation of the Church to Non-Christian Religions (Nostra Aetate)*. In the third section of this document, a seemingly impossible task is set before Catholic Christians. After outlining those elements of Muslim beliefs that the Church holds in esteem, this brief but challenging statement is made:

> Since in the course of centuries not a few quarrels and hostilities have arisen between Christians and Moslems, this sacred synod urges all to forget the past and to work sincerely for mutual understanding and to preserve as well as to promote together for the benefit of all mankind social justice and moral welfare, as well as peace and freedom. (NA 3)[1]

It is striking that the official English translation reads: 'this sacred synod urges all *to forget the past*' (italics added). This is a somewhat infelicitous rendering, since the significant Latin phrase, *praeterita obliviscentes*, does not advocate *ignoring* past conflict (as might be implied by the English, French and Italian renderings), but rather 'to surpass', 'to pass by', 'overlook' or, following the biblical precedent, 'not call to mind'. This meaning is better suggested by the German translation, 'das Vergangene beiseite zu lassen', allowing a clearer reading of 'to leave the Past aside'. An English translation such as 'this sacred synod urges all to overlook the past' would also provide a clearer link between the exhortation of the Council Fathers and the biblical understanding of God's remembrance of human sin. The last point is critical for us. Christians hold that it is exactly because of God's forgiveness of our sins that we are able to forgive others and to reconcile with one another. God forgives us and overlooks our past when we return to Him in repentance. Just as the Prodigal Son is welcomed home by his father with open arms without reproach and resentment over his profligacy, God awaits our return to Him with the promise of forgiveness, an action that is baffling to the older brother (Lk 15:11-32).

Forgiveness without first establishing justice is key to the Christian message. The God of mercy *is* the God of righteousness, and when forgiveness

1. (Second Vatican Council 1965), *Nostra Aetate*, English.

is given, we are again put in a right relationship with God. The story of the man and the woman in the Garden in Genesis 2:4b-3:24 illustrates this and unveils the ultimate meaning of salvation: to be happy is to live perfectly in the presence of God and to follow God's commands, symbolised in the Tree of Life and the Tree of the Knowledge of Good and Bad at the centre of the Garden. The story situates human beings in a Creation of perfect harmony; there is no conflict between any of the characters of the story. And yet the simple fact that human beings have the capability to choose to live according to the divine order of creation allows the possibility of disharmony from which no person is exempt. The consequence of disobedience is alienation — from God, one another, and all of creation.

But God is not contented with this alienation, and the remainder of the Scriptures tell the story of God's repeated efforts in every generation to remind humanity where true happiness lies. Beginning with His provision of leather garments for the man and the woman even before the full cost of their disobedience is realised (Gen 3:21), God shows that He has not abandoned His creatures. Here is shown in a concrete way that the God of the created order is also the God of mercy. In the midst of the consequences of our sin, God's love for humanity remains. It is of the utmost importance that God does not destroy creation and begin over as might be expected; rather God gives the promise that all will be put right again, and continually reveals true justice through His acts in history, culminating in the life, death, and resurrection of His Son Jesus Christ.

For both Christians and Muslims, belief in God's mercy is central. Christians pray constantly that God be merciful towards us because He knows our failings better even than we know them. We ask that God not punish us as we deserve to be punished for our disobedience and resistance to the Divine Will. But we ask more, we boldly ask God's forgiveness. Forgiveness and reconciliation are heroic acts for us, and it is only because God forgives us first and shows us what reconciliation looks like that we are able to do it at all.

In the *Letter to the Hebrews*, God says of the House of Israel within the context of affirming the prophecy of Jeremiah concerning the New Covenant (Jer 31:31-34): 'For I will forgive their evildoing and remember their sins no more' (8:12) and 'This is the covenant I will establish with them after those days, says the Lord: "I will put my laws in their hearts, and I will write them upon their minds,"...[and] Their sins and their evildoing I will remember no more' (10:16-7).[2] In each of these instances, the text contrasts the remembrance of past sin with forgiveness as a sign of the New Covenant. God says that He will no longer remember the sins of Israel, giving another meaning

2. All biblical citations are taken from the New American Bible (United States Conference of Catholic Bishops 2002).

to 'remembering'. The Hebrew *zakor*, 'to remember',[3] means more than simply 'bringing to mind', in a deeper sense it denotes having something constantly present before one, or faithfulness to that thing or person; one remains faithful to God in remembering the Sabbath, in remembering the rescue from Egypt, in remembering the Covenant. The New Covenant according to Jeremiah will be a perfect remembrance in faithfulness to God, not a remembrance of past sin that comes with the obligation to make sin offerings as reparation. God leaves past sins aside because in perfect remembrance of the New Covenant, the people stand before God with only His commands in their hearts. Nonetheless, God's 'non-remembrance' of the past does not obliterate the sin; rather it reduces its significance in the relationship between God and His people. No longer is the unfaithfulness of the people the determining factor in that relationship, because God's forgiveness overcomes and surpasses it. The sin remains, but it is forgiven, and so does not stand between us and God.

A common metaphor in the biblical narrative for God's love and mercy for humanity is that of the parent and child, one which is most apt here. I am reminded of a moment at the end of a particularly trying day when my own son was about three years old. After yet another of John's outbursts of defiance I put his favorite toy beyond reach and said he would have to wait until morning to play with it. At that moment he appeared to see the whole picture — my rules, the consequences of violating them, my frustration and anger at his resistance. With a look of shock and bewilderment he announced, 'the love is broken', and began to cry. I reassured him that I still loved him, the next day the toy was restored, and for John, my forgiveness was real. The events of the past did not disappear because they could not (and it certainly was not within the power of my son to eliminate them!), but our relationship was changed and deepened and the original violations were left behind. In the most profound sense God looks past our grievous sins where 'love is broken', forgiving us first so that we are able to forgive one another.

This example might lead us to another conclusion as well — although our inclination might be to hold out for perfect justice before we forgive, God's promise is that we are forgiven before justice is restored. It is a temptation, in our daily lives and on a global scale, to demand justice, recompense, or restitution before we forgive. Our forgiveness is conditional. But unlike human forgiveness, Jesus' example sets before us a model of forgiveness that does not demand justice or even recognition that forgiveness is needed — on the Cross, at the moment just before his death, he calls on his Father to forgive those who have wronged him because 'they know not what they do'

3. This term is closely related to the Arabic *dhakara*, and its derivative, *dhikr*, which is of central importance for Sufi Muslims.

(Lk 23:34). This is an unconditional forgiveness that needs only be accepted by those to whom it is offered.

The New Testament challenge should shift our expectation of relationships with those with whom we are in conflict or from whom we want justice away from what we want, to what we can give. Thus, in the dialogue of life, and in more formal dialogues, we seek not simply what is our due, but for mutual understanding and the good of the other. We must continually ask for forgiveness for our own failures and give forgiveness without reserve. This is the love of neighbor we are called to.

## Reconciliation and the Past: The Crusades

For many people in Europe and the Americas, the Crusades[4] are the example *par excellence* of confrontation between Muslims and Christians. In the popular imagination, the Crusades have taken on meanings beyond the initial events and become symbolic of righteous battle (actual and metaphoric). Consequently, they are invoked as both positively as paradigmatic for those who would defend their most deeply held beliefs against all external forces to the contrary, and negatively by many who today believe that the Crusades represent unprovoked aggression against an imaginary enemy. The latter view often lies at the root of the expectation that the institutional Church should apologise for the destruction brought about by the Crusades, while the former is held by those who maintain that the Crusades were a necessary response to a crisis. Given these two opposing viewpoints, how can reconciliation be brought about?

I think it is necessary from the outset to come to some agreement as to the ultimate goal of reconciliation over the Crusades. There are many possible answers to this question, and a particular community's reading of the events is strongly influenced by what it sees the goal to be. For example, one might be concerned that any armed combat initiated by the institutional Church be condemned and publicly prohibited. This is a position that might be taken by those who fear they could be victims of such aggression, as well as by Christians who see this type of conflict in direct contradiction to the Gospel teachings. It is here that 'just war' theory can be particularly helpful for clarifying the role of the Church in armed conflict and giving assurances that future 'crusades' will not be declared against enemies, perceived or real.

A further, more complex concern is that by engaging in the past armed conflicts of the Crusades, the institutional Church has lost its credibility as

4. Although many events have been characterized as Crusades, here we will be referring specifically to the Western European military campaigns in Islamic territories that took place between the 11$^{th}$ and 13$^{th}$ centuries.

the authoritative interpreter of the Gospel. For believers, this is particularly problematic, since admitting that church leaders and authority figures (especially the popes) could be in serious error brings a host of other difficult and even controversial teachings to the fore — if the Church has been mistaken in the past, how can its authority be reliable? Those who are critical of the institutional Church find in this hypocrisy proof that it is not of divine origin and thus carries no special authority.

Yet, at the beginning of the second millennium, Pope John Paul II called Catholics to reflect on the way in which the whole Church is affected by and takes responsibility for the particular actions of its individual members. He wrote:

> It is appropriate that, as the Second Millennium of Christianity draws to a close, the Church should become more fully conscious of the sinfulness of her children, recalling all those times in history when they departed from the spirit of Christ and his Gospel and, instead of offering to the world the witness of a life inspired by the values of faith, indulged in ways of thinking and acting which were truly forms of counter-witness and scandal. (*Tertio Millennio Adveniente* 25)[5]

This call prompted special reflection on the participation of Catholics in the great sufferings of the Twentieth Century. It should also, I believe, cause us to reflect on the ways in which past events have become an obstacle in both dialogue and the evangelising mission of the Church. In my experience, the Crusades are one of these particular issues that needs more careful consideration. Given the wide variety of concerns for individuals or communities, it would be necessary to take up as many of the topics listed above as possible for an effective statement to be made by the institutional Church.

There are several foundational issues that need to be addressed individually before a clear and accurate statement about the Crusades could be made by the institutional Church. The first is that immoral acts committed by individuals or groups in the name of Christianity are always to earn reproach, even when they are done with a greater good in mind. Whether out of personal sinfulness, non-Christian cultural influences, or poor judgments made with limited information, actions of Christians contrary to the teaching of Christ are to be rejected and condemned. There are ample statements to this effect found in Church documents and the writings of the faithful throughout the ages. Recently, in speaking of the relationship between wider cultural context and the human inclination to use free will to disobey God rather than choose what is right and good, the Fathers of the Second Vatican Council stated that

> *... if by this social life the human person is greatly aided in responding to his destiny, even in its religious dimensions, it cannot be denied that men are often*

5. (Pope John Paul II 1995).

> *diverted from doing good and spurred toward and by the social circumstances in which they live and are immersed from their birth. To be sure the disturbances which so frequently occur in the social order result in part from the natural tensions of economic, political and social forms. But at a deeper level they flow from man's pride and selfishness, which contaminate even the social sphere. When the structure of affairs is flawed by the consequences of sin, man, already born with a bent toward evil, finds there new inducements to sin, which cannot be overcome without strenuous efforts and the assistance of grace* (GS 25)[6].

This very insightful paragraph gives us the underpinnings for understanding the role of the cultural context of the Crusades. It must be admitted that in crucial ways the Church of the Crusades was an institution of its age, reflecting the cultural norms and expectations of the societies in which it was planted. Of course, this is a necessary aspect of the incarnational nature of Christianity. But it also draws attention to the great danger that that the identification of any particular culture with Christian faith holds — those aspects of culture which are not yet purified by conversion to Christ can obscure and overpower the right course of action in a specific situation.

As a collective European response to the very real threat of political empires to the East, the Crusades also reflect the cultural ideals of the times. The high value given to military conquest, glory, power and heroism associated with war and battle, the willingness to die in defence of one's beliefs, family, community or territory are found in nearly every human culture. Each of these ideals is complex, forming and influencing the individual person in different ways. Thus, while the decisions and resulting actions of a person may be partially, and perhaps even greatly, influenced by the desire to live according to the law of Christ, the unavoidable limitations resulting from human weakness and our very nature as contextualised beings limits our ability to do this perfectly.

It is here that we can identify the potential effects of original sin. No one is exempt from this tendency to disobey God, and according to Catholics it is a consequence of free will. It is thus not surprising that even among those who should be the most knowledgeable of the teachings of Jesus allowed greed, the thirst for power, and other temptations to promote an ideology inconsistent with Christian values and ideas. Conversion to Christ as bringing faith in God and the appropriation of Jesus' teachings to every aspect of one's life is recognised as a constant obligation for the Christian. The lack of conversion or even seeing the need for it blinds us to what is true and good and leaves us with the need for forgiveness from our fellow human beings and from God. When the moral authority and power of the collective body of the Church has been abused by its representatives for personal gain, this must be

6. Second Vatican Council 1965, *Gaudium et Spes*.

acknowledged and responsibility taken for the ill effects resulting from it. Not doing so leaves the impression that Christianity is a hollow shell. Pride that prevents acknowledging sin and its harmful effects is itself a sin. The struggle to overcome evil wherever it is found and to defend the weak and oppressed must remain is a central tenet of Christian faith.

The Crusades present us with a very complicated socio-political situation in which judgments based on partial and prejudiced information, as well as actual conditions, led people to make a wide variety of decisions about the right course of action for alleviating suffering. One of the most opaque aspects facing those who study the Crusades are the causes and motivations of those who participated. Certainly individuals had personal motivations that ranged from greed, lust for power and self-aggrandizement to deep piety and desire to come to the aid of those in need. Recent studies have called into question explanations that present the Crusades as raw European aggression against a peaceful neighbouring society.[7] It has become clear that more study needs to be done on the non-European context, using sources that might be able to shed light on the motivations and perceptions of Byzantine and Muslim participants in the conflict.

A further consideration is the scandal of the Crusades which is an obstacle for some people. As was noted above, the Crusades have come to symbolise the misuse of power by the Church, and thus are emblematic of hypocrisy. This can be a major impediment for evangelization and effective Christian witness. Although many church documents and statements explicitly condemn proselytism, use of coercion or military threat in conjunction with evangelisation, we are still lacking a account by the Church regarding the relationship between the crusading ideal and Christian faith. As a consequence, the primary mission of the Church to evangelise has been hindered. This very fact should urge us to explore possible ways to address the question publicly.

## Conclusion

Love of God and love neighbour is, for Christians, deeply grounded in the conviction that God has loved us first. God's love shows us the way to overcome human limitations and sinfulness, to have the courage to reconcile with our neighbour when the outcome is unclear. In the life, death and resurrection of Jesus Christ, God has revealed how to ask forgiveness and to offer forgiveness and reconciliation, reminding us that God's ways are not our ways. Our past sin and the sins of others, although they always remain a part of the

7. See for example, Madden, 2005.

relationship, can be put aside, bringing us to a renewed life with one another and with God. Thus, Christ's Crucifixion and Resurrection disclose in the most concrete way that when defeat and disharmony threatens to overwhelm us, Love triumphs in the end.

## Works Cited

MADDEN, Thomas F., *The New Concise History of the Crusades*. Updated (Lanham, Maryland: Rowman & Littlefield, 2005).

Pope JOHN PAUL II, *Tertio Millennio Adveniente, 10 November 1994*. Apostolic Letter, 33, in AAS 87, 1995.

Second Vatican Council, "Declaration on the Relation of the Church to Non-Christian Religions, Nostra Aetate", English Version, *Holy See,* October 28, 1965: http://www.vatican.va/archive/hist_councils/ii_vatican_council/documents/vat-ii_decl_19651028_nostra-aetate_en.html (accessed January 5, 2011).

—, "Pastoral Constitution on the Church in the Modern World, Gaudium et Spes", in *Holy See*. December 7, 1965.http://www.vatican.va/archive/hist_councils/ii_vatican_council/documents/vat-ii_cons_19651207_gaudium-et-spes_en.html (accessed January 24, 2011).

United States Conference of Catholic Bishops, "New American Bible", in *United States Conference of Catholic Bishops*, November 11, 2002. http://www.usccb.org/nab/bible/index.shtml (accessed January 5, 2011).

# A CENTURIES-LONG CONVERSATION

*by*

Jane Dammen McAuliffe

We commonly think of scripture as a text, a fixed canon of literary material to which a religious community has accorded special status. But scripture is also a conversation, a continuous exegetical exchange constantly refreshed with new insights and explications. Both the Bible and the Qur'an share these characteristics of canonical closure and interpretive openness.[1] Each has generated centuries of commentary, libraries of scholarly and spiritual discourse. Less understood and acknowledged, however, is the cross-over conversation between these two scriptural traditions and their respective adherents. The Qur'an speaks to the Bible and, over the many centuries of Christian-Muslim interaction, the Bible has been used to speak to the Qur'an. Archbishop Michael Fitzgerald, who for decades has exercised interfaith leadership on an international stage, brings an informed and scholarly perspective to this phenomenon. During the years that I served with him on the Vatican's Commission for Religious Relations with Muslims, our meetings regularly benefited from his deep scriptural sensitivity. Our work on topics such as religious authority and religious freedom was enhanced by Archbishop Fitzgerald's thoughtful integration of both biblical and qur'anic perspectives in the exploration of these important issues. It is an honor to dedicate this article to him.

## The Architecture of Qur'anic Discourse

Exploring the connections between the Bible and the Qur'an can usefully start with some descriptive remarks about the Qur'an. For biblically-familiar readers, the Qur'an is not an immediately accessible text. Although it is roughly the size of the New Testament, it does not read like the major New Testament genres of gospel and epistle. The 114 chapters or *suras* of the

1. William Graham, "Scripture and the Qur'ān", in Jane Dammen McAuliffe, ed., *Encyclopaedia of the Qur'ān* (Leiden: Brill, 2004), IV: 558-569; Claude Gilliot, "Creation of a Fixed Text", in Jane Dammen McAuliffe, ed., *Cambridge Companion to the Qur'ān* (Cambridge: Cambridge University Press, 2006), 41-57.

Qur'an do not ordinarily offer sections of sustained narrative or didactic development. Any given *sura*, particularly the longer ones, assembles such diverse genres as doxology, warnings of divine judgment, prophet stories, parables, rules of personal and social behavior, references to the natural signs of God's beneficence, and exhortations to true belief and right conduct. When reference is made to such well-known figures as Abraham, Moses and Jesus, the qur'anic narratives often seem truncated or elliptical, at least to those accustomed to their biblical versions, as if Muhammad's audience were sufficiently familiar with these prophet figures and their stories to fill in the blanks.[2]

Other features of qur'anic discourse, in addition to this rapid and continuous shift of genre, include certain prominent thematic and rhetorical structures. These structures are of particular interest for present purposes because they shape the qur'anic perception and presentation of previous scriptures and the peoples to whom these were given and they do so in a way that decisively influences the subsequent directions that the Islamic tradition follows on these subjects. The first of these thematic and rhetorical features is an emphasis on self-identification, the second is the prominence of debate and disputation, while the third is a deliberate effort at category formation.

The Qur'an has been described as a self-reflective or self-referential text.[3] That description focuses upon two phenomena: (1) the Qur'an bears frequent witness to itself as a divinely revealed message, analogous to previous entrants in that genre and (2) it specifically mentions earlier revelations, like the Torah (*Tawrāt*), the Gospel (*Injīl*) and the Psalms (*Zabūr*). The Qur'an, in other words, consciously constructs its own identity in relation to, and in distinction from, other forms of scripture. Identity construction is a key qur'anic theme. In repeated self-reflexive turns, the Qur'an seeks to define and to promulgate its own particularity. The text of the Qur'an provides a series of self-attestations to its uniqueness and authority. In a number of passages, the Qur'an names, describes and appraises itself as recitation (*qur'ān*), revelation (*waḥy, tanzīl*), book (*kitāb*) and criterion or proof (*furqān*). These various designations combine with qur'anic phrases of self-descriptions, such

2. Important recent additions to the long history of intertextual studies on the Bible and Qur'an include Angelika Neuwirth, Nicolai Sinai, and Michael Marx, eds., *The Qur'ān in Context: Historical and Literary Investigations into the Qur'ānic Milieu*, Leiden: Brill, 2010; Gabriel Reynolds, ed., *The Qur'ān in Its Historical Context*, London: Routledge, 2008; and the Corpus Coranicum project of the Berlin-Brandenburgische Akademie der Wissenschaften (http://www.bbaw.de/bbaw/Forschung/Forschungsprojekte/Coran/de/Startseite).

3. Daniel MADIGAN, *The Qur'ân's Self-Image: Writing and Authority in Islam's Scripture* (Princeton: Princeton University Press, 2001); Jane Dammen MCAULIFFE, "The Prediction and Prefiguration of Muḥammad", in *Bible and Qur'an: Essays in Scriptural Intertextuality*, ed. J. Reeves (Atlanta: Society of Biblical Literature, 2003) 107-131.

as 'an Arabic recitation' (Q. 12:22; 20:113; 39:29; 41:2; 42:5; 43:3), 'a clear recitation' (Q. 15:1), 'a clear book' (Q. 5:19; 12:1; 26:2; 27:1; 29:2; 43:2; 44:2), one with 'clear verses' (*āyāt bayyināt*, Q. 22:16; 29:49; 57:90). Even oaths, such as 'by the wise Qur'ān', 'by the renowned Qur'ān', and 'by a scripture inscribed' amplify and extend this qur'anic self-reflexivity.

With such self-reflective turns, the Qur'an continually underscores its own authoritative voice. It explicitly places itself in relation to earlier scriptures and repeatedly reinforces its own primacy and ultimacy. This steady rhythm of self-description, self-assessment, self-validation forms the background beat against which other themes and motifs play their counterpoint. For example, building upon the intratextual construction of its own identity, the Qur'an erects an edifice of binary oppositions. It refers continuously to believers versus unbelievers, to worldly concerns versus the divine will (*dīn wa dunyā*), to the age of ignorance (*jāhiliyya*) versus the inauguration of a final prophetic dispensation, to the guided versus the misguided, etc.

The oppositional structure of such binary classification is further reflected in the very rhetoric of qur'anic discourse, a rhetoric replete with instances of explicit or implied debate. The often argumentative or polemical tone of the Qur'an strikes even its most casual readers and shapes the post-qur'anic intellectual dialectic of interreligious polemic. In fact, according to some revisionist theories of Islamic origins, these lines of influence reverse themselves. In other words, such scholarship suggests that the qur'anic text itself represents the distillation of generations of argumentative exchange among contending monotheistic groups. Interchanges between divinely-inspired messengers and their recalcitrant peoples, between Muhammad and those who opposed him in Mecca or between Muhammad and the Jews or Christians (*ahl al-kitāb*) may be found throughout the text.[4] The operative voice in any given passage, whether it be that of God, of Muhammad or of another protagonist, regularly addresses actual or implicit antagonists. Whole sections of the text are couched in the rhetoric of disputation and not infrequently God's voice urges his prophet Muhammad to assert the truth and to counter the false beliefs of those who would oppose him. Where the text is allusive or elliptical, the subsequent work of classical commentators provided exegetical amplification. It also created a body of literature known as the 'occasions of revelation' (*asbāb al-nuzūl*) which offers a fuller picture of the staging and strategies of qur'anic debate. The Qur'an's frequently forensic character constitutes a large part of its rhetorical power and forges the context and contours of subsequent interreligious engagement. God's message in the Qur'an is that truth is one, it is divinely given and it must be actively and resolutely defended and disseminated.

4. Ṭāhā Ḥusayn, *Fī l-adab al-jāhilī* (Cairo: Dār al-Ma'ārif, 1927, 3rd ed.); repr. 1962, esp. pp. 73-74 on qur'anic attestation for episodes of debate and disputation.

These textual manœuvres of debate and dialectic, of contrastive categorization and binary opposition, mutually reinforce each other. The polarities of self and 'other' are refined in the rhetoric of disputation. Islam, like Christianity, had to forge its self-understanding and self-definition within a context of multiple, competing ideologies. From the beginning Muslims lived with other religions and debated with their adherents. As just noted, the traces of these encounters are deeply inscribed in the textures of qur'anic discourse. While an overriding theological assessment created the fundamental binary of believer/unbeliever, further particularization recognized such groupings as Christians, Jews, Majūs, Ṣābi'ūn, idolators, etc. Precisely what those designations meant has been the task of generations of exegetes to determine. From this interplay of the Qur'an and its exegesis arose a fluctuating mix of interreligious perspectives, prescriptions and proscriptions.

Qur'anic statements about Christianity provide a useful example of this and these can be catalogued under two broad headings. The first includes references and allusions to particular characters in the Christian narrative, e.g., Jesus, Mary, Zachary, John the Baptist, etc., and to the primary flashpoints of Muslim-Christian polemic and apologetic. Briefly put, these are the doctrines of the Incarnation and the Trinity or, from a Muslim perspective, the blasphemies of divine reproduction and tritheism. This is where most of the scholarly attention to the qur'anic picture of Christians and Christianity has concentrated its efforts.

The second category, which has received less attention, includes the qur'anic references to Christians (through a variety of verbal designations) as a particular religious group. Here, as in the first category, classification can only be provisional or, to put it differently, it must remain open to the interplay of text and interpretation. On a first reading of the qur'anic text, what constitutes a qur'anic reference to Christians as a social group ranges from the unequivocal to the ambiguous. While there are verses that use the term *al-naṣārā*, the common qur'anic name for Christians, there are a variety of far less specific designations, e.g., the title *ahl al-kitāb*, which occurs more than thirty times in the Qur'an, and expressions such as 'those who were given the book (*alladhīna ūtū al-kitāb*)', 'those to whom We gave the book (*alladhīna ātaynāhum al-kitāb*)', 'those who were given a portion of the book (*alladhīna ūtū naṣīban min al-kitāb*)', 'those who read the book before you (*alladhīna yaqra'ūna al-kitāba min qablika*)'. Quite often such designations have been understood to carry a dual or multiple referent, to include Christians, Jews and other recipients of revelation. There are passages which mention ʿĪsā — the qur'anic name for Jesus — and then speak of the apostles (*al-ḥawārīyūn*) or of 'those who follow him (*alladhīna ttabaʿūhu*)'. Finally, there are verses which make only associative reference to the Christians.

Allowing for this range of ambiguity, when all of the qur'anic statements about Christians are gathered together they fall into some fairly straightforward groupings. The largest collection contains direct or indirect criticism. Here are some of the accusations: (1) Christians fight one another and divide into sects; (2) some do not follow Jesus' message; (3) either deliberately or inadvertently their scriptural transmission has been corrupted; (3) they are tritheists and make a god of Jesus; (4) they make vainglorious statements; (5) they want Muslims to follow the Christian religion; and, most comprehensively, (6) they are transgressors and do evil. Even monasticism is condemned, at least in some passages.

The second grouping of verses would answer the question 'How are Muslims to behave toward Christians?' These verses address both social and economic relations, such as reference to the collection of a special tax, the *jizya*, levied on the Christians (and others of the *ahl al-kitāb*) and to the protection of existing churches and cloisters. Some more general exhortations urge Muslims not to make alliances with Christians, while others sound a more positive call for interreligious understanding and altruistic competition.

Finally, there are those verses that make apparently positive remarks about the Christians.[5] These ostensibly praise Christians for such things as their belief in God and the Last Day, for their being a 'balanced people' (at least some of them), for their close friendship with Muslims, and, in the case of those who lived before Muhammad, for their being pre-qur'anic Muslims.

The categorization of Christians (and other religio-social groups) combines with the Qur'an's multiple forms of self-representation and its frequently dialectical structure to create the textual dynamics that determine its relations to earlier scriptures. The Qur'an recognizes Christianity and its scriptures through both direct and contrastive description. It constructs a picture of Christians (and of Jews) and of their Bible that parallels the depiction of Muslims — what the Qur'an calls 'believers' — and the revelation that binds them.

## Shared Stories

But there is another, richer level, at which Muslim and Christian identifications meet and mingle within the Qur'an. This is the level of narrative. The Qur'an shares a great deal of narrative material with both the Hebrew Bible and the New Testament, as well as with a range of Jewish and Christian extra-canonical sources. Abraham/Ibrāhīm, Moses/Mūsā and Jesus/ʿĪsā are but some of the figures that move among these many texts. These shared

5. Jane Dammen McAuliffe, *Qur'ānic Christians: An Analysis of Classical and Modern Exegesis* (New York: Cambridge University Press, 1991).

narratives present no problem to Muslim self-understanding, they pose no source-critical conundrums, because Islam enjoys the advantage of posteriority. To say this theologically: the Qur'an is God's final and perfect revelation, and God is free to recapitulate and correct what went before.

In thinking about these cross-over stories it may be helpful to remember how Islam positions itself with respect to earlier scriptures. For Muslims, the Qur'an is not simply a continuation of prior scriptures but a divine re-presentation of the same revelation enshrined in the Torah (*Tawrāt*) and the Gospel (*Injīl*). Just as he had done to Moses and to Jesus, God revealed his will to Muhammad, speaking in 'clear Arabic' for the benefit of this prophet and his community. From a Muslim perspective, revelation is not a continually accumulating linear progression. Rather it is a series of discreet, divine initiatives or interventions, each one of which is linguistically shaped to the receptive capacities of a particular group of people. Taken all together in their initial, pristine formulations, these 'periodic re-revelations' must be completely consistent and compatible with each other because they all derive from the same, unchangeable divine source.

When Muslims listen to these qur'anic stories, to the Mosaic narratives, the story of Joseph and his brothers, or to Marian annunciation and infancy scenes, they are listening not to an inspired recounting but to a divine dictation. There is no human mediation because Muhammad, in the belief of Muslims, is a conduit not a composer. Consequently, the concerns of historical or philological criticism which so preoccupy modern biblical studies simply have not place within the Muslim academic study of the Qur'an. While early Muslim scholars relied on some ancillary materials in their efforts to reconstruct the historical context of specific parts of the revelation and drew upon extant literary sources to explain particular words and phrases, the results of these efforts quickly assumed the status of near-invariant tradition. A more contemporary approach has allowed some Muslim scholars to raise literary-critical questions and to ask about those narrative redactions that shaped the receptive capabilities of the Qur'an's first hearers. Does the allusive style of much qur'anic narrative, for example, indicate that early Muslim were aware of a common store of biblical and legendary lore?[6]

The post-qur'anic engagement with the Bible and with other Christian and Jewish material moves down two different paths. The first of these, and the one which has garnered the lion's share of research attention, is the long history of Muslim-Christian polemic and apologetic. Islam's continuing intellectual

6. M. ARKOUN, *Lectures du Coran* (Paris: G. P. Maisonneuve et Larose, 1982), and *The Unthought in Contemporary Islamic Thought* (London: Saqi Books, 2002), especially pp. 66-70; Naṣr Ḥāmid ABŪ ZAYD, *Mafhūm al-naṣṣ: Dirāsat fī ʿulūm al-Qur'ān* (Beirut: Al-Markaz al-Thaqāfī al-ʿArabī, 1994).

engagement with Christianity and its scriptures has been charted largely in terms of the debates (real and imagined) and the accusatory or condemnatory treatises that each side has flung at the other. This is what can be called the 'road of repudiation'. And it is a broad and well-traveled highway.

But the post-qur'anic interest in the Bible took another path as well, what could be dubbed the 'path of appropriation'. Those who investigate the way-stations on this road will find that a wealth of biblical and extra-biblical material has migrated across religious boundaries. The bare bones of much qur'anic narrative has been enfleshed with an enormous accumulation of description and detail, enough to generate a genre, i.e., the 'tales of the prophets (*qiṣaṣ al-anbiyā'*), and, eventually, a categorization of opprobrium, i.e., *Isrā'īliyyāt*. The two paths of 'repudiation' and 'appropriation' do not always run parallel. Sometimes they forge interesting intersections.

Clearly, early storytellers (*quṣṣāṣ*) sought to collect and circulate everything they could find on biblical/qur'anic personages like Adam and Noah, Moses and Jesus. Quickly, a great many narratives began to accumulate around the major qur'anic prophet figures and these expanded prophet portraits achieved written form in the genre just mentioned, the *qiṣaṣ al-anbiyā'*. But the cross-boundary migration of material was not restricted to prophet narratives alone. Moralistic fables and legends with but a tangential and tenuous relation to the period of the ancient Israelites (*ʿahd Banī Isrā'īl*) also found an audience. Taken in its totality this accumulation eventually earned the designation or denigration of *Isrā'īliyyāt*, which could be roughly translated as 'the lore of the children of Israel', i.e., the Jews and Christians. The quantity of cross-over material and the effect it apparently had on popular Muslim culture can be estimated by the strength of the reaction it eventually generated. By the late medieval period Muslim scholars like Ibn Taymiyya (d. 728/1328) — whose words remain a conservative force even in the present day — were criticizing their co-religionists for their interest in these Jewish and Christian stories. 'Stick to the Qur'an alone', was the implied or explicit message of these critiques. The qur'anic narratives about Abraham, Moses or Jesus should suffice without recourse to non-qur'anic elaboration and amplification.

## Muslim Biblical Scholars

Both the qur'anic and the post-qur'anic stages that have been discussed could be characterised as predominantly receptive. A consciousness of Christianity and its scriptural heritage was clearly present in the qur'anic context. There was a cognisance of various doctrines, practices and narratives, although their specific conduits and filters may never be precisely ascertained. Even as the awareness and acquaintance expanded in the post-qur'anic period, the prevailing Muslim posture could best be represented as responsive and reactive. There was little interest or effort expended on an active appropriation of Christian sources, except perhaps among the boundary-crossing tale-bearers of the early classical period. But like all generalizations, this one deserves its corrective. And that corrective comes in the person of what could be called the 'Muslim biblical scholar'. No longer content with a general, and largely passive, awareness of Christianity and its scriptural sources, Muslim scholars began to search the biblical texts in an increasingly attentive manner.

Why did such scholars and their associated activity arise within the classical Islamic context? Because they wanted to gather ammunition, ammunition with which to conduct ever more effect debate in the arenas of polemic and apologetic. What were the primary textual data that they sought in the Bible? They looked for two sorts of passages: (1) those which could be interpreted as announcing the advent of Muhammad and the triumph of his community and (2) those that could provide evidence that the biblical text had been deliberately or inadvertently corrupted. Both of these searches based themselves upon qur'anic warrants, passages which were understood to ground the advisability and successful results of such scholarship.

Three texts are repeatedly cited as qur'anic justification for seeking the annunciation of Muhammad in the Hebrew Bible and the New Testament: Q. 2:127-129, Q. 7:157 and Q. 61:6. These three passages provided the proof texts which convinced Muslim scholars of the predictive value of prior scriptures, particularly the Bible, motivating them to search these texts for the specific references to which these verses were understood to allude. Surely, such effort immediately recalls the Christian stance towards what it still terms 'the Old Testament'. The degree to which Muslim biblical scholarship was prompted by the obvious example of the Christian use of Jewish scripture remains a contested question within Islamic studies. Unquestionably, however, the precedent of creating a sectarian self-identity through both co-option and rejection of a prior scripture had already been set.

And in searching the Bible for such annunciatory attestation what did Muslim scholars find? They found quite a lot and the list of selected passages naturally gets longer as this form of inquiry compounded its results from one generation of scholars to the next. Yet, after the first few centuries of such work a fairly stable pattern of citation and classification emerged. The major themes under which Muslim scholars grouped the biblical citations that they unearthed were usually (1) prophetic annunciation and description, (2) religious restoration and renewal, and (3) community inauguration and conquest. Again, the analogue with verses and themes in the Christian-Jewish polemic should be noted. For example, virtually the entire messianic typology which Christians drew from the Jewish scriptures was easily transferred to Muhammad. Among the most frequently-cited biblical texts are: Deuteronomy

18:18; Deuteronomy 33:2; Isaiah 21:7; Matthew 10:5; Matthew 21:43; and John 15:26.

Yet Muslim biblical scholarship was not motivated solely by the search for scriptural attestation to the advent of Muhammad and the triumph of his community. It also sought confirmation of the charge of textual corruption which the Qur'an makes against the Bible.

The Qur'an, the early biographical materials on Muhammad, and the accumulated record of his sayings and actions which is known as *ḥadīth* accuse Jews and Christians of possessing and/or conveying corrupted versions of their scriptures. Two of the numerous qur'anic passages that are usually cited to support this charge are: Q. 2:75-79 and Q. 5:13.

These and a number of other passages in the Qur'an gave rise to extensive discussion in both the commentary literature and in more specialized treatises by those whom I have called Muslim biblical scholars. That discussion concerned itself with questions of chronology and of culpability. To what point in time could the corruption of Jewish and Christian scriptures be traced? Was it long before the arrival of Muhammad or within the memory of the early Muslim community? Was it done deliberately or did it happen inadvertently through negligence in the transmission of textual material from one generation to the next? If deliberate, what would motivate such an obviously blasphemous act? Were all existing forms of the Jewish and Christian scriptures affected or are there versions which remained closer to their originally revealed form? Such, in simplified form, were the questions that preoccupied the efforts to wrest clarity from these various and ambiguous qur'anic accusations.

In some cases the charge was understood to be not actual alteration but simply concealment or omission. The narrative elaborations of these qur'anic passages sketch scenarios in which Christians or Jews try to hide portions of their scriptures, particularly those which bind them to arduous forms of religious practice or those which allude to the advent of Muhammad. Abū Jaʿfar ibn Jarīr al-Ṭabarī, who died in 923 and is widely-regarded as the most famous Qur'an commentator of the classical period, records several such scenarios in his massive, multi-volumed commentary. But the accusation of actual alteration was also pursued. About a century after the death of al-Ṭabarī, the Andalusian jurist and poet, Ibn Ḥazm (d. 456/1064) produced a major work of heresiography which contains a lengthy treatise entitled 'The section on the conspicuous contradictions and patent lies in the book which the Jews call the Torah, as well as in the rest of their books, and in the four Gospels (*anājīl*), which provide convincing confirmation of their having been corrupted and changed and of the fact that they are not what God sent down'.[7]

7. ʿAlī ibn Aḥmad ibn Saʿīd IBN ḤAZM, *Al-Faṣl fī l-milal wa-l-ahwā wa-l-niḥal*, eds. Muḥammad Ibrāhīm Naṣr et al. (Jiddah: Sharikat Maktabāt ʿUkāẓ, 1402/1982), 1:201-2:217.

## Abrogation and Beyond

But these particulars about Muslim biblical scholarship, in both its searching-the-scriptures mode and its scorning-the-scriptures mode, should not be allowed to obscure the larger conceptual context in which these exercises were conducted. That context can be captured in a single word: abrogation. The overriding assessment of abrogation, the judgment that Christianity and its scriptures are redundant, follows upon the inexorable logic of chronological sequence. Christians should probably not be surprised at the Muslim claim that Muhammad is the 'seal of the prophets' and that the Qur'an is God's final revelation to humankind. After all, how different is this from the fulfillment claims with which Christianity has addressed itself to its prior tradition, Judaism? As the most recent entrant among the major monotheistic faiths, Islam is able to take advantage of its chronological placement. But while recognizing this it is also important to realize that the Muslim sense of religious chronology expresses both conclusion and restoration. Just as the Qur'an contains the divine message in its consummate and uncorrupted completeness so does the advent of the Islamic community embody the restoration of God's primordial covenant with humankind.

But abrogation cannot have the final word because the Bible and the Qur'an continue to engage in their centuries-long conversation. Their connection and interrelations remain a vibrant theme in contemporary scholarship. Books and articles, conferences and symposia renew the academic investigations on a regular basis as they push our understanding ever deeper. The huge proliferation of interfaith efforts in the last decade presents another forum in which the Bible and the Qur'an repeatedly interact. Countless local and regional dialogue gatherings build their discussions around a comparative study of scripture. In doing so, they mirror some major international efforts such as the Building Bridges Seminar convened annually by the Archbishop of Canterbury[8] and the Common Word initiative hosted by the Royal Aal al-Bayt Institute in Jordan.[9] Inevitably, reading the two scriptures in tandem raises the questions to which this article has been addressed, prompting a fuller comprehension of the different perspectives from which each holy book views the other. [10]

26 January 2011

8. http://www.archbishopofcanterbury.org/2833
9. http://www.acommonword.com/
10. An earlier version of this article appeared in *Theology Digest* 49 [2002]: 303-317, a journal which has been discontinued.

# LA DIVERSITÉ DÉVOTIONELLE EN ISLAM ÉGYPTIEN

*par*

Emilio PLATTI

## Introduction

Mgr. Fitzgerald se rappellera la visite que nous avons faite ensemble il y a quelques années à la Nécropole Est de la *Cité des morts*[1] au Caire. On y visita évidemment l'ensemble du complexe funéraire du sultan Barqūq, ainsi que le mausolée-madrasa du sultan Qaytbey. Mais en passant dans les ruelles, c'est la diversité de la société égyptienne passée et contemporaine qui s'offrait à nous. J'y suis d'ailleurs retourné maintes fois en d'autres occasions. Il y a la ruelle Muḥammad 'Abduh, où se trouve le tombeau de ce grand imam théologien et réformateur, mort en 1905 ; et, un peu plus loin, la mosquée d'un autre shaykh, un savant imam de l'école malikite, *al-'ālim al-imām al-Mālikī*, al-Shaykh Muḥammad al-Amīr *Shaykh al-Islām wa l-Azhar*, qui, très probablement, appartient à une lignée de shaykhs malékites célèbres bien connue[2]. Plus loin encore, se trouve l'enclos du tombeau du fondateur de la

1. EL KADI, Galila & BONNAMY, Alain, *La Cité des morts. Le Caire*, Paris-Liège/Sprimont, IRD-Mardaga, 2001 ; on se rappellera le témoignage de Ibn Jubayr (m. 1217) : « La nuit de ce jour, nous la passons dans le cimetière appelé al-Qarâfa, qui est aussi une des merveilles de ce monde, car il contient les monuments funéraires de prophètes, de gens de la maison (du Prophète), de Compagnons, de Suivants, de savants, d'ascètes, de saints qui ont été pourvus d'illustres mérites… » (IBN JOBAÏR, *Voyages, 3e partie* (trad. M. Gaudefroy-Demombynes), Paris, Geuthner, 1949, p. 48).

2. Plusieurs inscriptions ornent les murs de ce large enclos dédié à Muḥammad al-Amīr, désormais pratiquement à l'abandon. Elles indiquent e.a. que la mosquée, avec école coranique, a été érigée par son fils 'Abd al-Khāliq al-Amīr en 1932, qui serait l'année de la mort d'un shaykh al-Amīr, d'après l'épitaphe du tombeau. Il y a quelque confusion par rapport à l'identité du shaykh enterré ici. Une des inscriptions dit en effet qu'il s'agirait de *l'Imām al-akbar Shaykh al-Jāmi' al-Azhar al-sābiq wa min kibār al-'ulamā'*, titre étonnant, car al-Amīr n'apparaît pas dans la liste des *Shuyūkh al-Azhar* (al-Qāhira, Wizārat al-I'lām, édition s.d.). Mais il y eut, parmi les shaykhs d'al-Azhar les plus célèbres (*min ashhar rijāl al-Azhar*), Muḥammad al-Amīr (1741/2-1817), malikite, appelé al-Kabīr, al-Sanabāwi, du village de Sanabū, près de Manfalūṭ (en Haute Égypte), dont on connaît de nombreux ouvrages ; et e.a. le commentaire, *Ḥāshiya*, au *Mughnī*

Banque Misr, Muḥammad Ṭal'at Ḥarb Bāshā, décédé en 1941. Et il y a cette étonnante « ruine » d'un palais de la mère du khédive Ismael reconstruit en 1870 pour abriter les tombes de la famille al-Wafad.

En allant plus loin, c'est l'épitaphe du tombeau d'un représentant d'une grande famille soufie qui attire l'attention : il s'agit du shaykh soufi bien connu Sayyidī Muṣṭafā al-Bakrī, appelé shaykh de la Khalwatiyya, décédé le lundi 12 Rabī' I de l'an 1162 AH, le dimanche 2 mars 1749. Né à Damas en 1687, et ayant grandi à Jérusalem, ce soufi syrien vint au Caire en 1720/1, et initia des disciples à la voie soufie, qui devint, par l'action de son disciple al-Ḥifnī, la confrérie Khalwatiyya[3] ; d'autres membres de cette célèbre famille sont mentionnés dans cette même inscription.

Des tombeaux de califes et sultans côtoient ainsi, dans la *Cité des morts*, la *Qarāfa*, ceux de vénérables saints, shaykhs et imams, ou de personnages éminents de l'histoire de l'Égypte des derniers siècles.

Mais ce sont surtout les tombeaux de saints soufis et les sièges de confréries auxquels je m'arrête le plus souvent. Ainsi la mosquée et le *darīḥ*, mausolée, des shaykhs, *aqṭāb,* pôles de la communauté et confrérie Muḥammadiyya, (*al-sāda al-aqṭāb mashā'ikh al-'ashīra wa l-ṭarīqa al-Muḥammadiyya*), au siège de l'importante confrérie Shādhiliyya Muḥammadiyya. On y trouve e.a. le *maqām*, tombeau, des deux savants (*'ālimayn, mujāhidayn, 'ārifayn bi-llāh*) Sayyidī al-Shaykh Maḥmūd Abū 'Ilyān al-Shādhilī (m. 1840) et Sayyidī al-Shaykh Ibrāhīm al-Khalīl Ibn 'Alī (appelé Khalīl Allāh sur l'inscription de la porte d'entrée) al-Shādhilī (1881-1940)[4].

*al-labīb* de Jamāl al-Dīn al-Anṣarī, ouvrage terminé en 1188 AH et actuellement encore réédité (cf. Kaḥḥāla et *al-Mawsū'a al-dhahabiyya*, vol. 6). Il nous semble que la mosquée (*masjid* al-Amīr) a été dédiée à ce shaykh prestigieux, mais que le tombeau est celui d'un shaykh décédé en 1932 (?), de la même famille. Car il y eut aussi Muḥammad, fils de Muḥammad al-Amīr, appelé al-Saghīr (m. 1830 ?), qui lui aussi était Malikite (cf. Kaḥḥāla).

3. CHIH, Rachida, « Les débuts d'une *ṭarīqa*. Formation et essor de la Ḫalwatiyya égyptienne au XVIII^e siècle d'après l'hagiographie de son fondateur, Muḥammad ibn Sālim al-Ḥifnī (m. 1181/1767) », dans Rachida Chih & Denis Gril, *Le saint et son milieu* (*Cahier des annales islamologiques*, 19), Le Caire, IFAO, 2000, p. 137-150 ; ID., « Cheminements et action actuelle d'un ordre mystique réformateur : la Khalwatiyya en Égypte (fin XV^e siècle à nos jours) », dans *Studia Islamica* 88 (1998), p. 181-201 ; ELGER, R., *Muṣṭafā al-Bakrī. Zur Selbstdarstellung eines syrischen Gelehrten, Sufis und Dichters des 18. Jahrhunderts* (*Bonner Islamstudien*, 3), Bonn, 2004, p. 35-39 ; ed. Hamburg, 2004, p. 153-157.

4. Au sujet de la *ṭarīqa* Muḥammadiyya Shādhiliyya du Shaykh Muḥammad Zakī Ibrāhīm (1916-1998), fils du Shaykh Ibrāhīm al-Khalīl Ibn 'Alī (1881-1940), et petit-fils (par sa mère) du Shaykh Maḥmūd Abū 'Ilyān (m. 1840), voir JOHANSEN, Julien, *Sufism and Islamic Reform in Egypt : the Battle for Islamic Tradition*, Oxford, The Clarendon Press, 1996 ; cf. la recension par Fauzi M. Najjar, dans JAOS, 1998, p. 104-106. Le comité

Juste en face, on se trouve devant le *maqām* de Sayyidī Jābir Ḥusayn Aḥmad al-Jāzūlī, portant le titre de *'Ārif bi-llāh quṭb al-waqt wa l-zamān — pôle de tout temps* —, décédé en 1992, au siège de la *ṭarīqa*, la confrérie Jāzūliyya. Ce qui est étonnant, dans le cadre sunnite égyptien, qui, en général, est assez strict dans son iconoclasme, ce sont les deux énormes portraits de Sayyidī Jābir et de Sayyidī Sālim Jābir Ḥusayn Aḥmad al-Jāzūlī qui ornent les murs du siège de cette confrérie.

En se promenant juste une matinée dans quelques ruelles de ces immenses cimetières de la *Cité des morts*, qui est loin d'être habitée seulement par ceux qui y sont enterrés, on se rend compte comment, à chaque pas, on rencontre l'histoire…, et combien il est vrai qu'elle a été, et qu'elle agit encore "tel un aimant de *taṣawwuf*, de mystique", d'après l'expression de Tetsuya Ohtoshi[5]. Les tombes de saints, mausolées et sièges de confréries, attirent encore toujours de nombreux dévots ; la ville fatimide du Caire, avec son centre religieux dévotionnel d'al-Ḥusayn, n'étant pas très éloignée, il est vrai. Et cette cité des morts elle-même se prolonge d'ailleurs vers la *Qarāfa* au-delà de la citadelle, le cimetière de la nécropole Sud, avec les tombeaux de l'imam al-Shāfi'ī, Sayyida Nafīsa, Sayyida Ruqayya, Sayyida 'Ā'isha et d'autres…

Ces multiples lieux de dévotion sont autant d'ancrages d'une piété musulmane parfois bien méconnue en Occident en dehors de cercles restreints de savants islamologues ; je voudrais, en ces quelques pages, en souligner quelques aspects qui nous montrent la diversité de ces dévotions[6], mais aussi certains défis auxquels celles-ci sont confrontées. Ce sont les festivités entourant la commémoration de la naissance d'un saint, son *mawlid* (plur. *mawālid*)[7], qui est le signe le plus spectaculaire de la vitalité de ces dévotions. Dans l'ensemble des nombreux mouleds (en dialectal égyptien), c'est évidemment celui du Prophète lui-même qui a la priorité : il est célébré le 12 Rabī' I. On se rappellera d'ailleurs que les chrétiens coptes ont eux aussi leurs « mouleds ». Si, au Caire, le mouled du petit-fils de Muhammad, Ḥusayn, attire de larges foules, tout autant que celui de Sayyida Zaynab, ceux des deux

de direction de la 'Ashīra Muḥammadiyya est actuellement présidé par Muḥammad 'Iṣām al-Dīn Muḥammad Zakī Ibrāhīm ; cf. le site http ://elnady99.tripod.com/resalah.html

5. Ohtoshi, Tetsuya, « Tasawwuf as Reflected in Ziyâra Books and the Cairo Cemeteries », dans Richard Mc Gregor & Adam Sabra (éd.), *Le développement du soufisme en Égypte à l'époque mamelouke – The Development of Sufism in Mamluk Egypt*, Le Caire, Ifao, 2006, p. 299-330 ; voir aussi Al-Ibrashy, May, « Cairo's Qarafa as Described in the Ziyâra Literature », dans Id., p. 269-297 ; Muhammad Abû l-'Amâyim, « Mantiqat Masjid Gâhin al-Khalwatî, mantiqat tasawwuf qadîma », dans Id., p. 1-31 (pg.ar.).

6. Chih, Rashida, *Le soufisme au quotidien : confréries d'Égypte au xx*e *siècle*, Arles, Actes Sud, 2000.

7. Biegman, Nicolaas, *Living Sufism : Sufi rituals in the Middle East and the Balkans*, Cairo, The American University in Cairo Press, 2009.

grands saints du Delta, Sayyid Badawī à Tanta[8], et Sayyid Ibrāhīm à Dusūq, sont parmi les événements religieux les plus importants du pays.

## *Al-Doktor* Ernst Bannerth

Ce fut l'éminent professeur, émérite de l'université de Vienne[9], Ernst Bannerth (1895-1976), qui avait pris sa retraite à l'Institut dominicain du Caire et en était devenu un membre actif, qui m'a introduit dans ce monde dévotionnel égyptien, quand j'étais moi-même étudiant, entre 1972 et 1976. Ses articles dans les *Mélanges* MIDEO sur la Shādhiliyya et Ibn 'Atā Allāh m'avaient fait découvrir l'importance des confréries pour le soufisme égyptien contemporain[10]. J'assistais avec lui à des séances de *dhikr* et l'accompagnais volontiers lors de ses visites à des tombeaux de saints musulmans. C'est lui qui me montra combien la visite, la *ziyāra*, de ceux-ci était une dévotion qui attirait de nombreux pèlerins, surtout les jours du *mawlid*, l'anniversaire de ces saints. Il me fit distinguer les différents types de saints, les confréries, et leurs prières particulières. Le premier livre que j'eus sous la main à ce sujet fut d'ailleurs son ouvrage édité en 1973 par l'Institut Autrichien du Caire, et écrit en allemand, *Islamische Wallfahrtsstätten Kairos*[11].

C'est par son article sur la Shādhiliyya que je fus inspiré à visiter la tombe de Ibn 'Atā' Allāh al-Iskandarī (ou Sikandarī, m. 1309) dans la *Qarāfa*-Sud, adossée à la falaise du Moqattam. Ibn 'Atā' Allāh fut le second successeur et biographe de Abū l-Ḥasan al-Shādhilī, né au Maroc, fondateur de la confrérie Shādhiliyya, mort en 1258 à Humaytharâ, dans le désert oriental égyptien, sur le chemin du pèlerinage à la Mekke[12]. Au siège de la Shādhiliyya au Caire, on nous disait combien ce tombeau est devenu un centre de dévotion et de pèlerinage, maintenant qu'il est devenu plus accessible par le réseau de routes qui y mènent.

8. MAYEUR-JAOUEN, Catherine, *Al-Sayyid Ahmad al-Badawī : un grand saint de l'islam égyptien*, Le Caire, IFAO, 1994 ; Id., *Histoire d'un pèlerinage légendaire en Islam : le Mouled de Tantā du XIII^e^ siècle à nos jours*, Paris, Aubier, 2004.

9. DE SÀ, Reginald, « In Memoriam Prof. Dr. Ernst Bannerth », dans *MIDEO* 13 (1977), p. 477-482.

10. BANNERTH, Ernst, « Aspects humains de la Shadhiliyya en Égypte », dans *MIDEO* 11 (1972), p. 237-250 ; Id., « Dhikr and Khalwa d'après Ibn 'Atâ' Allâh », dans *MIDEO* 12 (1974), p. 65-90.

11. BANNERTH, Ernst, *Islamische Wallfahrtsstätten Kairos* (*Pilgrimsplaces in Cairo*), Kairo, Österreichisches Kulturinstitut, 1973.

12. GRIL, Denis, « La stèle funéraire d'Abû l-Hasan al-Shâdhilî à Humaytharâ », dans Éric Geoffroy (éd.), *Une voie soufie dans le monde : la Shâdhiliyya*, Paris, Maisonneuve & Larose, 2005, p. 503-511.

## Les dévotions mises en cause

C'est tout récemment, à l'occasion d'une nouvelle visite à la mosquée de Ibn 'Atā' Allāh, que je me rappelais l'annexe au livre de Bannerth indiquant combien la dévotion aux saints a été l'objet de controverses durant des siècles ; la condamnation de la visite des tombeaux par Ibn Taymiyya en étant l'exemple par excellence[13]. Et c'est précisément Ibn 'Atā' Allāh al-Iskandarī qui fut directement impliqué dans la polémique avec Ibn Taymiyya, car il fut son contemporain et adversaire direct[14]. Ibn Taymiyya condamnait en effet comme innovation la prière du *dhikr* mentionnant le nom de Dieu[15]. Ces controverses sont d'autant plus d'actualité que durant les événements qui ont suivi la révolution du 25 janvier 2011 en Égypte, des « salafis »[16] se sont attaqués à de nombreux tombeaux de saints à Alexandrie[17]. Ces opposants au culte des saints musulmans rejoignent ainsi le wahhabisme séoudien qui s'inspire des écrits de Muḥammad Ibn 'Abd al-Wahhāb (m. 1792), et en particulier de son *Kitāb al-Tawḥīd*, qui, au chapitre 20, dénonce le polythéisme des chrétiens dont les églises sont pleines d'icônes et de statues, mais aussi de ceux qui invoquent Dieu près de la tombe d'un juste[18]. Les attaques

13. Bannerth, *Islamische Wallfahrtsstätten*, p. 90-93 : *Anhang. Aus der Kontroverse um die Heiligenverehrung.*

14. Maqdisi, G., « Ibn 'Atā' Allāh », dans *E.I.*², p. 745.

15. Cf. Bannerth, « Dhikr and Khalwa », art. cit.

16. Il est évident qu'il ne faudrait pas confondre ces « hard-line Salafis » avec ceux qui se réfèrent eux aussi aux vénérables *Salaf*, les pieux ancêtres, comme il apparaît dans l'inscription au siège de la confrérie Shādhiliyya à laquelle nous avons fait référence : « al-'ashīra wa l-ṭarīqa al-muḥammadiyya al-ṣūfiyya al-salafiyya al-shar'iyya » ; ceux-ci se référant à la piété des anciens, et les premiers adhérant d'une façon rigoriste et ultra-littéraliste aux règles de vie de ceux-ci.

17. « In Alexandria, ... at least 16 historic mosques belonging to Sufi orders have been targeted by members of the Salafi movement, who attempted to demolish tombs of important Islamic scholars because they oppose the veneration of saints as heretical. One of the mosques allegedly attacked by Salafis is the historic mosque of al-Mursī Abū l-'Abbās, which dates back to the 13th century and is a popular site for visits by Egyptians from across the country. (...) There are about half a million registered Sufis in Alexandria, which has a population of 4,1 million people. The city contains 36 of Egypt's 76 registered Sufi orders », dans *Al-Masry al-yawm*, Friday 8 April 2011, English ed. L'article mentionne en outre que les Salafis se sont aussi attaqués à des chrétiens Coptes. C'est à l'occasion du grand Mawlid de Sayyid Aḥmad Badawī à Tanta, le jeudi 14 avril 2011, que le président du Conseil suprême des Confréries, le Shaykh 'Abd al-Hādī Aḥmad al-Qaṣabī s'est exprimé pour rejeter l'action politique des salafis, en soulignant que les confréries doivent rester loin de la politique, et en demandant, d'autre part, que le ministre de l'Intérieur protège les tombeaux des saints soufis.

18. Muhammad bin Abdul-Wahhab, *Kitab at-Tauhid, The Book of Monotheism*, Riyad, Darussalam, 1996/Hidjra 1416. On remarquera cette tendance à la « purification rigoriste » des wahhabites qu'évoque un rapport français de 1806 : *Mémoire sur les*

d'Alexandrie rejoignent un mouvement idéologique contemporain plus général. On se rappellera en particulier l'attaque terroriste monstrueuse du mausolée de Abū l-Ḥasan ʿAlī al-Ghaznawī al-Hujwayrī (m. 1074) à Lahore, le 1 juillet 2010. Cet attentat fit plus de 40 morts parmi les pèlerins visitant le tombeau d'un des plus illustres maîtres soufis, auteur d'un des plus anciens ouvrages sur le soufisme, le *Kashf al-Mahjūb*[19]. Il ne fut d'ailleurs pas le seul attentat perpétré au Pakistan contre des sanctuaires soufis.

Ce mouvement extrême de rejet de ce type de dévotions repose sur un sentiment plus large de scepticisme par rapport à elles de la part des autorités politiques qui, depuis longtemps, ont eu tendance à confiner les activités des confréries et surtout à éliminer les manifestations les plus extravagantes. On se rend bien compte de cet esprit quand des gens vous disent que ce type de dévotions, ce n'est vraiment pas ce que le Prophète de l'Islam a voulu[20]. La marginalisation des manifestations soufies se remarque e.a. par rapport à la procession des confréries à l'occasion du *Mawlid al-Nabī* : alors que dans les années 1970, j'ai vu passer la procession qui partait de la mosquée al-Rifāʿī aux pieds de la citadelle pour atteindre la mosquée de sayyidnā al-Ḥusayn — ce qui fait quelques kilomètres de marche —, actuellement elle ne fait plus que 500 mètres, partant de la Darrāsa, à la mosquée-mausolée du Shaykh Ṣāliḥ al-Jaʿfarī. Et alors que les tentes des confréries envahissaient toute la place devant la mosquée de l'imam Husayn, elles ne se trouvent plus que dans la rue qui longe la mosquée.

## *Mawālid*, processions et *Dhikr*

C'est en effet à l'occasion du *mawlid* de saints qu'on peut voir les membres de confréries se diriger en procession vers la mosquée-sanctuaire du saint ; et en particulier, au Caire, à l'occasion du *mawlid* du Prophète. Lors de la procession du *mawlid* en 2010, c'étaient surtout les confréries suivantes qui étaient le mieux représentées : la Burhāmiyya, la Shādhiliyya, la Khalwatiyya,

*origines des Wahabys, sur la naissance de leur puissance et sur l'influence dont ils jouissent comme nation.* Rapport de Jean Raymond daté de 1806, Le Caire, IFAO, 1925. « *L'Alcoran dans toute sa pureté. Restauration morale (...). Abd-ul-Aziz fils de Saoud : le Coran dans une main, le glaive dans l'autre. Victoires éclatantes, glorieux butin, la terreur alentour...* ».

19. NICHOLSON, Reynold A., (ed.), *The Kashf al-Mahjub. The oldest Persian treatise on Sufism by 'Alî b. 'Uthmân al-Jullâbî al-Hujwîrî*, Karachi, Darul-Ishaat, 1990 (new ed.).

20. MAYEUR-JAOUEN, Catherine, « Pèlerinages et politique en islam égyptien », dans *MIDEO* 28 (2010), p. 101-125 ; ce phénomène de « épuration » des mouleds est décrit e.a. par MCPHERSON, J.W., *The Moulids of Egypt,* Cairo, 1941, avec cette remarque p. 16 : "*These moulids are not ordered by the Prophet, and are therefore not in our religion*".

la Bayyūmiyya et la Rifā'iyya[21]. On voyait, à la fin de la procession, devant la mosquée d'al-Husayn, une estrade où se trouvaient les hauts dignitaires des confréries, et en particulier le Shaykh 'Abd al-Hādī Aḥmad al-Qaṣabī, *Shaykh Mashā'ikh al-ṭuruq al-ṣūfiyya*, président du Conseil supérieur des confréries soufies d'Égypte depuis cette année 2010[22].

On pouvait, pendant la journée ou le soir, assister à une séance de *dhikr*, que Éric Geoffroy définit ainsi : « *litt. remémoration ; chez les soufis, le zikr est un exercice spirituel qui consiste à mentionner Dieu par ses différents Noms, à voix haute ou basse et de manière répétitive* » ; le *dhikr* s'accompagne le plus souvent d'un mouvement du corps qui suit le rythme que le shaykh ou un membre de l'assemblée impose à l'ensemble des participants.

Nous avons assisté à de nombreuses séances de *dhikr* dans les mosquées de Sayyidnā l-Ḥusayn, entre autres le jour du *mawlid* en 2010, ainsi que celle de Sayyida Zaynab. En avril 2010, cependant, le ministère des affaires religieuses, *al-Awqāf*, imposait soudainement aux confréries une interdiction de tenir des séances de *dhikr* dans ces grandes mosquées ; la raison donnée étant qu'il fallait « préserver le caractère sacré de ces lieux », et que des groupes qui n'étaient pas enregistrés officiellement déshonoraient les lieux. On s'imagine la réaction des confréries qui furent chassées « manu militari » des mosquées de Sayyida Zaynab et de Sayyida Nafīsa le 28 avril 2010 : la police éteignit les lumières pour que tout le monde s'en aille. Il s'agit là évidemment d'un pas en plus réduisant les activités des confréries. Je me rappelle d'ailleurs très bien le commentaire d'un étudiant qui était avec moi dans la mosquée d'al-Ḥusayn il y a plus de vingt ans ; et qui désignait les participants au *dhikr* à l'intérieur de la mosquée où nous étions nous-mêmes, en les traitant carrément de non-musulmans.

## La visite, *ziyāra*, de sanctuaires de différents types de saints

C'est en accompagnant le Dr. Bannerth à l'occasion de ses visites à des tombeaux de saints, que je me rendis compte très vite des divers types de saints.

Tout le monde au Caire connaît le fameux juriste al-Imām al-Shāfi'ī (m. 820), fondateur de l'école de droit, dont le mausolée ne cesse jamais

21. BANNERTH, Ernst, « La Rifā'iyya en Égypte », dans *MIDEO* 10 (1970), p. 1-35 ; Id., « La Khalwatiyya en Égypte : Quelques aspects de la vie d'une confrérie », dans *MIDEO* 8 (1964-66), p. 1-74.

22. Une liste de 67 shaykhs de confréries nous a été transmise par le secrétariat du Conseil en 2011. On trouvera une liste officielle des confréries reconnues, datant de 1990, dans l'article de Pierre-Jean LUIZARD, « Le soufisme égyptien contemporain », Annexe II, p. 81-94.

d'accueillir des dévots dont certains déposent des intentions de prière écrites sur des petits papiers à l'intérieur de l'enceinte en bois, la *maqṣūra*, qui enferme son tombeau[23]. Un peu plus loin, la mosquée-mausolée de l'imam-juriste Layth Ibn Sa'd (m. 791) est moins visitée, mais ayant été rénovée très récemment, elle continue à recevoir des visiteurs, qui y arrivent par la longue rue de son nom, qui croise cette partie de la Qarāfa. Il est évident que ces deux imams font partie des grands saints du Caire. Ce qui n'est pas du tout le cas de leurs contemporains, fameux eux aussi de leur temps, mais qui étaient de l'école malikite, et dont les tombeaux sont rassemblés avec d'autres dans une petite mosquée assez peu fréquentée, mais bien entretenue.

Il s'agit e.a. des célèbres grands imams-juristes malikites suivants : (1) 'Abd al-Raḥmān Ibn al-Qāsim (m. 191/806), à côté duquel se trouverait le tombeau de Yaḥyā Ibn Muḥammad, le fils de l'imam Mālik (m. 795 AD), mort en 218/832 ; (2) l'imam Aṣbagh Ibn al-Faraj (m. 225/840) ; (3) l'imam Ashhab, "*ṣāḥıb al-Imām Mālik*", (m. 204/819), enterré avec son fils Muḥammad (m. 247/861) ; (4) ainsi que d'autres, tels que Muḥammad Ibn Aḥmad Ibn Marzūq al-khaṭīb al-Tilimsānī (710-781/m. 1379), l'imam Yaḥyā Ibn 'Abdallāh al-Shāwī al-Jazā'irī (Shaykh d'al-Azhar en 1075/1664), enterré avec son fils 'Īsā (m. 1097/1685). Une longue liste d'autres tombeaux (de 7 à 15), qui n'est pas exhaustive, se trouve affichée dans la mosquée. C'est presque l'histoire de l'école malikite en Égypte qui se présente ainsi devant le visiteur de cette petite mosquée !

## La visite des tombes de membres de la famille du Prophète

En entrant au Caire par la porte al-Naṣr, on s'aperçoit de la belle inscription fatimide où se trouve mentionné 'Alī : « *Bi-sm Allāh al-Raḥmān al-Raḥīm, il n'y a de dieu que Dieu seul, Il n'a pas d'associé ; Muḥammad est le Messager de Dieu, 'Alī est l'ami de Dieu (Walī Allāh) ; que Dieu les bénisse, eux deux (sallā Allāh 'alayhimā), ainsi que les Imams et tous leurs (descendants ?)* (*'alā l-a'imma... ajma'īn*) »[24].

Une des critiques venant de milieux sunnites rigoristes se rapportant aux dévotions se produisant près des tombeaux au Caire, est qu'il s'agit là en fait

23. Il n'y a pas seulement les petits papiers qu'on aperçoit à l'intérieur de la *maqṣūra*, mais des lettres, un courrier adressé à l'imam, que des chercheurs ont pu étudier : LEBON, Aymé, « Le Saint, le Cheikh et la femme adultère », dans *Égypte, monde arabe* 3/3 (2006), p. 183-201.

24. Le *mighrāb* de la mosquée de Ibn Ṭūlūn, datant de 487/1093, contient lui aussi la référence à 'Alī : « *Bi-sm Allāh al-Raḥmān al-Raḥīm, Muḥammad est le Messager de Dieu, 'Alī est l'ami de Dieu (Walī Allāh)* ».

d'un héritage fatimide, et donc « hérétique ». Et, effectivement, les plus importants centres de dévotion populaire du Caire sont de toute évidence les sanctuaires-mausolées dédiés à des membres de la Famille du Prophète, les "*Ahl al-Bayt*", ou "*Āl al-Bayt*"[25], dont la dévotion date du temps de la dynastie des Fatimides (969-1171), car ce sont eux qui ont fondé Miṣr al-Qāhira, la *Victorieuse*. Les plus importants sanctuaires étant Sayyidnā l-Ḥusayn, Sayyida Zaynab, et 'Alī Zayn al-'Ābidīn[26]. L'inscription de la *maqṣūra* du tombeau de Zayn al-'Ābidīn mentionne également son fils Zayd. La mosquée a été complètement rebâtie ; le mausolée reproduit dans le livre du dr. Bannerth n'étant plus qu'un lointain souvenir.

De nombreux ouvrages récents concernant les *Ahl al-Bayt* mentionnent leurs mérites, les versets du Coran et les hadiths qui se rapportent à eux. On retrouvera d'ailleurs les textes coraniques inscrits en de nombreux endroits ; ainsi le verset coranique 11, 73, qui est reproduit au-dessus de la porte latérale de la mosquée de Husayn : « Que la miséricorde de Dieu et ses bénédictions soient sur vous, Ô Gens de cette Maison (*Ahl al-Bayt*) ! Dieu est digne de louange et de gloire ! »[27] ; et le verset du Coran 33, 33 est reproduit sur la couverture d'une série de livrets concernant les tombeaux des *Ahl-al-Bayt* au Caire : « Ô vous, les Gens de la Maison (*Ahl al-Bayt*) ! Dieu veut seulement éloigner de vous la souillure et vous purifier totalement »[28].

25. Ṭaha 'Abd al-Ra'ūf SA'D, *Āl Bayt al-Rasūl al-ashrāf. Āl Bayt al-Nabī*, (Silsillat *Āl Bayt al-Nabī*), al-Qāhira, Maktabat 'Ilm al-Islāmiyya, s.d. ; voir aussi les critiques de Ibn Taymiyya à ce sujet : SCHALLENBERGH, Gino, « Ibn Taymīya on the 'Ahl al-Bayt' », dans U. Vermeulen & J. Van Steenbergen, *Egypt and Syria in the Fatimid, Ayyubid and Mamluk Eras 3*, Leuven : Peeters, 2001, p. 407-420.

26. Ṭaha 'Abd al-Ra'ūf SA'D, *al-Ḥusayn. Ibn Bint al-Nabī, Sayyid Shabāb Ahl al-Janna, al-Sayyida Zaynab, 'Aqīlat Banī Hāshim. Zayn al-'Ābidīn. 'Alī Ibn al- Ḥusayn. al-Ḥasan, Ibn Bint al-Nabī* (Silsillat *Āl Bayt al-Nabī*), al-Qāhira, Maktabat 'Ilm al-Islāmiyya, s.d.

27. Une Tradition prophétique concernant la Famille de Muḥammad, appelée *Ḥadīth al-thaqalayn*, la *Tradition des deux poids*, a été transmise par Muslim dans son *Ṣaḥīḥ*, au chapitre des *Mérites des Compagnons* (*Faḍā'il al-Ṣaḥāba*) : le Messager de Dieu dit, lorsqu'il est sur le point d'être rappelé par Dieu : « Je vous laisse *al-thaqalayn*, les deux poids : le Livre de Dieu et mes *Ahl al-Bayt* » ; cette tradition est complétée par une référence à Zayd, qui dit : « Les membres de sa famille, *Ahl al-Bayt,* ce sont ses femmes (...), 'Alī et les enfants (*Āl*) de 'Alī, les enfants (*Āl*) de 'Aqīl (le frère de 'Alī), les enfants (*Āl*) de Ja'far (le frère de 'Alī), et les enfants (*Āl*) de 'Abbās ». Certains auteurs font référence au verset du Coran 3, 61, où Muḥammad veut appeler ses femmes et ses « fils – *abnā'* » lors de l'ordalie proposée aux chrétiens de Najran, lors de leur passage à Médine ; certains commentateurs y voient une référence à Fāṭima et 'Alī, et leurs deux fils, Ḥasan et Ḥusayn.

28. Dans son commentaire de ce verset du Coran, Yusuf Ali, inclut " *besides the Consorts, the whole Family : Hadrat Fâtima, the daughter, Hadrat 'Alî, the son-in-law, and their sons Hasan and Husain, the beloved grandsons of the Prophet* ". Ce verset du

Dans la collection de livrets de Ṭāhā ʻAbd al-Ra'ūf Saʻd une table de généalogie indique treize membres de « la Famille » dont le sanctuaire se trouve en Égypte. On les retrouve dans l'important inventaire des sanctuaires de saints édité par Saʻd Abū al-Asʻad[29]. Je me rappelle, dans ce contexte, qu'un des plus anciens sanctuaires, *mashhad*, que le dr. Bannerth m'avait fait visiter est celui de la fille du calife ʻAlī, Sayyida Ruqayya. Il fut bâti en 1133. On lira la longue description qu'en a fait Gaston Wiet en 1930[30]. Il se trouve dans la grande artère orientale qui mène à la mosquée de Sayyida Nafīsa. L'enclos comprend aussi les mausolées de Muḥammad al-Jaʻfarī et d'al-Sayyida ʻAtīqa, et, presque en face du mausolée de Sayyida Ruqayya, de l'autre côté de la rue, la tombe de Sayyida Sukayna.

Dans les dédales des ruelles on se retrouve parfois devant quelque énigme, que l'inventaire ne résout point. Ainsi, dans la rue Umm al-Ghulām, tout près d'al-Ḥusayn, cette tombe de Sayyida Fāṭima, Umm al-Ghulām, fille d'al-Ḥasan, frère d'al-Ḥusayn. Ce qui me rendit perplexe la première fois que je m'engouffrais dans le sous-sol de la mosquée, où se trouvent deux tombeaux, c'était l'inscription qui ornait la draperie qui en couvrait un, sur lequel je lisais clairement le nom de Mūsā al-Kāẓim (m. 799), le septième imam Shiite... Il me reste aussi à identifier avec précision la sainte de Beni Sueif, al-Sayyida Ḥurriyya, qui, d'après les inscriptions de la *maqṣūra*, est appelée Zaynab al-Sughrā, "la petite Zaynab", autre fille d'al-Ḥusayn...

## Les confréries soufies, les *turuq sūfiyya*, et leurs saints

Il y a une question qui se pose au sujet des sanctuaires des *Ahl al-Bayt* en Égypte. Pourquoi ont-ils survécu à la dynastie Fatimide qui les avait établis, depuis le rétablissement du sunnisme et le changement de régime introduit par Saladin en 1171 ? Il me semble qu'il n'y a qu'une réponse possible : ces dévotions ont pu survivre seulement parce que les confréries soufies ont apporté un appui constant aux dévotions populaires qui s'y rattachaient. Nous avons assisté aux séances de *dhikr* aussi bien dans la mosquée d'al-Ḥusayn, de Sayyida Zaynab et de Zayn al-ʻĀbidīn. Et les foules qui s'y pressent les jours du *Mawlid* ont le soutien des confréries qui y sont largement présentes.

Coran est cité dans une autre Tradition prophétique, dans laquelle il est dit que Muḥammad enveloppe sous une couverture de poils de chameaux noirs Fāṭima et ʻAlī, et leurs deux fils, Ḥasan et Ḥusayn (*Ṣaḥīḥ* Muslim and *Musnad* Aḥmad).

29. Saʻd Abû al-Asʻad, *Nayl al-Khayrāt al-malmūsa bi-ziyārat Ahl al-Bayt wa l-Ṣāliḥīn bi-Miṣr al-maḥrūsa*, al-Qāhira, Sharikat al-Fatḥ, 2004.

30. Wiet, Gaston, *Matériaux pour un Corpus Inscriptionum Arabicarum I/2* (*Mémoires par les membres de l'I.f.a.o.*, 52), Le Caire, 1930, p. 195-206.

Ce sont les confréries qui unissent, dans une même ferveur et une même tradition de *ziyāra*, de visites aux tombeaux, les saints soufis et les saints de la Famille du Prophète. L'inventaire détaillé de l'ensemble des sanctuaires a d'ailleurs été réalisé par le secrétaire général des Confréries soufies d'Égypte, Sa'd Abū l-As'ad ; et il rassemble dans cet ouvrage aussi bien les sanctuaires des saints soufis que des saints *Ahl al-Bayt*.

Si les grands sanctuaires du Caire de Husayn, Sayyida Zaynab et d'autres, appartenant à la catégorie des *Ahl al-Bayt*, sont parmi les plus importants d'Égypte, ceux des grands saints appartenant à la tradition soufie attirent eux aussi les grandes foules de dévots.

## Référence aux Saints, *Awliyā'*, dans le Coran

On retrouve un peu partout les versets coraniques se rapportant aux saints, et qui sont parfois reproduits sur les boiseries de la *maqsûra* qui entoure et protège le tombeau lui-même ; ainsi au mausolée de Ibn 'Atā' Allāh al-Iskandarī. Ce sont les versets 62-64 de la sourate 10, *Yūnus* : « Non, vraiment, les amis de Dieu *(Awliyā' Allāh)*[31] n'éprouveront plus aucune crainte, ils ne seront pas affligés ; — ceux qui croient en Dieu et qui le craignent — ils recevront la bonne nouvelle, en cette vie et dans l'autre. Il n'y a pas de changement dans les Paroles de Dieu *(Kalimāt Allāh) :* c'est là le bonheur sans limites ».

## La généalogie des saints remontant au Prophète

Il n'y a aucun doute que la figure du Prophète Muḥammad est présente partout quand il s'agit de dévotions populaires. C'est ainsi que nous avons trouvé la litanie des noms du Prophète, *Asmā' al-Ḥabīb al-Muṣṭafā*, les Noms du Bien-aimé, l'Élu, dans la mosquée de 'Alī Zayn al-'Ābidīn, d'après la *Ṭarīqa* Aḥmadiyya Idrīsiyya.

Comme il apparaît clairement dans l'inventaire des sanctuaires égyptiens de Abū l-As'ad, le lien au prophète Muḥammad apparaît très souvent dans la généalogie — *nasab* — de nombreux saints. Les visiteurs s'en rendent compte en lisant des épitaphes qui se trouvent sur le lieu du tombeau lui-même ou des inscriptions qui ont été apposées sur un des murs du sanctuaire.

La plus récente généalogie complète que nous avons remarquée est celle d'un shaykh sanctifié très récemment, puisqu'il est décédé en 1979. Il s'agit de l'Imam Ṣāliḥ al-Ja'farī, shaykh de la confrérie *Ja'fariyya*, dont nous avons

31. Aḥmad al-Naqshabandī AL-KHĀLIDĪ, *al-Awliyā' wa-awṣāfuhum*, al-Jīzeh, al-'Ālamiyya, 2010.

nous-même vu élever le sanctuaire il y a quelques années seulement. La généalogie remonte à Muḥammad par ʻAlī Zayn al-ʻĀbidīn, l'imam Ḥusayn et ses parents ʻAlī et Fāṭima.

Le Dr. Ernst Bannerth publia la généalogie complète de Sīdī Abū l-Suʻūd al-Jāriḥī (m. vers 1523), dont la généalogie remonte au cinquième imam shiite, Muḥammad al-Bāqir, fils de ʻAlī Zayn al-ʻĀbidīn[32]. Bannerth nous rappelle que al-Jāriḥī fut « sanctifié » par sa vie ascétique et qu'il est mentionné par un autre grand saint soufi, ʻAbd al-Wahhāb al-Shaʻrānī (m. 1565), auteur célèbre pour ses nombreux ouvrages concernant le soufisme, le *taṣawwuf*. L'inscription qui se trouve au-dessus de la porte d'entrée de la mosquée de al-Shaʻrānī, place Bāb al-Shiʻriyya, mentionne ses ancêtres « *al-Imām Muḥammad Ibn al-Ḥanīfa (i.e. Muḥammad Ibn al-Ḥanafiyya) Ibn Imām al-A'imma, ʻAlī Ibn Abī Ṭālib — raḍiya Allāh ʻanhu wa-karuma Allāh wajhahu — ; wulida ʻām 899 H/ 1519 M (sic ! i.e. 1493* AD*) ; wa tuwuffiya ʻam 973 H/1593 M (sic ! i.e. 1565* AD*) ; wa kāna ʻumruhu 74 ʻāman* » ; il n'est donc pas d'une lignée directement liée au Prophète lui-même, mais à son oncle, par un autre fils de ʻAlī. Il est à noter que l'inventaire de Abū al-Asʻad ne mentionne pas cette généalogie… ; et que par ailleurs, il est évident qu'on ne peut pas toujours se fier à ces inscriptions tardives !

L'épitaphe de la tombe du fondateur de la confrérie Shādhiliyya, Abū l-Ḥasan al-Shādhilī, a été publié par Denis Gril : la généalogie de ce maître soufi remonte à al-Ḥasan, et par lui à ʻAlī et Fāṭima et ainsi au Prophète Muḥammad[33]. La généalogie du grand maître soufi Ibrāhīm al-Dusūqī, dont nous parlerons plus loin, remonte elle aussi à la fille du Prophète, Fāṭima, *al-Zahrā'*, "*la resplendissante*", et son fils Ḥusayn, et cela, d'après l'épitaphe, « *Ab*[an] *wa-Umm*[an] » de père et de mère.

Il se doit de mentionner aussi le magnifique mausolée-mosquée de la confrérie Wafā'iyya, *Masjid al-Sādāt al-Wafā'iyya*[34], confrérie désormais disparue, dont la généalogie des maîtres fondateurs remonte elle aussi au Prophète, par Fāṭima, *al-Zahrā'*. Une généalogie complète se trouve dans l'ouvrage de Muḥammad Abū Bakr. Cette famille vint elle aussi du Maghreb, comme d'autres qui ont produit un nombre de maîtres soufis importants. Le premier membre de la famille qui partit de Sfax pour s'installer en Égypte fut Muḥammad al-Nijm. Il rencontra le soufi Ibrāhīm al-Dusūqī à Alexandrie.

32. Op. cit., pp. 122-123.

33. GRIL, Denis, *art. cit.*, pp. 508-509.

34. Muḥammad Fatḥī ABŪ BAKR, *Dhayl Kitāb Murshid al-Zuwār ilā qubūr al-abrār. Al-Musammā al-Durr al-munaẓẓam fī ziyārat al-Jabal al-Muqaṭṭam*, al-Qāhira, al-Dār al-Miṣrī al-Lubnānī, 1995, p. 39 ; cf. GEOFFROY, Éric, « L'élection divine de Muḥammad et ʻAlī Wafā (VIII$^{e}$/XIV$^{e}$ s.) ou comment la branche *Wafā'ī* s'est détachée de l'arbre *šāḏilī* », dans Rachida Chich et Denis Gril, *Le saint et son milieu*, Le Caire, IFAO, 2000, p. 51-60.

Ce fut son petit-fils, Muḥammad Wafā, fils de Muḥammad al-Awsaṭ Ibn Muḥammad al-Nijm, qui devint « le pôle de son temps ». Il naquit à Alexandrie en 702/1302, et y rencontra le maître soufi Shādhilī Yāqūt al-'Arshī (m. 732/1331). Muḥammad Wafā mourut au Caire en 765/ 1363[35] ; on lui donne le titre de « *al-Quṭb al-kabīr* », le pôle éminent. Il fut enterré dans la mosquée qui appartenait à la confrérie qu'il avait fondée, en se séparant de la Shādhiliyya ; non loin du mausolée de Ibn 'Atā' Allāh al-Iskandarī (m. 1309). Son fils 'Alī lui succéda et mourut en 807/1404. Il fut lui aussi un maître éminent, auteur de nombreux ouvrages. Ce fut son frère Shihāb al-Dīn Aḥmad Ibn Wafā (m. 814/1411) qui lui succéda. Le troisième successeur de Muḥammad Wafā (*thālith khulafā' Āl al-Wafā*) fut l'imam Fatḥ al-Dīn Muḥammad Ibn Aḥmad Ibn Muḥammad Wafā (m. 852/1448). Un autre fils de Aḥmad, dont l'épitaphe porte le nom, 'Abd al-Raḥmān, est appelé *al-Shahīd*, le martyr ; il s'est en effet noyé dans le Nil en 814/1411[36]. Le tombeau de Muḥammad Wafā, entouré d'une large *maqṣūra*, devint désormais la pièce centrale magnifique d'un ensemble de tombes, actuellement plus d'une vingtaine, des *Sādāt al-ṭarīqa al-Wafā'iyya*, dont certains sont appelés *aqṭāb*, pôles de leur temps, savants et soufis. Ce qui fait de ce mausolée un des édifices les plus remarquables de la *Qarāfa* ; la cour intérieure et les bâtiments qui l'entourent sont malheureusement fort délabrés, la confrérie ayant cessé d'exister.

## Le Maydān al-Masājid, la Place des Mosquées à Alexandrie

On a dit récemment que la Shādhiliyya est l'ordre soufi le plus célèbre qui soit parmi les confréries en Égypte et au Maghreb[37]. Ce fait est symbolisé par une concentration absolument exceptionnelle de mosquées et de tombeaux de saints autour de la grande mosquée-mausolée du premier successeur de Abū l-Ḥasan al-Shādhilī, Abū l-'Abbās al-Mursī (m. 685/1287). L'édifice central, en marbre blanc, remplace une mosquée plus ancienne. Il fut construit entre

35. ABŪ BAKR, *Dhayl Kitāb Murshid al-Zuwār,* p. 45.

36. D'après l'inscription apposée au tombeau, il ne fut d'ailleurs pas le seul à se noyer, il y avait aussi le Qadi Malikite Muḥammad al-Zubayrī, connu sous le nom de Ibn al-Tunīsī ( ?).

37. ZIEDAN, Youssef, « The Legacy of the Shâdhiliyya in Alexandria : Buildings and Manuscripts », dans Éric GEOFFROY (éd.), *Une voie soufie dans le monde : la Shâdhiliyya*, Paris, Maisonneuve & Larose, 2005, p. 63-71 ; p. 63 : " Shâdhiliyya is the most celebrated Sufi order in Egypt and in the Maghreb. Its branches amount around 90 branches in Egypt alone. Each one of these branches has his own shaykh who caused quite a qualitative change in this or that branch, or in Sufi words, each one of those shaykhs was one illuminating station along the road. In spite of this, these branches are all ultimately ascribed to shaykh Abū l-Ḥasan al-Shādhilī, and all of them commenced in Alexandria ".

1928 et 1935 sous la direction des architectes italiens Eugenio Valzania et Mario Rossi, et forme ainsi le centre d'un grand espace d'environ 43.000 mètres carrés, appelé « Midān al-Masājid », ou « Place des mosquées », où se trouvent quatre autres grandes mosquées et des petits sanctuaires, contenant chacun la tombe d'un saint ou d'une sainte. Il y a le mausolée de Muḥammad Maqīn al-Dīn al-Asmar (m. 692/1292), disciple d'al-Shādhilī et source d'inspiration pour Ibn 'Atā' Allāh, et la mosquée de Yāqūt al-Iskandarī al-'Arsh (sic au tombeau ; i.e. al-'Arshī) (m. 732/1331), premier successeur de Abū l-'Abbās al-Mursī ; il y a la mosquée de l'imam Sharaf al-Dīn al-Būṣīrī (m. à Alexandrie en 694/1295), auteur du très fameux poème à la louange du Prophète, appelé « *al-Burda* », le *poème du Manteau* (du Prophète) ; et il y a la mosquée du *qāḍī al-quḍāt* Muḥammad Nāṣir al-Dīn Ibn Salāma al-Shādhilī (m. 777/1375). Dans le parc se trouvent d'autres tombes de saints appartenant à la famille de Ibrāhīm al-Dusūqī, dont celle de sa tante al-Sayyida Mandara Abu l-Majd al-Qurashı et de son oncle 'Alī Abū l-Fatḥ.

## La référence à la *Lumière Muḥammadienne*

Burhān al-Dīn Ibrāhīm b. 'Abd al-'Azīz al-Dusūqī est le fondateur d'une des grandes confréries égyptiennes, la Burhāniyya ou Burhāmiyya. Il mourut en 1287 à Dusūq, une ville qui se trouve dans le delta du Nil, sur la branche de Rashīd. Quand il est décédé, à l'âge de 43 ans, c'est son frère Mūsā qui prit sa succession à la présidence de la confrérie. Son tombeau se trouve d'ailleurs à côté de celui de son frère dans la grande mosquée de Dusūq.

Le fait que Ibrāhīm al-Dusūqī fut un grand maître soufi, nous dévoile une autre dimension de cet islam des confréries : la mystique. Comme le dit Luizard, « la piété populaire est aujourd'hui massivement structurée par des confréries soufies plus ou moins réformées »[38], mais en même temps, existe en lien avec cette dimension populaire, une approche plus « élitiste », inspirée par la mystique, et d'un caractère plus « intellectuel ». Ce n'est pas sans raison que l'ouvrage de Aḥmad Anwar et Giuseppe Scattolin, *Al-tajalliyyāt...*[39], qui est un recueil de textes soufis, était épuisé l'année même de sa parution, et fut, depuis lors, réédité plusieurs fois. Durant un séminaire, cet ouvrage fut d'ailleurs présenté à de nombreux enseignants de l'université de l'Azhar, au siège même de la présidence de cette université.

38. LUIZARD, Pierre-Jean, « Un Mawlid particulier », dans *Égypte/Monde arabe* 14 (1993), p. 79-102 (l'auteur analyse le *mawlid* de Ibn al-Fāriḍ, qui a eu lieu en 1992 et auquel il a assisté lui-même).

39. Cf. « University Award from Kafr as-Shaykh University », dans MIDEO 28(2010), p. 596-598.

La référence à cette dimension mystique des confréries se retrouve partout dans les sanctuaires de leurs saints. En témoigne l'inscription près du tombeau de Ibrāhīm al-Dusūqī dans laquelle il est appelé *al-Quṭb al-Nūrānī, le Pôle Lumineux*. Comme on l'a remarqué par rapport à des maîtres de la Shādhiliyya et de la Jazūliyya, on retrouve ce titre *Quṭb* qui renvoie à un certain niveau de sainteté, de *walāya*, appliqué à de nombreux saints. On considère parfois les quatre grands maîtres, Ibrāhīm al-Dusūqī, al-Sayyid al-Badawī (m. 1276) et Abū l-'Abbās al-Mursī (m. 1287), ainsi que 'Abd al-Qādir al-Jīlānī (m. 1166), le fondateur de la confrérie Qādiriyya et vénéré en Irak, comme étant les maîtres spirituels les plus éminents. Ils ont atteint le plus haut niveau de sainteté parmi les saints, le Prophète Muhammad se trouvant au plus haut rang. C'est de lui qu'émane la lumière pré-éternelle, la lumière Muhammadienne, *al-Nūr al-Muḥammadī*, qui reflète l'Esprit de Dieu. D'après le Coran, en effet, la réalité prophétique trouve son expression finale dans le Sceau des Prophètes, *Khātam al-nabiyyīn* (Coran 33, 40), Muḥammad lui-même. Les saints ne reçoivent d'inspiration que par la médiation de la Lumière Muhammadienne. Pour la doctrine Shādhilī, et en particulier pour Ibn 'Atā' Allāh, Muḥammad est bien « le médiateur premier et unique de l'accès à la connaissance et à l'amour divins »[40].

## Le poète soufi Ibn al-Fāriḍ

C'est par le biais de ces doctrines soufies que nous concluons notre périple parmi les lieux de dévotions musulmanes en Égypte. Car il y a un mausolée qui abrite un saint tout à fait particulier, le poète soufi par excellence, 'Umar Ibn 'Alī Ibn al-Fāriḍ, appelé le Prince des amoureux, *Sulṭān al-'āshiqīn* (1181-1235). Son *Diwān*, le Recueil de ses poèmes, a récemment été publié par un membre de l'IDEO[41], Giuseppe Scattolin. Ibn al-Fāriḍ est certes considéré comme étant un des poètes les plus remarquables de la poésie mystique de la culture soufie égyptienne. Son tombeau, son *Maqām*, se trouve au pied du Moqattam, en contrebas de la ruine de la mosquée et des tombes de Shahīn al-Khalwatī (m. dans les années 900 AH – *wa-nayyif*), ainsi que de son fils et petit-fils, surplombant le cimetière adossé à la falaise.

40. GOBILLOT, Geneviève, « Présence d'al-Hakîm al-Tirmidhî dans la pensée shâdhilî », dans Éric Geoffroy (éd.), *Une voie soufie dans le monde : la Shâdhiliyya*, p. 31-52 (p. 49) ; cf. GRIL, Denis, « L'enseignement d'Ibn 'Atâ' Allâh al-Iskandarî, d'après le témoignage de son disciple Râfi' Ibn Shâfi' », dans Éric Geoffroy (éd.), *Une voie soufie*, p. 93-106.

41. SCATTOLIN, Giuseppe, « A Critical Edition of Ibn al-Fârid's Dîwân », dans B. Michalak-Pikulski & A. Pikulski (ed.), *Authority, Privacy and Public Order in Islam* (OLA, 148), Louvain, Peeters, 2006, p. 203-216 ; *The Dîwân of Ibn al-Fârid*, a critical Edition by Giuseppe Scattolin, Cairo, IFAO, 2004.

Comme l'indiquait Scattolin dans un article qui annonçait l'édition du *Diwān*[42], les deux termes de Pôle, *quṭb*, le plus haut degré de sainteté, *walāya*, et celui de Réalité Muhammadienne, *al-ḥaqīqa al-muḥammadiyya*, se rejoignent pour désigner le niveau et la source de son expérience mystique ; Muḥammad étant en effet celui dont émane la lumière spirituelle. Celle-ci agit à travers tous les Prophètes et Saints, elle est pré-éternelle, opérant dans tout l'univers. Et c'est ainsi que, par son expérience mystique, Ibn al-Fāriḍ réalisa ce que les plus grands saints ont vécu : d'être en union avec l'Absolu.

Par la dévotion aux saints musulmans, le dévot musulman qui visite les sanctuaires, qui est membre d'une confrérie, qui s'associe à une séance de *dhikr*, ou qui participe joyeusement aux festivités des mouleds, est engagé dans une voie de spiritualité qui est directement liée à la personne du Prophète de l'islam. Cette dévotion est donc profondément musulmane, mais dans un autre sens que celui que représentent les docteurs de la Loi. C'est certainement une voie légitime, bien que parfois un peu exotique, minoritaire et souvent contestée. Mais elle représente des centaines de millions d'adhérents dans le monde. Certains, tels que Éric Geoffroy, sont même d'avis que le courant mystique de l'Islam est celui qui devrait prévaloir ultimement[43].

## Bibliographie

'Abd al-Hādī al-Qaṣabī (Shaykh al-Mashā'ikh), « Fi iḥtifāl bi l-Mawlid al-Nabawī al-Sharīf. Mīlād Sayyidinā Muḥammad a'ẓam ḥadath fī al-tārīkh », dans *al-Taṣawwuf al-islāmī* 21 (2010) n° 276, p. 4-10.

Aḥmad Ḥusayn Anwar & Scattolin, Giuseppe, *Al-Tajalliyyāt al-rūḥiyya fī l-Islām. Nuṣūṣ ṣūfiyya 'abr al-tārīkh*, Al-Qāhira, 2008.

Chambert-Loir, Henri & Guillot, Claude, *Le culte des saints dans le monde musulman*, Paris, École française d'Extrême-Orient, 1995.

Chih, Rachida, *Le soufisme au quotidien. Confréries d'Égypte au XXe siècle*, Paris, Sindbad, 2000.

Chih, Rachida, « Entre tradition soufie et réformisme musulman : la littérature hagiographique dans le soufisme égyptien contemporain », dans *Égypte/Monde arabe* 29 (1997), p. 23-35.

Chih, Rachida, « Abu-l-Hajjâj al-Uqsurî, saint patron de Louqsor », dans *Égypte/Monde arabe* 14 (1993), p. 67-77.

Chih, Rachida & Gril, Denis (éd.), *Le saint et son milieu ou comment lire les sources hagiographiques* (*Cahier des Annales islamologiques*, 19), Cairo, Ifao, 2000.

42. Scattolin, Giuseppe, « New Researches on the Egyptian Sufi Poet 'Umar ibn al-Fārid (576-632/1181-1235) : A Contribution towards a new Understanding of his Sufi and poetic Experience », dans U. Vermeulen & D. de Smet (ed.), *Philosophy and Arts in the Islamic World* (*Ola*, 87), Louvain, Peeters, 1998, p. 27-40 (p. 39).

43. Geoffroy, Éric, *L'islam sera spirituel ou ne sera plus*, Paris, Seuil, 2009.

CHIH, Rachida & MAYEUR-JAOUEN, Catherine, *Le soufisme à l'époque ottomane. XVIe-XVIIIe siècle – Sufism in the Ottoman Era. 16th-18th Century* (*Cahier des Annales islamologiques*, 29), Le Caire, IFAO, 2010.

DE JONG, Frederick, *Turuq and turuq-linked institutions in nineteenth century Egypt : a historical study in organizational dimensions of Islamic mysticism*. Leiden, Brill, 1978.

DE JONG, Frederik & RADTKE, Bernd (ed.), *Islamic mysticism contested : thirteen centuries of controversies and polemics* (*Islamic history and civilization. Studies and Texts*, 29), Leiden-Boston, Brill, 1999.

GEOFFROY, Éric (éd), *Une voie soufie dans le monde : la Shâdhiliyya*, Paris, Maisonneuve & Larose, 2005.

GEOFFROY, Éric, « Soufisme, réformisme et pouvoir en Syrie contemporaine », dans *Égypte/Monde arabe* 29 (1997), p. 11-21.

GEOFFROY, Éric, « L'élection divine de Muḥammad et 'Alī Wafā (VIIIe/XIVe s.) ou comment la branche wafā'ī s'est détachée de l'arbre šāḏilī », dans Rachida Chich & Denis Gril (éd.), *Le saint et son milieu ou comment lire les sources hagiographiques*, Le Caire, IFAO, 2000, p. 51-60.

HOFFMAN-LADD, Valérie J., « Devotion to the Prophet and His Family in Egyptian Sufism », in *International Journal of Middle East Studies* 24 (1992), p. 615-637.

LEBON, Aymé, « Le saint, le cheick et la femme adultère. Courrier du Cœur adressé à l'imam al-Shâfi'î au Caire », dans *Égypte/Monde arabe* 3/3e série (2006), p. 183-201.

LUIZARD, Pierre-Jean, « Le soufisme égyptien contemporain », dans *Égypte/Monde arabe* I/2 (1990), p. 36-94.

LUIZARD, Pierre-Jean, « Un mawlid particulier », dans *Égypte/Monde arabe* 14 (1993), p. 79-102.

MAYEUR-JAOUEN, Catherine, « Pèlerinages et politique en Islam égyptien », dans *MIDEO* 28(2010), p. 101-125.

MCGREGOR, Richard & SABRA, Adam, *Le développement du soufisme en Égypte à l'époque mamelouke. The Development of Sufism in Mamluk Egypt* (*Cahier des Annales islamologiques*, 27), Le Caire, IFAO, 2006.

Muḥammad Fatḥī ABŪ BAKR, *Dhayl Kitāb Murshid al-Zuwār ilā qubūr al-abrār. Al-Musammā al-Durr al-munaẓẓam fī ziyârat al-Jabal al-Muqaṭṭam I-II*, al-Qāhira, al-Dār al-Miṣrī al-Lubnānī, 1995.

POPOVIC, Alexandre & VEINSTEIN, Gilles (éd.), *Les Voies d'Allah. Les ordres mystiques dans le monde musulman des origines à aujourd'hui*, Paris, Fayard, 1996.

RENARD, John, *Friends of God. Islamic Images of Piety, Commitment and Servanthood*, Berkeley-London, University of California Press, 2008.

RENARD, John (ed.), *Tales of God's Friends*, Berkeley-London, University of California Press, 2009.

Sa'd ḤASAN MUḤAMMAD, *Ahl al-Bayt fī Maṣr*, Gizeh, Al-Nâfidha, 2003.

Ṣafwat JAWDAT AḤMAD (ed.), *Faḍl Ahl al-Bayt fī l-Qur'ān al-Karīm wa l-Sunna al-nabawiyya*, Al-Qāhira, Dār al-Sundus, 2008.

Sa'd ABÛ AL-AS'AD, *Nayl al-Khayrāt al-malmūsa bi-ziyārat Ahl al-Bayt wa l-Ṣāliḥīn bi-Miṣr al-maḥrūsa*, al-Qāhira, Sharikat al-Fatḥ, 2004.

EL-ASWAD, Al-Sayed, « Spiritual Genealogy : Sufism and Saintly Places in the Nile Delta », dans *International Journal of Middle East Studies* 38 (2006), p. 501-518.

Ṭaha 'Abd al-Ra'ūf SA'D, *al-Ḥusayn. Ibn Bint al-Nabī, Sayyid Shabāb Ahl al-Janna. al-Sayyida Zaynab, 'Aqīlat Banī Hāshim. Zayn al-'Ābidīn. 'Alī Ibn al- Ḥusayn. al-Ḥasan, Ibn Bint al-Nabī* (Silsillat *Āl Bayt al-Nabī*), al-Qāhira, Maktabat 'Ilm al-Islāmiyya, s.d.

# FOLLOWING THE FAITH OF A FRIEND – DESIRABLE OR DANGEROUS?

*by*

Mona SIDDIQUI

A man follows the religion of his friend; so each one should consider whom he makes his friend (*Abū Dāwūd*, *Sunan* 41:4815).

Friendship is unnecessary like philosophy, like art... it has no survival value; rather is one of those things that give value to survival (C.S. Lewis).

My sister recently joked that I had more bishops and priests as friends than I had Muslims. In many ways, she is right. Our personal and professional lives are often shaped by those whom we meet and who can touch us with their warmth and their words. Perhaps this is I how I think of Michael Fitzgerald whom I first met at Lambeth Palace almost 10 years ago at the first Building Bridges Seminar.[1] Though we both inhabit completely different worlds personally and professionally, we kept in touch occasionally and met again properly when Michael was chairing a panel discussion on the 40$^{th}$ anniversary of *Nostra Aetate* in September 2005. This had been organised at Rome's Pontifical Gregorian University where I was invited to present an Islamic theological and personal perspective on *Nostra Aetate*. It seemed to me that no matter how much of a distance or time span there was between us meeting, whenever I met Michael, I met a friend.[2]

Until recently, I had never really given much thought to how friendships can emerge from chance encounters. I had not reflected on the importance of friendship as an aspect of a well lived and reflective life. It seems to me that friendship is both a gift and a task often taking us into new territories and challenging us to think more deeply about who we are not just as people but

1. A series of Christian-Muslim seminars convened at Lambeth palace initially by Archbishop George Carey in 2001 and then in subsequent years in various international locations by Archbishop Rowan Williams.

2. Some of the comments on friendship in this essay have been explored in greater depth in my forthcoming book, *The Good Muslim, Reflections on Islamic Law and Theology*, Cambridge: Cambridge University Press, 2011.

also as people of religious faith. Anaïs Nin wrote of friendship, 'Each friend represents a world in us, a world not born till they arrive and it is only by this meeting that a new world is born.' Ralph Emerson described deep friendships 'like the immortality of the soul, … too good to be believed.'[3]

It is probably true to say that friendship remains unspoken when it is working but nevertheless, reflection on friendship shows how important friendship is to the individual's quality of life as well as to the well being of society. It has both a political and emotional dimension for though love and affection are ethical and theological virtues, they form the basis of the human bond and are the fundamental ingredients of communal cohesion and solidarity. Growing up as Muslim in the UK, I have lived most of my life not thinking in any systematic way about the friendships or relationships I have formed outside those of my immediate family. Friendships just happened; sometimes they were good and sometimes they were bad. I grew up in a nuclear family with no near or distant relatives and less than a handful of trips to Pakistan where I was born. My social milieu was made up of British people largely of non-Muslim origin. My parents would be categorised as first generation immigrants to the UK and were from educated backgrounds who in the main became friends with other middle-class Muslims. I don't remember that we had any non-Muslim friends other than consciously developing good relations with our white, British neighbours. There was no animosity; there was simply no need.

We socialised with other Muslim families and their children were our peers. Yet, looking back on these years, I confess I never really forged what I would call true friendships with most of these children. My friends were people with whom I went to school, college and then university. And today in my professional context my friends are still largely from non-Muslim backgrounds. They are nominal and practicing Christians and Jews as well as agnostics and humanists. This has not happened through any deliberate intent but as a result of the nature of my work, the environment where I work and consequently the kind of people I meet. Many of these people have become friends in whom I have chosen to put my trust. I confess I had seldom thought of this as a theological issue. Could my deeper friendships be based on anything other than the mutual emotional and intellectual enjoyment of another's company? Religion or the lack of religious faith was never a barrier to friendship. Indeed, in my personal and professional life, I realize that intellectual intimacy which is built partly on the gradual disclosure of one's own thinking and sharing views on a range of subjects, lies at the basis of the most profound friendships; here differences of race, gender or religion could not become obstructions to forming meaningful bonds. Paul Waddell is right to

3. Ralph Waldo EMERSON, 'Friendship', in *Essays*: *First Series*, 1841. (http://www.emersoncentral.com/friendship.htm).

say that 'so much of our life is a history of our friendships.'[4] When it came to my Christian friends, 'following the 'faith of a friend' was both a confirmation of my own belief and my desire to learn from the loyalty and commitment of those who had different ways to God.

Friendship is an irreducible and varied relationship but it is often declared as the defining relationship of the modern age. It is however difficult to define as its ambiguity lies in its crossing boundaries of love, affection and virtue. It can be fragile and solid with its own demands of loyalty and magnanimity, trust and sincerity. Human beings need friends in their search for emotional and intellectual well being and friendship like love can be transformative in its effects. The terms 'friend' and 'friendship' can be used in a number of ways, described or cased in the language of altruism or egoism but when classical philosophy gave it consideration, it regarded friendship as the most important constituent of a worth-while and happy life. Friendship in the ancient world enjoyed a social standing and philosophical deliberations considered the value of friendship in creating the moral framework of a good society. The significance of friendship has reappeared in contemporary times as a political and sociological question. Today, however, friendships are considered mainly private relationships which matter to us as individuals in our private space and time.

Despite the relevance of friendship to the quality and meaning in our lives, only a small number of philosophers and theologians have written on the subject of friendship at any length. In the ancient world the special bond of friendship constituted an essential department of ethics. Plato's *Lysis* is an early Socratic dialogue which dwells on the nature of friendship. In it Socrates examines, along with the two friends Lysis and Menexenus, the causes of friendship. Socrates proposes four notions of friendship but in the end concludes that despite their analysis they have not been able to discover what a friend is. In the classical world, the concept of *philia* or social sympathy entailed a fondness for another and in the Greek world *philia* did not just mean a voluntary friendship but a basic sociability in human beings which was demonstrated in loyalty to one's family and to a wider community; *philia* enabled us to live together. Aristotle claimed that human beings were political animals who sought out the company of each other and that humanity could not realise itself as humanity without social cooperation:

> There is no need for rules of justice between people who are friends, whereas if they are just they still need friendship — and of what is just the most just is thought to be what belongs to friendship.[5]

4. Paul WADDELL, *Friendship and the Moral Life*, Notre Dame (Ind.): University of Notre Dame Press, 1989, p. 7.

5. ARISTOTLE, *Nichomachean Ethics*, (translated by Sarah Broadie and Christopher Rowe), Oxford, Oxford University Press, 2002, 115a25.

Thus friendship is the first law of community without which justice between communities would be difficult. Friendship is an ingredient to the moral life, the life of a civic community. There are few phrases more often repeated in literature on friendship than Aristotle's claim:

> Friendship is a kind of excellence, or goes along with excellence, and furthermore, is very necessary for living. For no-one would choose to live without friends, even if he had all the other good things; for even the wealthy or those who rule over or dominate others are thought to need friends more than anything.[6]

In contrasting the prominence of friendship in Greek philosophy and moral thought to its relative neglect in modern philosophy, Hans Gadamer claimed that because friendship is not a value or belief, it does not fit easily within modern thought, largely premised on a self-conscious modern subject.[7] For Gadamer, friendship is a good rather than a value. It is a good that comes into being when shared, not demanded nor willed between two people, 'No more than love can friendship be summoned on demand.'[8] However, Gadamer distinguishes having good will towards someone or a feeling of sympathy towards another, from friendship. Having a good disposition towards is not the same as friendship:

> Even if this sympathy or good will were actually to occur on both sides and to that extent constitute reciprocity, it would be mere friendliness so long as the two people were not really openly bound to each other. The common condition of all 'friendship' is more than that: the true bond that — in various degrees — signifies a 'life together.'[9]

Friendships are an important aspect of the texture of communal human life. Concepts, indeed typologies of friendship are implicit in many of the central sociological and ethical questions of today and have a stake in defining who we are as individuals and also who we are as communities in a multi-racial, multi-faith and multi-cultural environment. In the modern age, defined by the processes of migration and renewed interest in identity formation, in complex urban societies of today, concepts of friendship have assumed a new significance and say as much about our attitudes to cultural boundaries as they do about our desires and preferences as human beings.

6. *NE*, 1155a5.

7. Hans-Georg GADAMER, 'The Ethics of Value and Practical Philosophy', (1982), in *Hermeneutics, Religion and Ethics*, (translated by Joel Weinsheimer), New Haven: Yale University Press, 1999, p. 117. Gadamer explains that he noticed this difference when he first lectured on the role of Greek ethics and saw "two extensive books of the *Nichomachaen Ethics* deal with the subject — whereas Kant's moral philosophy merits only a single page!"

8. GADAMER, 'The Ethics', p. 117.

9. GADAMER, 'Friendship and Self-Knowledge: Reflections on the Role of Friendship in Greek Ethics', (1985), in *Hermeneutics*, as above, p. 128.

From a religious and theistic perspective there seems to be no dominant narrative on friendship nor is scripture itself overtly concerned with the way friendship is essential to our humanity. If anything friendship is about preferential and selective love whereas most scriptural traditions extol the universality of love and the relationship of love between human beings and God. *Agape*, the distinctive Christian love demands that we love our enemy even though we know there is no reciprocity to this love. Paul Waddell compares the relationship of friendship with Christian love:

> Friendship is a necessary good in any life but it is not a specific good. It is a powerful love, but it is not the love by which we imitate Christ. Given the relationship between agape and *philia*, to begin to be friends is not to begin to be Christian. Friendship is one life, *agape* another. Friendship is good love but it is not redemptive love, and that explains why the relationship between *philia* and *agape*, even if not inalterably conflictual, is inalterably strained.[10]

Wadell himself critiques the arguments of those who say that friendship and Christian love are opposed by examining the writings of Søren Kierkegaard and Anders Nygren. While Kierkegaard displayed more nuance in his later writings, both writers saw *agape* as the distinctive Christian love which taught love for all, in which there were no outsiders. This was in contrast to friendship which was viewed as preferential love and could even be selfish love. Wadell recognises the compelling nature of their arguments but concludes:

> When friends are bought together by a mutual love for God and a desire to follow Christ, their friendship is a relationship in which they learn the ways of God, imitate Christ and thus learn to embrace those they hitherto ignored. In this context, agape is not something other than friendship, but describes a friendship like God's, a love of such generous vision that it looks upon all men and women not as strangers but as friends.[11]

While Christian perspectives on Biblical love allow for different narratives on love and friendship, the Qur'an seeks to address friendship primarily in the political context of forging alliances. In the Qur'an the virtue of friendship is seen largely as a commitment to solidarity with people who have submitted to the new faith. Thus, the Qur'an appears to prohibit any alliance with those who reject the new revelation:

> O you who believe, do not take my enemies and yours as your allies, showing them friendship when they have rejected the truth you have received and have driven you and the Messenger out simply because you believe in God. If you have

10. WADELL, *Friendship*, p. 71.
11. WADELL, *Friendship*, p. 96.

gone forth to struggle in my cause and long for my blessing do you secretly hold affection for them? (Q. 60:1).[12]

> Those who take unbelievers as friends rather than believers, are they looking for honour amongst them? All honour is with God (Q. 4:139).

> O you who believe, do not take as friends unbelievers rather than believers. Do you want to give God a clear proof against you? (Q. 4:144).

The Qur'anic stance is not just one of prohibition but actual condemnation:

> Can you see many of them allying with those who disbelieve? So vile indeed is what their passions make them do that God has condemned them and they shall remain in suffering. For if they truly believed in God and the Prophet and all that was bestowed on them from on high they would not take unbelievers for their allies, but many of them are wrongdoers (Q. 5: 80-81).

In the Qur'an the value of friendship is not mentioned so much in philosophical terms but defined largely through the emergence of the new faith in its political environment. The most common terms used for friend are *walī* and *khalīl*. The Qur'an uses various words to define social alliance and bonding but as Andrew March writes:

> The precise scope of the concept of *walā'* or *muwālāh* (friendship, patronage, alliance, loyalty) used in most of these verses is inherently vague. Does it cover all aspects of amicable relations between Muslims and non-Muslims, or is it limited to very specific legal or political arrangements that might come at the expense of the Muslim community? Are these general injunctions (*aḥkām 'āmma*) for all times and places, or to be read in their revelatory context (*asbāb al-nuzūl*) of Muhammad's struggles with non-Muslim communities and policies in the seventh century?[13]

The Qur'an encourages friendship between those whose alliances are for God and for the Prophetic message. Friendship with the wrong kinds of people appears as an eschatological theme throughout the Qur'an reflected in verses such as the following:

> On that day the wrongdoer will bite at his hand and say, 'Would that I had taken a straight path with the Messenger. Alas, if only I had never taken such a one for a friend. He led me astray from the message [of God] after it had come to me (Q. 25:27-29).

Those with belief (*īmān*) protect one another in friendship:

12. All Qur'an translations are taken from Yusuf Ali, *The Meaning of the Holy Qur'an*, Beltsville: Amana Publications, 2003. However, I have modified the translations slightly where appropriate.

13. Andrew F. MARCH, *Islam and Liberal Citizenship*, Oxford: Oxford University Press, 2009, pp. 128-129.

> The believers, men and women, are protectors [*auliyā'*] of one another. They enjoin what is right and forbid what is wrong. They pray, give charity and obey God and his messenger (Q. 9:71).

The Qur'an warns against sharing intimacy, essential to friendship, with those it regards as enemies of the believers:

> O you who believe do no take into your intimacy those outside your ranks. They will not fail to corrupt you. They only desire your ruin. Hatred has already appeared from their mouths; what their hearts conceal is worse. We have made plain to you the signs if you have wisdom. You are those who love them but they do not love you. You believe in the whole of the book and when they meet you, they say 'we believe.' But when they are alone they bite off the very tips of their fingers in their rage. Say, 'Die in your rage, God knows the secrets of the hearts.' (Q. 3:118-119).

Ibn Kathīr provides a lengthy explanation of this Qur'anic verse where his main argument is that those who are unbelievers and hypocrites should never be taken into confidence. These are people who may speak in sweet tones but carry an inner hostility towards the believers.[14]

Verses of this sentiment appear in several places in the Qur'an. What is desirable is cultivating relations with those who share the new prophetic vision; what is dangerous is allying oneself with those who oppose or are actively hostile to this emerging faith.

In the Qur'an, God is a friend of the believer and the believers are friends amongst themselves. Their friendship, however, should not be construed as a passive state of being; the alliance and friendship between believers is expressed through 'enjoining the right and forbidding the wrong' (Q. 9:71). A consistent theme of the Qur'an is that those who become friend and protectors of each other are active members of the community:

> Those who believe, emigrate and strive with their wealth and themselves in the way of God, and those who give shelter and help, they are friends of one another (Q. 8:72).

But scholars have argued that the Prophet himself made alliances and bonds of trust with certain polytheists. The verses which prohibit alliances refer only to those non-Muslims who fight Muslims or are engaged in hostility with them. There are Qur'anic verses which encourage a relationship of respect and justice between believers and others:

> God does not forbid you from dealing justly and equitably with those who do not fight you for your religion nor expel you from your homes, for God loves the just (Q. 60:7-8).

14. IBN KATHĪR, *Tafsīr al-Qur'ān al-'Aẓīm*, Vol. 1, Cairo: Dār al-Ḥadīth, p. 372.

The Qur'anic verses on friendship vary in tone but often stress the futility of seeking alliances with anyone other than God who is our only protector or *naṣīr*:

> Unto God belong the dominion of the heavens and the earth. He gives life and he takes life. You have no protector or helper other than him (Q. 9:116).

The Qur'an talks of God as helper (*naṣīr*) or friend (*walī*):

> Your friends are God and his messenger and those who believe, who establish prayer, give *zakāt* and bow down in worship (Q. 5:55).
>
> Unto God belong the dominion of the heavens and the earth. He gives life and he takes life. Except for him we have no protector nor helper (Q. 9:116).
>
> There is no fear upon the friends of God nor shall they grieve (Q. 10:62)

Ibn Kathīr explains that the concept of 'friends of God' refers to those whose hearts are full of faith and conviction. Anyone who has faith in God is a friend of God and such people are not afraid of the day of Judgement. He narrates a tradition from Abdullah ibn Mas'ūd and Ibn 'Abbās stating that the friends of God are those people whose faces remind one of God. In another tradition there are people who are envied even by the prophets because they love one another only for the sake of God, not because of kinship or money. Their faces are lit up and they are afraid of neither death nor the Day of Judgement.[15] The one Qur'anic prophet who showed ultimate submission is Abraham, given the title *khalīl-Allāh* or 'friend of God':

> Who is better in his religion than one who submits his whole self to God, does good and follows the way of Abraham, the true in faith? For God took Abraham for a friend (Q. 4:125).

Taking God as a friend is a broad and inclusive concept. It can refer to anyone who believes in God even though the beliefs of the Qur'anic Jews and Christians create an ambivalent picture. The Christians are humble and respected for their piety:

> You will find the Jews and Pagans strongest among men in enmity to the believers; and nearest among them in love [*mawadda*] to the believers you will find those who say, 'We are Christians', because amongst these are men devoted to learning and those who have renounced the world, and they are not arrogant (Q. 5:85).

And yet, there are verses which explicitly prohibit the emerging faith community from allying itself with the established Jewish and Christian communities

15. IBN KATHĪR, *Tafsīr*, Vol. 2, p. 404.

> Oh you who believe, do not take the Jews and Christians as protectors; they are protectors only to each other. Anyone who takes them as an ally becomes one of them — God does not guide such wrongdoers (Q. 5:51).

How is one to interpret these verses when the classical conceptual framework of enemy and friend no longer exists? From the religious perspective, society becomes divided between those who believe and those who do not believe for all sorts of political, religious and social reasons where friendship is encouraged with the former group and not the latter. Furthermore, in scripture, one senses that true friendship lies with God alone as only God himself is the true friend. Friendship must be sought for God and rooted in God and for the new community which is commanded to submit to God. One might be tempted to argue that religious faith places a distinct value on particular friendships where God is not just present but the focus. Seeing God as the true friend is appealing and true for many but if worship of God can bind people in friendship then can this worship stem from different faiths? Furthermore, if most religions stress the universal brotherhood of all and affection for other fellow beings, where are the theological limits to our understanding of 'truth' and 'community'?

There are a few hadiths where friendship is seen in more philosophical terms:

> Abū Mūsā reported God's messenger as saying, 'The similitude of good company and that of bad company is that of the owner of musk and that of the iron smith blowing bellows. The owner of musk would either offer you it free of charge or you would buy it from him or you would smell its pleasant odour. As far as one who blows the bellows is concerned, he would either burn your clothes or you have to smell its repugnant smell.[16]

Such a hadith allows for friendship to be interpreted in more human ways than simply through the political framework of seeing people as either allies or enemies. Here, friends are those who make us better. In Ghazālī's poignant reflection, 'good deeds' are the most lasting friend. Ghazālī writes of Hatim al-Assam who said:

> I observed mankind and saw that everyone had an object of love and infatuation which he loved and with which he was infatuated. Some of what was loved accompanied him up to the sickness of death and some to the graveside. Then all went back and left him solitary and alone and not one of them entered his grave with him. So I thought and said, the best of what one loves is what will enter one's grave and be a friend to one in it. And I found it to be nothing but good deeds. So I took them as the object of my love, to be a light for me in my grave, to be a friend to me in it and not leave me alone.[17]

16. Hadith no. 6361 from SahihMuslim.com at www.salafipublications.com
17. Abū Ḥāmid AL-GHAZĀLĪ, *Letter to a Disciple – Ayyuhā 'l-Walad*, (English-Arabic edition translated by Tobias Mayer), Cambridge: The Islamic Texts Society, 2005, p. 28.

In both Islam and Christianity, God gives of himself in his power and potential to transform our lives. Thus, love becomes a central feature of the discussions between Islam and Christianity and the topic of God's love presumes some commonalities in the understanding of God and love as well as acknowledging fundamental doctrinal differences. It is in the varying notions of God's love and mercy where we must anchor the beauty and desire for forming different kinds of friendships. However, scriptural sources in themselves do not approach friendship as a relationship based on individual compatibility, desire or need. Friendship for many today is an emotional and intellectual response to another rather than a relationship based on belief in God. It may be deepened by a mutual belief in God, even where the understanding of God is doctrinally different, but it does not necessarily emerge from this.

But as a Muslim I am convinced that devotion to God does not exclude but rather encourages the possibility of friendship with a whole range of people; this is the only way to understand and truly appreciate divine love and the humanity of friendship. In our globalised world where different cultures, races and religions are coming together, even colliding in private and public spaces, friendship assumes a new significance. Time and distance are also new components of modern friendships. Despite fewer routine interaction and face to face contact, modern day technologies allow for people to sustain a friendship even if they do not share the same world.

There are risks involved in the cultivation of new friendships for every friendship takes its own course and can unsettle us. A fundamental question of the modern era is: who are our friends in fragmented and divided communities? For some, this becomes a political question of self identity but for many, the ambiguity of otherness does not create tension but rich opportunities of care and concern for those with whom friendships may not have been possible only a few years ago. Whatever sparks off a friendship with someone who is so different in every way, is sustained only because it has an inherent goodness and enhances one's quality of life and experience.

Michael and I are both students of Islam. He has spent most of his adult life as a priest reflecting on God and striving to create better relations both intellectually and socially between Christians and Muslims. For me, he is doing God's work. In our conversations and exchanges, I probably have at times 'followed the faith of a friend', because faith speaks to faith in different ways and challenges our complacency, demanding that we look within ourselves to who we are and what we believe. Our different religions may continue to pose theological challenges to each other but in the integrity of our dialogical work, I expect we have both been transformed far more than we ever thought.

# CHRISTIANITY IN ISLAMIC THEOLOGY THE CASE OF AL-JUWAYNĪ

*by*

David THOMAS

The civilisation that developed under Islamic rule in the ninth and tenth centuries was one in which Christians played a prominent part. It is important to remember that regions such as Syria, Palestine, Egypt and Mesopotamia had been predominantly Christian for centuries before the Arab invasions, and there is every sign that at least in the early centuries of Islam there was no substantial change. Conversions from Christianity to Islam (and some in the other direction) did, of course, take place under social pressure, through financial inducement and out of religious conviction, but it is safe to say that the continuing presence of large numbers of Christians could not be overlooked by Muslim rulers or the Muslim populace among whom they lived. In their reflections upon the nature of Islam it would have been difficult for them to ignore what Christians said about Christianity, and encounters with Christians would undoubtedly have raised in Muslim minds issues that directed their thoughts about the specifics and generalities of faith. The Muslim response to Christian doctrines played a significant part in the structuring and formulating of Muslim theology.

The prominence of Christians in early Muslim society was evident. Almost every physician known in the early Islamic world was a Christian, and a succession of caliphs in the ninth century were served by members of the same Christian family of physicians, who were obviously trusted and respected for their expertise. Likewise, every translator of works from Greek and Syriac into Arabic was a Christian (many of them medical experts), placing his bilingual and trilingual expertise at the disposal of caliphs and nobles. Such people were able to bridge cultural and linguistic divides, thanks to their education according to the traditional ecclesiastical curriculum and to their upbringing in the cities of the Islamic empire. Furthermore, churches and the liturgy conducted within them must have figured prominently in the cities of the early Islamic world. Around the imperial capital Baghdad there were a number of monasteries which caliphs and the people visited regularly, both to witness the spectacle of services on feast-days and, one might imagine, to look for respite from the pressures of the court and urban life.[1] They were resorts for a good day out, and also places where Christian beliefs were expressed in dramatic and colourful forms.

Muslims might understandably have felt some awe at the professionalism and intellectual authority of their Christian neighbours. The ninth century theologian and stylist Abū ʿUthmān al-Jāḥiẓ remarks on it in a letter he wrote to some fellow-believers, when he says that the Muslim populace of Baghdad actually applaud Christians who put on the same airs as Muslim princes, giving the same names to their children, dressing in the same way and assuming the same appearance, and enjoying the same pastimes.[2] He is evidently alluding in a roundabout way to the regulations under which Christians as part of the *dhimmī* populations were supposed to live, and which distinguished them from Muslims and relegated them to inferior social positions; in fact, the Christians to whom he alludes (if real) appear to have gone out of their way to contravene them one by one. There is undoubtedly exaggeration in his resentful comments, but there must be a grain of truth in them as well for them to carry conviction with his readers. What he says shows eloquently that some Christians at least enjoyed exalted positions in society and took advantage of this to make the most of their privileged lives.

If Christians were prominent professionally and socially, they were also prominent religiously. Al-Jāḥiẓ again complains how Christians corner unsuspecting Muslims and lead them into all manner of contradictions and non-sequiturs through calculated questioning about aspects of their faith.[3] Whether entirely true or not, his brief portrayal represents the kind of encounter that must regularly have taken place. Exactly what was said can no longer be known, but it is clear that from the Muslim side Christian questions were a serious matter, because more or less every specialist in theology active in the ninth century is known to have written at least one work against Christianity. Sadly, just about every one of these is lost, but some impression of what they contained can be gathered from the very few that survive and from references and quotations in later authors.

Of the few surviving works written against Christianity written by Muslims in this period when Muslim theological discourse was in one of its most active phases, the longest and most influential is the *Radd ʿalā al-thalāth firaq min al-Naṣārā* ('The refutation of the three Christian sects') by Abū ʿĪsā

1. See H. KILPATRICK, "Monasteries through Muslim eyes. The *Diyārāt* books", in D. Thomas (ed.), *Christians at the heart of Islamic rule* (Leiden: Brill, 2003), 19-37.

2. AL-JĀḤIẒ, *Radd ʿalā al-Naṣārā*, in ʿA.S. Hārūn (ed.), *Rasāʾil al-Jāḥiẓ*, 4 vols. (Cairo: Maktabat al-Khanjī, 1964-79), vol. 3, pp. 316-18; trans. J. FINKEL, "A risāla of al-Jāḥiẓ", in *Journal of the American Oriental Society* 47 (1927), 327-9.

3. AL-JĀḤIẒ, *Radd*, p. 320/FINKEL, p. 331.

Muḥammad ibn Hārūn al-Warrāq, a little-known figure active in the mid-century who was probably allied with Shīʿī groups but remained radically independent in his thinking.[4] This work, which survives in the form of quotations in a reply made by the tenth-century Christian scholar Yaḥyā ibn ʿAdī, is a detailed demonstration of the errors in Christian doctrines based upon what is arguably the fullest and most intimate knowledge of Christian doctrines known from any Muslim in the first three centuries of Islam. Its importance was such that it was quoted by Muslims for hundreds of years.

What is striking about this refutation is that it focuses unerringly on the two major doctrines of the Trinity and Incarnation, and adduces a wealth of arguments to show that these doctrines are incoherent according to rational criteria and inconsistent in the forms in which they are expressed by the differing sects. The overall thrust of Abū ʿĪsā's arguments is that any portrayal that moves away from the absolutely single and utterly transcendent God of Islam is unsustainable according to the logical norms that both Christians and Muslims obey.

Abū ʿĪsā himself was evidently as fascinated by Christianity as by the other non-Islamic faiths about which he wrote (these works of his are lost). His introduction to this refutation, in which he describes Christian doctrines and some Christian history in considerable detail, attests to this. So it is curious and significant that in the refutation itself he concentrates only on the two doctrines that would be seen as presenting a challenge to the Islamic principle of *tawḥīd*. It is as though arguments against the doctrines of the Trinity and Incarnation are being employed to help define the Muslim doctrine of God. Although he is supposed to be refuting the three Christian sects of Nestorians, Jacobites and Melkites (to give them the names that he and all Muslims at this time used), his work is as effective in upholding the Muslim doctrine of God as it is in demolishing the Christian. In this surviving instance, anti-Christian polemic is put to use in the service of Muslim apologetic. Whether other Muslim theologians of the time followed a similar approach cannot be said in the absence of any works from them, though it is telling that in the later work of the Muʿtazilī ʿAbd al-Jabbār (d. 1025) arguments from 'our masters', who must have been earlier Muʿtazila, are readily available against aspects of the doctrine of the Trinity.[5] Whether or not they argued against other doctrines, they certainly levelled their sights on this one.

Abū ʿĪsā's refutation, valuable as it is for showing the importance of specific Christian doctrines for Islamic theology in the ninth century, can only

4. D. THOMAS, *Early Muslim polemic against Christianity, Abū ʿĪsā al-Warrāq's 'Against the Incarnation'*, (Cambridge: Cambridge University Press, 2002), 21-33.

5. D. THOMAS, *Christian doctrines in Islamic theology* (Leiden: Brill, 2009), pp. 240-5, 246-7, 266-7, 292-3.

help so far in explaining Muslim theologians' attitude towards Christianity at this time. It suggests that he himself, and maybe others, was primarily interested only in those aspects that bore directly upon Islamic doctrines themselves, though in the absence of works in which Islamic theology is defined against Christian theology this can only be surmised. But when Muslim theological works from the tenth century are taken into account, this relationship is confirmed. In these, Christian doctrines are mainly important for the way in which they serve to highlight the truth of their Islamic equivalents.

A number of theological compendiums survive from the tenth century, notably by Abū Manṣūr al-Māturīdī (d. 944), who gave his name to the Māturīdī theological school, Abū Bakr al-Bāqillānī (d. 1013), a major theologian among the first generations of the Ashʿarī school, and ʿAbd al-Jabbār, the most important Muʿtazilī theologian from the latter part of the century. Although they have different characters, these works all share the same feature of including refutations of opposing groups interspersed among their presentations of their own theologies. At first glance, this arrangement may seem arbitrary, because rather than devote a distinct section to non-Muslim groups and to opposing Muslim groups, they turn on opponents at many different points in their works. But closer inspection explains why. For example, in ʿAbd al-Jabbār's great work, the *Mughnī fī abwāb al-tawḥīd wa-l-ʿadl* ('The summa on topics of divine unity and justice'), there is a refutation of the Hindus (*Barāhima*) at the beginning of the section on prophethood, and a refutation of the Jews at the point where the finality of the Prophet Muḥammad is discussed. The contents of these two refutations indicate that the Hindus are seen as denying prophethood altogether and the Jews as denying any prophet who came after their own. It is thus logical for ʿAbd al-Jabbār to challenge them at this juncture in his work, and the demonstration that their claims do not stand up to scrutiny serves the purpose of underlining the truth of the Islamic teachings about prophethood and Muḥammad. It is significant that in these refutations there is no concern for the whole array of Hindu and Jewish beliefs but only for the aspects concerning prophets. The two religious traditions are thus turned into token representatives of views that oppose the Islamic equivalent.

It is the same with Christianity in the *Mughnī*. The refutation is situated at the end of the long introductory set of proofs for the existence and oneness of God, together with refutations of non-Islamic dualist groups. This in itself shows that for ʿAbd al-Jabbār Christianity opposes the doctrine of *tawḥīd*, and the contents of the refutation confirm this because, as in Abū ʿĪsā al-Warrāq's earlier *Radd*, they focus entirely on the Trinity and Incarnation and prove that these do not stand up to rational scrutiny. What this suggests is that while Christianity, together with other faiths, could not be overlooked in a work of Islamic theology, its teachings could be put to work to demonstrate that alternatives to the Islamic equivalents were demonstrably wrong, leaving only the Islamic versions tenable.

The evidence of this and other works like it is that, despite the prominence of Christians in Islamic society by virtue of rare knowledge and enviable skills, in theological contexts their beliefs were only of secondary importance. Their doctrines provided instances of teachings that were at variance with Islamic teachings, but through effective countering by means of unanswerable arguments based on reason and deftly deployed, they could be used to help prove that Islamic doctrines were true.

Comparison between Abū ʿĪsā's *Radd*, which is entirely devoted to Christian doctrines, and ʿAbd al-Jabbār's *Mughnī*, where Christianity occupies only one part (albeit extensive) of one volume out of a total of twenty, suggests that between the mid-ninth and late tenth centuries the significance of Christian doctrines within the overall structure of Muslim theology diminished noticeably. Whether or not this is a justifiable inference, it seems undeniable that the later work shows much less evidence of information about Christianity being derived directly from Christians themselves. Abū ʿĪsā was evidently informed by Christian experts, while ʿAbd al-Jabbār took his details from Abū ʿĪsā and other indirect sources without giving any extensive indications of having been in contact with Christians themselves.[6] For him, anti-Christian refutation appears to be largely an academic exercise, part of the formal activity of theological exposition in which refutation contributes towards consolidation of one's own position.

This tendency is also apparent in al-Bāqillānī's tenth century theological treatise,[7] and it can be seen perpetuated in later centuries. One of al-Bāqillānī's most illustrious successors in the Ashʿarī theological school was Abū l-Maʿālī ʿAbd al-Malik ibn ʿAbd Allāh al-Juwaynī, known as Imām al-Ḥaramayn (1028-85). He is remembered as the teacher of the great Abū Ḥāmid al-Ghazālī (d. 1111), though he was also a considerable theologian in his own right. In his attitude towards Christianity he has long been recognised for his *Shifāʾ al-ghalīl fī bayān mā waqaʿa fī l-Tawrāt wa-l-Injīl min al-tabdīl* ('Assuaging thirst in explanation of the alterations that have occurred in the Torah and Gospel'), which its editor Michel Allard suggests was probably written between about 1048 and 1058, when al-Juwaynī was in Baghdad.[8]

6. See further on this, D. THOMAS, "Christian voices in Muslim theology", in *Jerusalem Studies in Arabic and Islam* 36 (2009), 370-75.

7. See THOMAS, 'Christian voices in Muslim theology', pp. 368-70.

8. M. ALLARD, *Textes apologétiques de Ǧuwainī (m. 478/1085)*, Beirut: Dar el-Mashreq, 1968, pp. 7-9. P.E. WALKER and M.S. EISSA (trans.), *A guide to conclusive proofs for the principles of belief. Imām al-Haramayn al-Juwaynī*, Reading UK: Garnet, 2000, p. XXIII, narrow the date down to 1055.

This work is an eloquent examination of the possibility that the scriptures of the Jews and Christians have been altered in the course of time, leading to the conclusion that there is every chance they have, and that therefore the predictions about Muḥammad that according to the Qur'an should be present within them have been lost or removed. The work stands alongside Ibn Ḥazm's (994-1064) *Kitāb al-fiṣal fī l-milal wa-l-ahwā' wa-l-niḥal* ('Judgement regarding the confessions, inclinations and sects') as one of the most thorough examples of this kind of attack on the integrity of Christian scripture.

Another refutation of Christianity appears in al-Juwaynī's theological compendium *Kitāb al-Shāmil fī uṣūl al-dīn* ('The complete book on the principles of religion'), a systematic work in the same tradition as the earlier treatises of al-Bāqillānī and ʿAbd al-Jabbār. While it is certainly indebted to its antecedents, it also contains arguments that are not known from surviving earlier works, and so it merits examination.

The *Shāmil*[9] probably dates from al-Juwaynī's later years, when he was resident in his native Nīshāpūr and living the secluded life of a scholar and teacher. It is thus the product of his mature thought. It is presented as a commentary on al-Bāqillānī's commentary on Abū l-Ḥasan al-Ashʿarī's *Kitāb al-lumaʿ*, and al-Bāqillānī is referred to throughout, often by his title of *qāḍī*. Since al-Bāqillānī's work is lost, comparison with it is not possible, though it is not unlikely that the majority of its arguments against Christianity appear in al-Bāqillānī's main surviving work, the *Tamhīd* ('Introduction'), so this can be used to check what may be new in al-Juwaynī's treatise.

As with earlier Muslim theological treatises, it is important to note where in the *Shāmil* the refutation of Christianity is located. The work in its published version (which is incomplete) begins with a discussion on knowledge (pp. 97-122), then moves to the nature of contingent being and its temporality (pp. 123-338), and on to the being of God (pp. 345-717). The refutation occurs in this last part. It follows a series of proofs of what God is not, and interpretations of the literal meaning of what is said about him in the Qur'an and Sunna (pp. 510-70), and it is followed by a discussion of his attributes (pp. 609-28). This latter discussion begins what is evidently a section of positive teachings about God, contrasting with the earlier denials about illogical and anthropomorphic statements about him. This progression shows that the refutation of Christianity is put where it is in order to conclude these denials. Its position suggests that in al-Juwaynī's mind Christian doctrines can be shown to contain inappropriate statements about God and should be corrected or restated.

9. Ed. ʿAlī Sāmī al-Nashshār, Alexandria: Munshaʾat al-Maʿārif, 1969.

The refutation itself can be divided into two main sections. The first is a set of general attacks on the claim that God is substance (pp. 571-5), on the hypostases (pp. 575-81), and on the act of uniting between the divine and human natures in Christ (pp. 581-95), and the second is a series of specific attacks on the three major denominations of Nestorians and Jacobites (pp. 595-9) and Melkites (pp. 600-2) on the Trinity, and then the act of uniting (pp. 602-4) and the triple nature of the Godhead (p. 605). It is concluded by a series of brief arguments against other aspects of doctrine. Its main constituents recall earlier Muslim treatises, as will be seen, though the majority of elements in it are fresh. These give the refutation originality, while its continuity with and indebtedness to earlier works remains clear.

The first section is concerned with the claim that God is substance, *jawhar*. Al-Juwaynī first signals his rejection of this by referring to arguments earlier in the *Shāmil* that prove substances are always concrete, material entities and therefore God could not be one, but then he allows his opponents to explain their position. They say that God is self-subsistent, *qā'im bi-nafsihi*, just as a substance is, and thus he can be characterised by the term that in Arabic is translated as *jawhar*. Al-Juwaynī retorts that in Arabic the term *jawhar* does not necessarily entail self-subsistence, and that being self-subsistent can be understood in a number of ways, among them simply 'something that exists', *al-mawjūd*, so the link the Christians make is not necessary (pp. 571-3). This point of language is evidently important to him, because he goes on to insist that no matter how Christians try to change the significance they cannot escape from its basic meaning in Arabic without abandoning links between words and what they signify, which would lead to intellectual chaos (pp. 573-5).

These arguments recall al-Bāqillānī's point at the beginning of his refutation of the Trinity, that in Arabic the term *jawhar* always connotes a concrete thing (al-Bāqillānī, pp. 144-53), though beyond the basic issue the two refutations have no specific arguments in common (in fact, on p. 580 al-Juwaynī admits that he has purposely not included one of his predecessor's arguments on this very point).

The second section is concerned with the hypostases. Al-Juwaynī begins by explaining that all Christians agree that the divine substance possesses three hypostases: existence, life and knowledge (*al-wujūd wa-l-ḥayāh wa-l-ʿilm*), though not in addition to the substance but as attributes that are internal to it (*ṣifatān nafsiyyatān lil-jawhar*), somewhat, he says, like the 'states' (*aḥwāl*) of the Muʿtazilī Abū Hāshim al-Jubbā'ī's teaching about God, and rather different from the teaching of 'the people of truth', his own Ashʿarī colleagues who say that the attributes are additional to the essence of God. This elucidation, which characterises the hypostases as modes of God's essence rather than as actually existent qualifiers of it, shows that in his mind the hypostases do not have ontological reality, but are somehow aspects or dispositions of the substance. He does not follow up this issue, however, but turns to a well-used argument in Muslim refutations and questions the limitation of the hypostases to three. There could be a fourth hypostasis of power, he argues, and the Christians can find no means of denying this. He demonstrates the difficulty for them in some degree of detail, though even this, he says, is only a part of the entire arguments he could have used (pp. 575-81). The point he more or less assumes here is that the hypostases can be treated in the same way as the divine attributes of his own theology. The Christians open themselves to this by more or less comparing the two, and it becomes increasingly clear as the arguments progress that the comparison is ill-judged because it leads to contradictions that leave the doctrine of the Trinity in disarray.

Al-Juwaynī next turns to the other major Christian doctrine, the act of uniting between the divine and human natures in Christ. He begins with a summary of the ways in which this is explained by Christians (pp. 581-2), and then attacks the fundamental point that the hypostasis of the Word inhered in Christ in the same way that an accident of a contingent being inheres in its physical substrate (*kamā yaḥullu al-ʿaraḍ maḥallahu*). Here he invokes a series of conventions from the atomistic analysis of created reality that was habitually used among Muslim theologians, and demonstrates the deficiency of applying its logic to the divine being (pp. 582-6).

He goes on the attack other explanations of the doctrine, showing that such metaphorical formulations as the divine mixing or mingling with the human 'as wine mixes with milk', the Word becoming flesh and blood, the Melkite view that the divine and human became one thing, the Word appearing in Christ as a face appears in a smooth surface or as an imprint of a seal appears in impressed clay are all inadequate (pp. 586-91). These are all familiar explanations, reported by Muslims from the ninth century onwards,[10] though the great majority of al-Juwaynī's points against them are his own.

Al-Juwaynī's arguments against these substantive Christian doctrines are uncompromisingly rigorous in their exposure of the weaknesses he discerns in them. He begins each set of arguments with a short discussion of what he sees as the intention lying behind the doctrine as it is expressed (pp. 571, 575-6, 581-2), and he shows in his own terms why he thinks it is wrong. And then in each part he launches into a series of arguments against the doctrine according to the actual formulations in which it is presented, in exactly the way he would proceed if he were attacking a fellow Muslim theologian, one who was not conversant with the conventions of the discipline of theology. In terms of his own theological discourse, the attempted explanations clearly

10. See Abū ʿĪsā al-Warrāq, *Incarnation*, pp. 88-9; al-Bāqillānī, *Tamhīd*, pp. 170-5.

strike him as amateur, and his impatience as he replies is often barely concealed.

Following these major refutations, al-Juwaynī discusses the reasons given by Christians for calling Christ divine, and his approach remains uncompromising. They refer to the miracles performed by Christ, and he replies in time-honoured fashion by explaining that it was God who performed the miracles and not Christ, and that if they are to be taken as signs of Christ's divinity then the miracles performed by Moses also make him divine (pp. 591-3). Then, with some haste that suggests his patience is wearing thin, he turns on those who refer for evidence to Q. 4:171 — 'Indeed, Christ Jesus the son of Mary was the messenger of God and his word which he cast into Mary, and a spirit from him' — and argues that if they wish to take this verse they must also take other Qur'an verses, such as Q. 3:59, where Jesus is compared with Adam, created from dust and commanded into existence, and Q. 21:91 (also 66:12), where God breathes his spirit into Mary, which suggests that it was the Spirit of God and not his word that was involved in the Incarnation. This is a vivid illustration of al-Juwaynī's attitude throughout his refutation, that if the Christian opponents wish to use Islamic resources to express their teachings they should realise the implications and be prepared for the consequences.

Having refuted the two main Christian doctrines and the reasoning behind them, al-Juwaynī now turns to the ways in which they are articulated by the three major Christian sects known in the Islamic world. He begins with the Trinity and the Nestorians and Jacobites, who say that the substance and hypostases are identical. He produces a series of arguments to prove the illogicality of this as well as the contradictory consequences of allowing it, starting with the straightforward contradiction in there being entities that are both distinct and identical, and moving on to such fallacies as the claim that the hypostases are separate but are not distinct from one another because the substance, which is also separate, is not distinct from them (pp. 595-9). Then he turns to the Melkites, who say that the substance and hypostases are distinct. His arguments here turn on the meaning of 'distinctiveness', with the opponents trying to show how it need not mean difference of being and him parrying at each turn (pp. 600-2). The final upshot is that however the relationship is presented, it cannot be reconciled to logic. His arguments, although brief, and his general approach here both recall earlier arguments made by al-Bāqillānī and Abū ʿĪsā al-Warrāq, though there is no sign of direct borrowing from any of their surviving works but only of the topics to be examined and refuted.

Al-Juwaynī's last main attack is against the explanations of the person of Jesus, whom the Nestorians and Jacobites say was an individual human (*insān juz'ī*) and the Melkites call the universal human (*insān kullī*), a concept that is originally mentioned among Muslim polemicists by Abū ʿĪsā al-Warrāq.[11] The latter description particularly attracts al-Juwaynī's attention, and in reply he argues that the Jesus of history was clearly an individual man and that any notion of him concealing universality or being both individual and universal is no more than sophistry (pp. 602-4). He concludes his attack by showing that if the hypostases are distinct from one another then no matter what the Christians try to say they must really admit they worship three separate gods (p. 605); that if Christ was both human and divine when he was crucified then God was killed, and if he was not then it was not Christ who was killed (pp. 606-7); and that Moses must have been divine and united with the Word just like Jesus, because he also performed many miracles (p. 607). At the very end of his refutation he challenges the interpretations Christians give to verses from the Gospels to show that they cannot be taken as support for Christian claims about the divinity of Jesus: these include Jesus' cry from the cross (Mt 27:26), his profession that he was sent only to teach, his declaration that a prophet is not honoured in his own country (Mt 13:57) and his saying that those who have seen him have seen the Father (Jn 14:9) (pp. 607-8). Here al-Juwaynī follows al-Bāqillānī,[12] though only in principle because they each discuss different biblical verses.

In these specific responses, as in his preceding responses to the Trinity and Incarnation, al-Juwaynī shows broad knowledge of Christian doctrines, both the ways in which Christian groups expressed them and the beliefs intended within them. But it is by no means clear that he had learned these from Christians themselves, and nowhere in the refutation is there evidence of direct encounter with Christians. It seems much more likely that he is relying upon the works of predecessors, and al-Bāqillānī in particular, whom he refers to and quotes from a number of times.

In this way, the refutation can be seen to serve the same purpose as the refutations of Christianity that appear in earlier theological treatises, which is to emphasise the correctness of Christian theology by revealing the threadbare character of alternative forms, and to prove beyond doubt that the only viable formulation of faith and hence the only tenable belief is the Islamic one.

This feature of systematic treatises stretches on beyond al-Juwaynī.[13] The conciseness of the arguments and almost formulaic expression of Christian

11. Abū ʿĪsā AL-WARRĀQ, *Incarnation*, pp. 86-7.

12. AL-BĀQILLĀNĪ, *Tamhīd*, pp. 198-203.

13. For example, it can be seen in the *Kitāb al-munqidh min al-taqlīd* (ed. M.H. al-Yūsufī al-Gharawī, 2 vols, Qom: Al-mu'assasa, 1991-93) of the twelfth century Shīʿī theologian Sadīd al-Dīn Maḥmūd ibn ʿAlī ibn Ḥasan al-Ḥimmaṣī, who probably derived it from Muʿtazilī predecessors.

doctrines and beliefs leaves little doubt that they were neither records of meetings, nor intended for live encounters with Christians, but that they served this purpose of supporting Islamic doctrine by exemplifying the error of deviating from it. In a curious reversal, the very prominence of Christians in some of the very highest levels of early Islamic society was converted into a domestication of their beliefs in which only those features that could be used within Islamic theology were retained. Christianity itself, as the faith held in segments of Islamic society, was ignored, with little, if any, effort made to understand it or to meet it in the terms according to which it was held by Christians themselves.

This persistent feature of Muslim theological treatises from the ninth to at least the twelfth century is symptomatic of the intentions of the early Muslim theologians to build systematic structures of their own faith by reference to what they characterised as weak features in Christianity and other faiths. And it is also indicative of a theological tradition that became increasingly institutionalised, with its component parts perpetuated through its own internal strength rather than any lively ongoing challenges from outside. It attests to the vigorous maturing of Islamic theology, and to the comparative weakness of Arab Christianity at this time as an intellectual alternative to Islam. But more than that, it shows how this tradition of theology ceased to maintain close contact with the thought of Christians within the Islamic world, how it simplified the features of this thought into propositional formulas and turned it into little more than an inverted form of itself. For all the prominence that Christians themselves played in Islamic society — or maybe had played by al-Juwaynī's time — when it came to encounter on the deeper levels of faith, in Muslim theological minds they counted for little.

# THEOLOGISCHES FORUM CHRISTENTUM–ISLAM

## Its Significance for the Development of the 'Dialogue of Theological Exchange' and for Christian-Islamic Studies

*by*

Christian W. TROLL

## 1. 'Dialogue of Theological Exchange'

'Dialogue and Proclamation', the joint document of the Pontifical Council for Interreligious Dialogue and the Congregation for Evangelisation of Peoples, dated May 19, 1991, enumerates four 'forms of dialogue'.[1] In the third of these, 'the dialogue of theological exchange', the joint document explains, 'Specialists seek to deepen their understanding of their respective religious heritages, and to appreciate each other's religious values'.[2] However, whereas such theological exchange had been organised quite frequently by Christians and Muslims, from the time of Vatican II onwards, we find relatively few regular publications of on-going theological dialogues that truly enable the reader to participate in them as a process.

An outstanding example is the project of the French-language GRIC (*Groupe de recherche islamo-chrétien*), founded in 1977. It maintains local groups in Paris, Barcelona, Rabat, Tunis and Beirut and allows for the exchange of

1. Francesco GIOIA (ed.), *Interreligious Dialogue: The Official Teaching of the Catholic Church (1963-1995)* (Boston: Pauline Books and Media, 1997), pp. 608-42. This joint document refers to the document, 'The Attitude of the Church toward Followers of Other Religions: Reflections and Orientations on Dialogue and Mission' which was published on May 10, 1984 by the then 'Secretariat for Non-Christians' (see Gioia, *Interreligious Dialogue*, pp. 566-79).

2. GIOIA, *Interreligious Dialogue*, p. 623. The document 'The Attitude of the Church…' of 1984 (see fn. 1) had spoken of 'the dialogue of experts', whereas the 1991 document explicitly qualifies this dialogue as one of 'theological exchange'. It also makes clear that the 1984 document 'spoke of four forms, without claiming to establish among them (that is, the four different forms) any order of priority' and it stresses 'the interdependence of the various forms of dialogue', in other words, the fact that 'the different forms are interconnected' (ibid., pp. 622-33). In the elaboration of both the 1984 and the 1991 document, Archbishop Michael Fitzgerald played an important role.

Christian and Muslim perspectives from Europe, North Africa and the Arab Near East.[3]

Members of GRIC are both Christian and Muslim scholars who, without a mandate from their respective faith community, walk an exemplary path of shared dialogue work. At each of the annual general meetings of all GRIC members there takes place an exchange about what the local groups have elaborated regarding previously determined themes. In this way, as a result of long processes, a number of books were generated. Their aim and specific purpose was to enable Christians and Muslims to speak in these texts with one voice, while mentioning points of disagreement repeatedly in the same texts.[4]

Since 1977 the theology faculty of the Divine Word Missionaries in Vienna/Mödling has been organising Christian-Muslim conferences, from which have emerged numerous literary publications. These are outstanding documentary accounts of dialogue, as they not only contain the papers given at the conferences but also reproduce all the discussions, structuring and indexing them with the help of glosses in the margins. A number of these volumes have been published in languages other than German, such as English, Arabic, Farsi and Urdu. A hallmark of the Vienna project is that, from the start, traditional Muslim theologians were invited to take an active part. The advantage of proceeding in this way is obvious. However, it incurred the risk, as Hansjörg Schmid rightly remarks, of lacking 'a protected space of debate'. Thus, not surprisingly, responses were often crafted for public consumption, particularly those produced by Iranian participants.[5]

Ever since 2002, at the initiative of the Archbishop of Canterbury, an annual conference with Christian and Muslim scholars has taken place at different places around the world under the title 'Building Bridges'. Nine seminars, each lasting three days, have explored a number of the most significant themes in the interface between Islam and Christianity, such as: scripture; prophecy; the common good; justice and rights; human nature; interpretation; science and religion; tradition and modernity. Proceedings of the first five seminars have already been published and others are in production.[6] In these volumes the editor assumes a central role. He introduces the whole volume and its different sections and also formulates the general conclusion. Muslims are not yet really full participants in these editorial functions. Also, in some cases it is not easy to detect whether it is the author or the editor whose voice is being relayed. The hallmark of the project is that texts from the Christian and Islamic

3. See www.gric.fr.st/.

4. Hansjörg SCHMID, "Theologische Fragen im christlich-islamischen Verhältnis. Eine aktuelle Standortbestimmung", in *Theologische Revue* (Münster), 103 (2007), pp. 102-3.

5. Cf. SCHMID, *ibid.*, p. 105; for his presentation of the whole project see *ibid.*, pp. 104-6.

6. http://berkleycenter.georgetown.edu/networks/building_bridges

traditions are used as the basis for discussion in a programme that includes public lectures and private sessions and deals not only with theological questions but also with a wide range of socially relevant issues.

A further project merits mention here, the Catholic-Shi'a Dialogue which, since 2003, has been established between Ampleforth Abbey (York, England), Heythrop College's Centre for Christianity and Inter-religious Dialogue (University of London), and the Imam Khomeini Education and Research Institute (Qom, Iran). This project is defined as specifically Catholic-Shi'a and has a less official character than the Austrian initiative. A number of exchange visits between these Institutes in 2003 led to the first of what would be three conferences, the proceedings of which were published in three volumes. For the moment the project has fallen into abeyance, but Anthony O'Mahony of Heythrop College, the main initiator of the project on the Catholic side, is convinced that 'the Catholic-Shi'a Dialogue will resume in due course'.[7] The initiators of the project aim at drawing 'upon the deep reservoir of shared Catholic and Shi'a spiritual resources, so as to engage with the world and to challenge our contemporary culture and society'.[8] The key Shi'a representative, M. Shomali, who is now responsible for the training of all the Shi'a clerics from Iran who are to be posted, or are already posted, outside Iran, desires to re-issue all three volumes for the purposes of the above-mentioned training process.[9] The publications of this project to date present the contributions to the respective conferences. They do not readily enable the reader, however, to understand the course of the discussions that took place at the conferences.[10]

## 2. Birth and Early Development of *Theologisches Forum Christentum – Islam*[11]

### 2.1. *The Context*[12]

Political events were primarily responsible for the heightened interest in Islam during the two or three decades previous to the founding of the Stuttgart

7. A. O'Mahony in a personal letter to the author, dated 17 January 2011.

8. Anthony O'Mahony, Wulstan Peterburs and Mohammad Ali Shomali (eds.), *Catholics and Shi'a in Dialogue: Studies in Theology and Spirituality* (London: Melisende, 2004), p. 19.

9. Cf. A. O'Mahoney, letter to the author, dated 17 January 2011.

10. Schmid, *Theologische Fragen*, p. 108.

11. Throughout this essay the short form Forum shall be used to indicate 'Das Theologische Forum Christentum – Islam'.

12. Hansjörg Schmid, who together with Jutta Sperber and Andreas Renz initiated the Forum, from the first conference (14-16 March 2003) analysed the context, explained the

Forum in 2002. The Iranian revolution of 1979, the end of the East-West conflict, the Gulf War and, of course, the events of 9/11 dramatically reinforced developments that were already underway years before. There ensued in Europe a mushrooming of initiatives in Christian-Muslim dialogue. In these dialogue initiatives, however, the difference between 'political', intercultural and interreligious Christian-Muslim dialogue in most cases was not sufficiently taken into account. In fact, the debate on the social and cultural integration of Muslim immigrants, especially those who migrate from traditional Muslim communities, began to dominate public life and the media. Furthermore, by the late 1990s, people had started to dismiss dialogue with Muslims as 'naïve', at times even dangerously so. Supporters of this line would argue that a distinctly Western or Christian point of view was underrepresented in Christian-Muslim exchanges, often marginalised for reasons of political correctness. The Muslim partners in dialogue, it was argued, were not challenged sufficiently by critical questions and analysis. By 2000, a situation had developed that caused Hansjörg Schmid to remark: 'It is not clear, how, with whom and about which themes dialogues are to be organised. No one knows whether the criticism of dialogue will lead to a retreat from dialogue or rather to putting dialogue on a more critical and solid foundation'.[13]

In the German context, the founding in January 2003 of the 'Koordinierungsrat der Vereinigungen des christlich-islamischen Dialoges in Deutschland' (KCID) [Coordinating Council of Organisations for Christian-Islamic Dialogue in Germany] which grew out of a long-standing cooperation between different 'Christlich-Muslimische Gesellschaften', was a significant step forward. The main intention of the founders of KCID, no doubt, was to give Christian-Muslim dialogue activities more influence in the political arena and in the media. At the same time, the need was felt to foster the religious and spiritual development of the encounter.

Many difficulties had to be faced and dealt with. Firstly, there were few Muslim partners in dialogue who combined scholarly qualification in the study of Islam as a religion with proficiency in the German language and at

rationale for the founding of the Forum and laid out its guiding ideas. 'Das "Theologische Forum Christentum–Islam": Kontexte, Anliegen, Ideen', in: Hansjörg Schmid / Andreas Renz / Jutta Sperber (hrsg.), *Herausforderung Islam. Anfragen an das christliche Selbstverständnis* [Challenge Islam: Questions to Christian Self-understanding]. Stuttgart: Akademie der Diözese Rottenburg-Stuttgart, 2003, pp. 9-24. Our presentation here follows to a large extent this clear and well-documented essay. It has been one of the significant features of the Forum that, right from the beginning, structures of further development and content of the conferences were constantly monitored by Schmid and a growing team and network of experts around him.

13. SCHMID, *Herausforderung*, p. 11.

least a rudimentary acquaintance with the history of Christian and European thought. Public discussions were dominated by practical questions of 'integration', which concerned, for instance, the teaching of Islam in state schools, the construction of purpose-built mosques and the wearing of the headscarf in state-owned institutions. Also, the discourse of most mosque organisations still remained rather dominated by issues imported from the respective countries of origin.

Yet, as early as 2002, it was clear that the task which Christians and Muslims shared in shaping social life would highlight questions of religion and ideology. This, in turn, would call for scholarly reflection and research. Thus, it was becoming clear that at the top of the agenda was the question of the introduction of the teaching of Islam in state schools and the consequent need for new university courses to train those teachers. Among the new generation of German Muslims there was certainly no dearth of intellectually and academically qualified persons. Schmid commented in 2003: 'It is not clear what role the organisations, which after all originated in the situation dominated by immigration issues, will play in the future'.[14]

On the Christian side, there was an awakening of the churches to the presence of Islam evidenced by the work of qualified persons (so-called *Dialogreferenten und -referentinnen*) in most 'Evangelische Landeskirchen' and Catholic dioceses who had been appointed to promote and supervise interreligious dialogue among the faithful, organise dialogue meetings and train facilitators. In addition, many people were reflecting regularly about interreligious dialogue. A number of informative and analytical church documents, which dealt with the issues of interreligious dialogue from the Christian perspective, were published and discussed widely.

Aware of all these developments, the initiators of the Forum noticed that academic theology had contributed remarkably little to solving the problems posed by the massive immigration of Muslims into Europe. Few students of theology had undertaken a serious study of Islam. In spite of an interest in the study of Islam from a sociological point of view among younger scholars, theologians remained preoccupied with specifically Christian topics and concerns. As Schmid commented in 2003: 'Theological formation, taken as a whole, is still far from providing a sufficient measure of interreligious competence'.[15] Why does theology, faced with the presence of Islam in Europe, he asked, not seize the opportunity to articulate a Christian response to pressing social and political issues? It seemed to Schmid that since the training of theologians today does not engage them in a serious theological reflection regarding the Christian encounter with Islam, these same students

14. *Ibid.*, p. 12.
15. *Ibid.*, p. 15.

do not develop an interest or a willingness to engage in pastoral contacts with Muslims. Competence to engage in discussions with Islam would develop only when the study of Islam has become more integrated into the study of Christian theology. Hence it was becoming clear that, in addition to strenuous political efforts to bring about integration at the grassroots level, scholarly work relating to the foundations of the Christian-Muslim relationship was much needed.

### 2.2. *The founding of the 'Forum'*

Thus the idea of 'Theologisches Forum Christentum-Islam' was born. In 2002, its founders, Hansjörg Schmid (Catholic), Jutta Sperber (Protestant) and Andreas Renz (Catholic), said that the main objective of the Forum would be theological exchange and discussions among Christians and Muslims. From the outset the founders were convinced that the Forum had to be an ecumenical initiative, since, in their view, Muslims normally perceive Christians from different denominations as part of one single group of Christians. In addition, the ecumenical composition of the Forum would obviously enrich the thinking of its members as well as widen the network.[16]

The Forum understands itself explicitly as *theological*. Its declared aim is to strengthen the theological dimension of Christian-Muslim dialogue. From the beginning, two main reasons were given for this option: on the one hand, the fact that the theological aspect of Islam is often neglected; on the other, the conviction that neglecting the religious dimension of Muslim identity, instead of facilitating their integration, makes it more difficult if not impossible. The question of how Islam positions itself in state and society has a theological foundation, theology here being understood in a broad sense, not as a primarily inner-directed, but rather as an open discipline, closely connected to other fields and, especially, with Christian-Muslim studies.[17]

By using the term 'Forum', the founders were referring to the way the discussions and conferences would be conducted. Their aim was to involve not only individuals but groups and small networks of scholars, many of whom turned out to be young scholars, as the founders had hoped. These specific emphases would seem to be necessary in a field where promising academics would play a decisive role in the near future. Only such an open approach to discussions and structures would enable the Forum both to broaden discourse about Islam and to engage on a deeper level with Muslims. The contributions of the participants and the actual process of discussions during and after the conferences are all of great importance. The significance

16. *Ibid.*, p. 18.
17. *Ibid.*

of this process is highlighted by the publications brought out by the Forum. It is open to the possibility of including spontaneous, undeveloped and even offensive ideas into the process as well. In other words, the constitution of a discussion circle that meets regularly and to which Christian and Muslim scholars increasingly belong in equal numbers has contributed decisively to raising the quality of the discussions. The main characteristics of the Forum are regularity and innovation. Its emphasis on networking enables its members to contact and to support one another.

## 3. The Subsequent Development of the Project

### 3.1. *The First Phase*

The first step and the thematic point of departure was taken in 2002 when Jutta Sperber, Andreas Renz and Hansjörg Schmid organised a conference to be held in March 2003 in which twenty-five Christian theologians participated. Controversially, they discussed topics such as the theological relationship between the Islamic and the Christian faiths, and methods for promoting mutual theological understanding of the central phenomena and teachings of one religion by theologians of the other. They also debated the value and need for a critical theological assessment of teachings of each religion by scholars of the other. For example, does a critical theological assessment, a 'discernment of spirits', applied to comparative theology, make any sense or is such a normative approach alien to the shared study of both traditions? An analogous discussion developed during the second conference in 2004, which was attended by forty Christian scholars of religion and by theologians with a deep interest in dialogue with Islam. The fact that a great number of young scholars from different academic disciplines participated in that second annual conference indicated that the objective of bringing together a wide variety of experience and knowledge had been achieved. Whereas Stefan Schreiner stressed the distinctive features of the Qur'anic and Biblical ideas of the human person (*Menschenbild*) and that both these conceptions of the human person should be allowed to exist together, Claude Gilliot stressed the need to make a clear distinction between the basic concepts and theologies of both religions. Since, for instance, Gilliot argued that salvation according to Islamic faith was not a reality that develops historically, it would be more proper to speak of a 'history of guidance and of going astray' rather than of an Islamic salvation history. Again, instead of speaking of 'hereditary sin' (German: *Erbsünde*), one should speak (rather) of original sin (German: *Ursünde*). In the light of the diversity of theological concepts and traditions, even within individual Christian groups, it was considered unrealistic to aim at consensus about one shared position. Instead, it was judged more meaningful to achieve greater clarification of concepts which are theologically disputed.

3.2. *The Second Phase*

During the first phase of its activity, the Forum had begun to make contacts with Muslim scholars living in German-speaking countries, especially those of the younger generation. Thus, in March 2005, the first annual conference, which included Muslim participants and speakers took place on the theme: 'In the name of God... Theology, Anthropology and the Practice of Prayer in Christianity and Islam'. This topic was well-suited to lead into the second phase of the project. On the one hand, the Muslims speakers, in contrast to the Christians, did not identify a 'crisis of prayer' in the context of modern life. Christians, on the other hand, were challenged to explain that prayer addressed to Christ, as distinct from prayer addressed to the Father, for instance, does not run counter to the profession of Qur'anic monotheism.

In the course of this and the subsequent conferences (see the list of conferences and their publications below), it became clear that the term 'dialogue' describes only a part of the rich reality which the structured process of the Forum and its various activities represent. The members of the Forum have increasingly come to see clearly that they are in fact involved in a process of developing a new and meaningful way of practicing Christian-Muslim studies. Essential elements of these, ideally speaking, would be: self-criticism; the effort of studying a religious phenomenon or movement from a multiplicity of perspectives; adopting critical hermeneutics; and finally, readiness to learn inter-religiously. All these elements, in fact, have increasingly characterised the meetings and their discussions. There remains a certain asymmetry: whereas, relatively speaking, almost all the Christian participants have taken the trouble to study Islam, many under the guidance of Muslim scholars, including the primary sources and the formative figures of that religion, Muslims have rarely undertaken an intensive study of the formative sources and figures of Christianity, let alone under the supervision of Christian scholars.

Beyond the primary objective of a deeper understanding of one another by listening and responding on a scholarly level, the further aim of the Forum was to initiate dialogue activities. Here, a special effort was made to reach out to the younger generation of German-speaking Muslims and Christians who were still in the process of writing their M.Phil. or Ph.D. theses. Less than ten years after the founding of the Forum, as a result of the introduction of the teaching of Islam in state schools and the establishing of university institutes of Islamic theology, qualified partners in theological dialogue have become more readily available, and this trend is rapidly growing. These developments provide a new impetus for the whole venture.

The Forum encourages not only theologians of both religions, but also scholars and advanced students of related disciplines to take part. In addition, those who could help to implement certain key conclusions were also invited to attend. Thus, the participants in the Forum could be described as follows:

- Theologians with a focus on Christian-Muslim dialogue and its themes, including doctoral students and those preparing a postdoctoral thesis required for qualification to teach in a university, and lecturers and professors who study Islam and its relevance for Christian theology or who study Christianity and its relevance for Islam in the context of a secular and pluralistic democracy.
- Christians and Muslims who work in the field of adult education and in different pastoral services with a focus on Islam and Christian-Muslim relations and who are interested in a scholarly reflection on their work.
- Other scholars working in social and cultural disciplines — for instance, scholars in the field of religious studies, scholars of law, and sociologists who focus on Islam and Christian-Muslim relations and are keen to widen their own perspective by exposing it to an interdisciplinary discourse.

### 3.3. *Conferences of Theologisches Forum Christentum–Islam: Publications and participants to date*

#### 3.3.1. 14-16 March 2003, Stuttgart-Hohenheim

Was bedeuten Existenz und Anspruch des Islam für das Selbstverständnis christlichen Glaubens?
[What Do the Existence and the Claims of Islam Mean for the Self-understanding of the Christian Faith?]

PUBLISHED:
Hansjörg Schmid, Andreas Renz and Jutta Sperber, eds. *Herausforderung Islam. Anfragen an das christliche Selbstverständnis.* Stuttgart: Akademie der Diözese Rottenburg-Stuttgart, 2003.

#### 3.3.2. 5-7 March 2004, Stuttgart-Hohenheim

Erlösung oder Rechtleitung? Das Heilsverständnis als Ausdruck des Gott-Mensch-Verhältnisses in Christentum und Islam
[Redemption or Guidance? The Understanding of Salvation as an Expression of the Relationship between God and Man in Christianity and Islam]

PUBLISHED:
Hansjörg Schmid, Andreas Renz und Jutta Sperber, eds. *Heil in Christentum und Islam. Erlösung oder Rechtleitung?* Stuttgart: Akademie der Diözese Rottenburg-Stuttgart, 2004.

3.3.3. 4–6 March 2005, Stuttgart-Hohenheim
'Im Namen Gottes…': Theologie und Praxis des Gebets in Christentum und Islam
['In the Name of God…': The Theology and Practice of Prayer in Christianity and Islam]

PUBLISHED:
Hansjörg Schmid, Andreas Renz und Jutta Sperber, eds. *'Im Namen Gottes…': Theologie und Praxis des Gebets in Christentum und Islam.* Regensburg: Pustet, 2006.

3.3.4. 3-5 March 2006, Stuttgart-Hohenheim
Identität durch Differenz? Zur Rolle der wechselseitigen Abgrenzungen in Christentum und Islam
[Identity and Difference: On the Role of Mutual Delimitations in Christianity and Islam]

PUBLISHED:
Hansjörg Schmid, Andreas Renz, Jutta Sperber und Duran Terzi, eds. *Identität durch Differenz? Wechselseitige Abgrenzungen in Christentum und Islam.* Regensburg: Pustet, 2007.

3.3.5. 2-4 March 2007, Stuttgart-Hohenheim
Strafe, Prüfung oder Preis der Freiheit? Christliche und islamische Deutungen menschlichen Leidens
[Punishment, Trial or the Price of Freedom? Christian and Islamic Interpretations of Human Suffering]

PUBLISHED:
Andreas Renz, Hansjörg Schmid, Jutta Sperber und Abdullah Takim, eds. *Prüfung oder Preis der Freiheit? Leid und Leidbewältigung in Christentum und Islam.* Regensburg: Pustet, 2008.

3.3.6. 29 February - 3 March 2008, Stuttgart-Hohenheim
Verantwortung für das Leben. Ethik in Christentum und Islam
[Responsibility for Life: Ethics in Christianity and Islam]

PUBLISHED:
Hansjörg Schmid, Andreas Renz, Abdullah Takim und Bülent Ucar, eds. *Verantwortung für das Leben. Ethik in Christentum und Islam.* Regensburg: Pustet, 2008.

3.3.7. 6-8 March, 2009, Stuttgart-Hohenheim
'Nahe ist dir das Wort…': Schriftauslegung in Christentum und Islam
['The Word is Near to You…': Scriptural Exegesis in Christianity and Islam]

PUBLISHED:
Hansjörg Schmid, Andreas Renz, Bülent Uçar, eds. *'Nahe ist dir das Wort...': Schriftauslegung in Christentum und Islam.* Regensburg: Pustet, 2010.

3.3.8. 5-7 March 2010, Stuttgart-Hohenheim
Zeugnis, Einladung, Bekehrung. Mission in Christentum und Islam
[Witness, Invitation, Conversion: Mission in Christianity and Islam]

PUBLISHED:
Hansjörg Schmid, Ayşe Başol-Gürdal, Anja Middelbeck-Varwick, Bülent Ucar, eds. *Zeugnis, Einladung, Bekehrung. Mission in Christentum und Islam.* Regensburg: Pustet, 2011.

3.3.9. 4-6 March 2011, Stuttgart-Hohenheim
'Der stets größere Gott'. Gottesvorstellungen in Christentum und Islam
['The Ever Greater God': Concepts of God in Christianity and Islam]

NOT YET PUBLISHED

As the following figures demonstrate, the overall number of participants as well as the percentage of Muslim participation in the different sessions of the Forum has gradually increased.

| Year | Total participants | Muslims | Percentage of Muslim participants |
|---|---|---|---|
| 2005 | 53 | 7 | 13.2 |
| 2006 | 98 | 21 | 23.6 |
| 2007 | 95 | 26 | 27.4 |
| 2008 | 108 | 45 | 41.7 |
| 2009 | 123 | 51 | 41.5 |
| 2010 | 139 | 62 | 44.6 |

## 4. Concluding Remarks

As stated at the beginning of this essay, the Forum is not the first initiative of this kind, but it was able to build upon the experiences and results of other similar initiatives. What, then, is special about the Forum? Its special characteristic is that it mirrors and at the same time responds creatively to the new situation of Christian-Muslim study and dialogue in many countries of Europe as well as in the United States of America, Canada and Australia. In all these countries during the last two or three decades, a generation of young Muslims has grown up and been educated in schools and universities, together with their non-Muslim compatriots. Some of these young Muslims have developed a keen interest in deepening knowledge of their religion by the academic study of Islam in order to serve their communities in the fields of religious preaching, theological research, religious education of children, youth and adults and in various pastoral services in prisons, hospitals and the army. Studying Islam for these purposes in a 'Western' environment and according to the standards and methods of the modern human sciences, they encounter young Christians with similar interests and with a similar professional outlook. In this context, these Muslims and Christians are able to share with one another, through study and dialogue, the ways in which their respective traditions deal with key issues of monotheistic faith and theology. It seems that the founders of the Forum have responded to this need in a sensitive and intelligent way by providing a platform for a sharing of struggles and aspirations.

To guarantee the continued success of this significant initiative, the following points should be kept in mind. Above all, the Forum must not yield to the temptation to abandon, however gradually or subtly, its distinctly theological character. Christian and Muslim theologies worthy of their name reflect critically upon the faith, the religious heritage and the living identity of their respective faith communities. In consequence, the Forum, it seems to me, must by all means avoid falling into the following two temptations: adopting the relativistic position of the so-called 'pluralistic theology of religions' on the one hand, and on the other, slipping from theological reflection into 'religious studies', which, by definition, is an approach which does not go beyond the descriptive method of phenomenology. The Forum, instead, should continue to take seriously the distinct identities and truth claims of Muslims and Christians and the various communities from which they come. In their shared study of the foundational scriptures, the Forum should search for a new hermeneutical approach but must not fall into the trap of replacing, as it were, the old texts with new ones. As to the choice of participants, the Forum would be well advised to maintain a balance between the number of younger scholars and the number of distinguished scholars belonging to the older generation. For the sake of facilitating depth as well as ease of communication, the Forum would seem to be well advised to continue functioning in the German language. However, the fact that the Christian and Muslim participants share the academic tradition of religious study of the German-speaking countries is beneficial only if it allows itself continuously to be enriched by other traditions of religious scholarship from East and West. Finally, by publishing at least selections of the papers and discussions of the annual conferences in other languages (e.g., English, Arabic, Turkish), the Forum would make a significant contribution to the development of meaningful Christian-Muslim theological studies throughout the world.

## AUTHORS

**Jean-Marc Aveline** is a priest of the Diocese of Marseille, Vicar General to Mgr Georges Pontier, Archbishop of Marseille, and a consultor to the Pontifical Council for Interreligious Dialogue. Founder and Director of the Institute for the Sciences and Theology of Religions (ISTR) in Marseille from 1992 to 2002, he is the Director of the Catholic Institute of the Mediterranean since 2002. He is the editor of *Chemins de dialogue* since 1993 and has been a member of the editing board of *Recherches de Science Religieuse* in Paris since 2002.

**John Borelli** received his Ph.D. in Theology and History of Religions from Fordham University in 1976. After twelve years of teaching, he joined the staff of the Secretariat for Ecumenical and Interreligious Affairs of the U.S. Conference of Catholic Bishops, where he served for over sixteen years. He was also a consultor to the Pontifical Council for Interreligious Dialogue for 17 years. He is currently Special Assistant for Interreligious Initiatives to Dr. John J. DeGioia, President of Georgetown University, and National Coordinator for Interreligious Dialogue for the U.S. Jesuit Conference. He co-authored *Interfaith Dialogue: A Catholic View* with Archbishop Fitzgerald in 2006.

**Maurice Borrmans**, a priest of the Missionaries of Africa (White Fathers), received his PhD from the Sorbonne (Paris). He taught Arabic, Islamic Law and Islamic Spirituality at the Pontifical Institute for Arabic and Islamic Studies (PISAI) in Rome from 1964 to 2004. He was editor in chief of *Islamochristiana*, the trilingual journal of the PISAI from 1975 to 2004. He was also consultor to the Pontifical Council for Interreligious Dialogue, which afforded him the opportunity to participate in numerous Muslim-Christian colloquia in the great capitals of the Mediterranean world.

**Gavin D'Costa** is Professor of Catholic Theology at the University of Bristol, UK. He has also taught at the Gregorian University as Visiting McCarthy Professor. His most recent books are 'Christianity and the World Religions. Disputed Questions in the Theology of Religions' and (ed.) 'The Catholic Church and the World Religions. A Phenomenological and Theological Approach'.

**Mgr Joseph Doré** was born in 1936 and belongs to the Company of St Sulpice. He studied in Paris, Rome and Münster. He was Director of the Major Seminary of Nantes, and Lecturer and Dean of the Faculty of Theology at the Catholic Institute of Paris. He was Archbishop of Strasbourg until 2007. He currently resides at the Seminary of Saint-Sulpice in Issy-les-Moulineaux/Paris.

**André Ferré** is a White Father and a former Director of PISAI (Rome). He has been based in Tunis since 1994, and is currently chief librarian of IBLA (Tunis). He is a member of the Groupe de recherche islamo-chrétien (GRIC).

**Sandra Toenies Keating** is Associate Professor of Theology at Providence College, Rhode Island (USA). She has written in the area of early Muslim-Christian relations and is active in interreligious dialogue both nationally and internationally. Dr. Keating lives in Providence with her husband and two children.

**James H. Kroeger**, a Maryknoll Missioner serving in Asia (Philippines and Bangladesh) since 1970 and holding a doctorate in missiology from the Gregorian University (Rome), is full professor at the Loyola School of Theology in Manila and an advisor to the Asian Bishops' (FABC) Office of Evangelisation.

**Felix Machado** is presently Archbishop-Bishop of Vasai in India. He was ordained priest for the Archdiocese of Bombay on 30 October 1976, and holds a Ph.D. from Fordham University, New York. He worked in the Pontifical Council for Interreligious Dialogue, Vatican, as Official and then as Undersecretary from 1993 to 2008. He was elected Chairperson for the Commission for Interreligious Dialogue by the Catholic Bishops' Conference of India and Chairperson for Ecumenism by the Conference of Catholic Bishops of India (Latin Rite).

**Jane Dammen McAuliffe** is President of Bryn Mawr College and formerly Dean of the College at Georgetown University. Her research focuses on the Qur'an, early Islamic history and the interactions of Islam and Christianity. She has recently published the six-volume *Encyclopaedia of the Qur'an* (2001-2006) and is the editor of the *Cambridge Companion to the Qur'an* (2006).

**Emilio Platti** is a member of the Dominican Fathers' Province of S. Rosa in Flanders. He is Emeritus professor of Christianity and Islam at the Katholieke Universiteit Leuven. He is also guest lecturer at U.S.T. (Manilla). He is a member of the IDEO and editor of the *MIDEO*. He is also a member of the El-Kalima Center for Relations with Muslims (Brussels).

**Lucie Pruvost** was born in 1932 in Algeria and is a Missionary Sister of Our Lady of Africa (White Sister) since 1958. She was schooled in Algiers, studied Law in Tunis and holds a PhD in Law. She taught at the Faculty of Law in Tunis (1972-1976), and at the Diocese of Algiers (from 1981 to

2004). She was guest lecturer at the PISAI in Rome from 1982 to 2002. She currently works as editor at the General Secretariat of her Institute in Rome.

**Mona Siddiqui** is Professor of Islamic and Interreligious Studies at the University of Edinburgh's School of Divinity. Her areas of research include classical Islam, Islamic law and Christian-Muslim textual studies. She is a regular contributor to a wide variety of media and chair of the UNICEF's Religious Advisory Committee.

**Henri Teissier** took a B.A. in Classics at Rabat (Morroco) and a B.A. in Philosophy at the Sorbonne and in Theology at the Catholic Institute of Paris. He obtained a diploma in classical Arabic from the École nationale des langues orientales vivantes (Paris) and later studied at the IDEO and Cairo University. He founded the Cultural Centre of the Church in Algeria (les Glycines). He became Bishop of Oran, Algeria (1973-1981), and coadjutor of Cardinal Duval (Algiers, 1981-1988). He was Archbishop of Algiers from 1988 to 2008. He currently resides in Tlemcen, Algeria.

**David Thomas** is Professor of Christianity and Islam at the University of Birmingham. He specialises in the history of relations between the two faiths and has written extensively on their mutual perceptions. He edits the journal *Islam and Christian-Muslim Relations*, and is currently leading a project to compile a bibliographical history of works written by Christians and Muslims about and against one another.

**Christian W. Troll**, SJ, was born in 1937 in Berlin. He holds a Ph.D. from the University of London and is an internationally renowned scholar of Islamic Studies and Christian-Muslim Relations. He has taught regularly at New Delhi, Birmingham (UK) and the Pontifical Oriental Institute in Rome. He has also been guest lecturer in many Muslim countries. He currently resides in Frankfurt (Main) and is a member of the Commission for Interreligious Dialogue of the German Bishops' Conference.

**Hans Ucko** is an ordained minister of the Church of Sweden and has been involved in Jewish-Christian and interreligious dialogue. He received his doctorate in theology at the Senate of Serampore College, Calcutta, India. He was the Programme Executive for the Office of Interreligious Relations and Dialogue of the World Council of Churches in Geneva, Switzerland (1989-2008) and is now an interfaith advisor to the Arigatou Foundation, a Japanese Buddhist organisation and the co-chair of its campaign with UNICEF, "The Day of Prayer and Action for Children". Dr. Ucko currently resides in France and Sweden, lectures and writes, and is involved in various projects on interfaith dialogue and cooperation.

## TABULA GRATULATORIA

- Abbaye des Bénédictines « Paix Notre-Dame », Liège (Belgique)
- Abbaye de Cîteaux (France)
- Abbaye Saint-Gwénolé de Landévennec (France)
- Ambassade de Pologne en Égypte
- P. Miguel Angel Ayuso Guixot, PISAI, Rome (Italie)
- P. Richard Kuuia Baawobr, Supérieur général de la Société des Missionnaires d'Afrique, Rome (Italie)
- Basilique Notre-Dame Héliopolis (Le Caire)
- Bibliothèque du Centre Sèvres, Facultés jésuites de Paris (France)
- Bibliothèque du couvent de l'Albertinum, Fribourg (Suisse)
- Bibliothèque du couvent des Dominicains de la Tourette (France)
- Bibliothèque du couvent des Dominicains (Lille)
- Bibliothèque du couvent des Dominicains de Marseille (France)
- Bibliothèque de l'IDEO (Le Caire)
- Bibliothèque de l'Institut catholique de Paris (France)
- Bibliothèque de l'Université pontificale Urbaniana, Rome (Italie)
- Bibliothèque orientale, Beyrouth (Liban)
- François Boepsflug, o.p., professeur à l'Université de Strasbourg (France)
- Sœur Aïda Boutros, supérieure générale des sœurs égyptiennes du Sacré-Cœur (Le Caire)
- Cardinal Philippe Barbarin, archevêque de Lyon (France)
- Adalberta et Armando Bernardini, Rome (Italie)
- Fr. Pierre-François de Béthune, Ottignies (Belgique)
- Mgr. Philippe Brizard, Directeur général émérite de l'Œuvre d'Orient, Paris (France)
- M. Pedro Calvo-Sotelo, Ministre conseiller ambassade d'Espagne en Égypte
- Bénédicte du Chaffaut, Centre théologique de Meylan, Grenoble (France)
- M. Roger Chakkal, conseiller près de l'ambassade de l'Ordre souverain de Malte en Égypte
- CIBEDO, Francfort (Allemagne fédérale)
- Conseil général des Missionnaires d'Afrique, Rome (Italie)
- Fr. Thierry-Marie Courau, o.p., Doyen de la Faculté de Théologie, Institut catholique de Paris (France)
- Cardinal Giovanni Coppa (Cité du Vatican)
- Mgr Gérard Daucourt, évêque de Nanterre (France)

- Dialogue interreligieux monastique, Collegeville (USA)
- Dominicains de la Province Saint-Dominique du Canada, Montréal (Canada)
- École biblique et archéologique Française de Jérusalem
- Dr. Jill Mary Edwards, Université américaine du Caire (Égypte)
- Mgr. François Eid, évêque des Maronites en Égypte (le Caire)
- Conférence des évêques de Suisse
- Facultad de Teologia San Damaso, Madrid (Espagne)
- Mgr. Brian Farrell, Conseil pontifical pour la promotion de l'unité des chrétiens (Rome)
- Cardinal Francis George, O.M.I., archevêque de Chicago (USA)
- Marianne Goffoël, Centre El Kalima (Bruxelles, Belgique)
- Mgr. Martin Happe, évêque de Nouakchott (Mauritanie)
- P. Piet Horsten, PISAI, Rome (Italie)
- Mgr. Nicolas Hudson, Venerabile Collegio Inglese, Rome (Italie)
- Institut catholique des sciences religieuses d'Alexandrie (Égypte)
- Institut d'études arabes Dar Comboni, Zamalek, le Caire (Égypte)
- Institut supérieur de sciences religieuses, Sakakini, le Caire (Égypte)
- Risto Jukko, Helsinki (Finlande)
- MM. Ferry de Kerckhove, ancien ambassadeur du Canada en Égypte
- M. Peter Kveck, ambassadeur de Hongrie en Égypte
- M. Antonio Lopez, ancien ambassadeur d'Espagne en Égypte
- Mgr. Domenico Mamberti, Secrétaire pour les relations du Saint-Siège avec les États (Cité du Vatican)
- Cardinal Jorge Mejia (Cité du Vatican)
- Mgr. Kevin McDonald, archevêque émérite de Southwark (Royaume Uni)
- Cardinal Theodore E. McCarrick, archevêque émérite de Washington (USA)
- MISSIO, Aachen (Allemagne fédérale)
- Missionnaires d'Afrique, Bruxelles, (Belgique)
- Missionnaires d'Afrique, Londres (Royaume Uni)
- Missionarie della Scuola, Rome (Italie)
- P. Régis Morelon, o.p., ancien directeur de l'IDEO
- Cardinal Cormac Murphy-O'Connor, archevêque émérite de Westminster (Londres)
- P. Guy Musy, o.p., Genève (Suisse)
- Patriarche cardinal Antonios Naguib, Patriarche d'Alexandrie des coptes catholiques (Égypte)
- M. Bruno Nève de Mévergnies, ambassadeur de Belgique en Égypte
- MM. Vincenzo Nesci, Le Caire (Égypte)
- Fondation Internationale Oasis, Venise (Italie)
- Ambassade de l'Ordre souverain de Malte en Égypte
- L'Œuvre d'Orient, Paris (France)
- M. Andrea Orizio, Premier conseiller à l'ambassade d'Italie en Égypte

- William I. Ozanne, Birmingham (Royaume Uni)
- Cardinal Bernard Panafieu, archevêque émérite de Marseille (France)
- Pontificia Facoltà Teologica delle Sardegna, Cagliari (Italie)
- P. Étienne Renaud, Missionnaires d'Afrique, Marseille (France)
- Mgr. Claude Rault, évêque de Laghouat (Algérie)
- Cardinal Jean-Pierre Ricard, archevêque de Bordeaux (France)
- Christophe Roucou, Service des relations avec l'Islam, Conférence des évêques de France
- Jacqueline Rougè, Présidente honoraire « Religions pour la Paix »
- Christian Salenson, Directeur de l'Institut des sciences et de théologie des religions, Marseille, (France)
- Cardinal Angelo Scola, archevêque de Milan (Italie)
- Mme Nevine Semaïka, ancien ambassadeur d'Égypte près le Saint-Siège (Le Caire)
- Dr. Ann Shafer, Université américaine du Caire (Égypte)
- Conseiller Wafik Shamma, ambassade de l'Ordre souverain de Malte (Le Caire)
- Sœurs Missionnaires de Notre-Dame d'Afrique (France)
- Cardinal Jean-Louis Tauran, président du Conseil pontifical pour le dialogue interreligieux (Cité du Vatican)
- Dr. Francis Thonippara, CMI, Président, Dharmaram Vidya Kshetram, Bangalore (Inde)
- Universidad Pontificia de Salamanca (Espagne)
- Dr. William Vendley, New York (USA)
- P. Hans Vöcking, Missionnaire d'Afrique, Cologne (Allemagne fédérale)
- P. Guy Vuillemin, Missionnaire d'Afrique, Paris (France)
- Mgr. Adel Zaki, Vicaire apostolique des Latins en Égypte
- P. Kamil William, provincial des Frères Mineurs d'Égypte
- Mgr. Santiago de Wit, Kinshasa (République démocratique du Congo)

# TABLE OF CONTENTS

Preface by Francis Cardinal Arinze ........ V
Avant-propos, by the editors ........ IX
Michael Louis Fitzgerald: a Biographical Note, by the editors ........ XVII
Publications of Michael L. Fitzgerald ........ XXI

ARTICLES

I. *Theology of Religions*

Jean-Marc AVELINE, *Fructum dabit.* Perspectives de recherche en théologie chrétienne du dialogue interreligieux ........ 3
John BORELLI, Dialogue, religion and the Catholic Church ........ 17
Gavin D'COSTA, Catholics reading the Scripture of other Religions: some reflections ........ 33

II. *Experiences of Dialogue*

Henri TEISSIER, Une source majeure d'inspiration pour un témoignage évangélique parmi les musulmans ........ 47
Lucie PRUVOST, La rencontre interreligieuse au quotidien, défi pour les croyants ........ 61
Hans UCKO, A Quest for Spirituality in Interreligious Dialogue and Cooperation ........ 75
Joseph DORÉ, Une expérience de rencontre entre Chrétiens et Juifs, récit et réflexions ........ 87
James H. KROEGER, An 'Asian' Dialogue Decalogue. Principles of Interreligious Dialogue from Asia's Bishops ........ 101
Felix MACHADO, Some urgent Challenges to Interreligious Dialogue ... 115
Maurice BORRMANS, Aux origines du Conseil Pontifical pour le Dialogue Interreligieux ........ 129

III. *Muslim-Christian Relations*

André FERRÉ, L'« Histoire Sainte » selon Ya'qūbī: les sources, notamment la Bible, et leur interprétation ........ 149

Sandra Toenies KEATING, 'Let us leave the past aside': Reflections on the Christian obligation to reconciliation, forgiveness and justice in Muslim-Catholic relations .......... 163
Jane Dammen MCAULIFFE, A Centuries-long Conversation .......... 173
Emilio PLATTI, La diversité dévotionnelle en islam égyptien .......... 183
Mona SIDDIQUI, Following the faith of a friend – desirable or dangerous? 201
David THOMAS, Christianity in Islamic Theology: the case of al-Juwaynī 211
Christian W. TROLL, *Theologisches Forum Christentum – Islam*: Its Significance for the Development of the 'Dialogue of Theological Exchange' and for Christian-Islamic Studies .......... 223

List of Authors .......... 235

Tabula gratulatoria .......... 239

Table of Contents .......... 243

PRINTED ON PERMANENT PAPER • IMPRIME SUR PAPIER PERMANENT • GEDRUKT OP DUURZAAM PAPIER - ISO 9706

N.V. PEETERS S.A., WAROTSTRAAT 50, B-3020 HERENT